어드바이스
파트너

어드바이스 파트너

내 인생을 바꾸는 최고의 참모
Advice Partner | 이철희 지음

페가수스

세 가지 사실을 생각하자.

하나. 아무리 잘나고, 많이 배워도 어드바이스가 필요 없는 사람은 없다. 아무리 위대해도 혼자서 할 수 있는 것은 거의 없다. 어드바이스를 듣고, 어드바이스를 주면서 사는 게 인생이다. 성공은 어드바이스를 잘 들은 결과다. 둘. 매일 아침 펼쳐드는 신문, 매일 듣는 방송에는 어드바이스로 가득하다. 게다가 잡지, 책, 인터넷까지 가히 어드바이스의 홍수다. 기업이든 정부든 무릇 조직은 어드바이스 시스템을 체계화한 것이다. 이렇듯 어드바이스는 넘쳐나고, 나는 거대한 어드바이스 네트워크에서 살아간다. 셋. 쏟아지는 어드바이스 중에서 지금 내게 유용한 어드바이스는 별로 없다. 다수를 상대로 한 어드바이스이기 때문에 지금 내가 부딪힌 문제에 대한 유용성이 부족하다. 어떤 경우 혼란만 야기한다.

그렇다면 어떻게 해야 하나?

어드바이스 파트너를 두는 것이다. 나를 알고, 나를 위해 맞춤 어드바이스를 해 줄 수 있는 사람을 두는 것이다. 한 사람이라도 좋고, 여러 사람이어도 좋다. 누구와 어떤 어드바이스 파트너십을 형성할 것인지는 전적으로 개인의 선택사항이다. 성공한 사람들은 대개 어드바이스 파트너를 잘 둔 사람들이다. 그 사람들의 성공사례를 통해 지금 내가 어떤 어드바이스 파트너를 둘 것인지, 어떤 어드바이스 시스템을 운영할 것인지를 가늠해 볼 수 있다. 성공에는 왕도나 매뉴얼이 없기 때문이다. 있다면 성공한 사람들에게서 배우는 것이다. 귀찮고 짜증나지만 다른 길이 없다. 누구에게나 허락되는 성공이라면 이런 수고로움을 요구하지는 않을 것이다. 뭘 투덜대랴.

아름다운 어드바이스 파트너십이 있다. 얼마 전에 작고한 작곡가 이영훈과 가수 이문세의 경우도 있고, 영화감독 임권택과 촬영감독 정일성의 경우도 있다. 작가 에밀 졸라와 화가 폴 세잔의 경우도 있고, 극작가 이만희와 연출가 강영걸의 경우도 있다. 술 때문에 헤어졌다 술 때문에 다시 만난 가수 김건모와 프로듀서 김창환의 케이스도 있다. 날건달 유방도 장량이란 파트너를 만나 황제가 됐고, 우드로우 윌슨도 에드워드 하우스를 만나 대통령이 됐다. 버락 오바마는 데이빗 액설로드를 만나 흑인 최초로 미국 대통령이 됐고, 기세 좋게 등장했던 일본의 아베 정권은 이노우에라는 참모의 무능 덕분에 1년 만에 퇴진했다.

트루만은 지상 최강의 권력이라는 미국 대통령을 지냈다. 그는 참모총장으로 2차 대전을 승리로 이끈 조지 마셜을 어드바이스 파트너로 삼았다. 국무장관 마셜은 마셜플랜으로 전후 폐허로 변한 유럽을 살려냈다. 국방장관 마셜은 한국전쟁을 승리로 이끌었다. "내가 죽으면 마셜이 나를 자신의 부관으로 임명해, 그가 나를 위해 했던 일을 내가 그를 위해 할 수 있게 되기를 진심으로 바란다." 마셜에 대한 트루만의 찬사다. 빌 게이츠는 단순히 부자가 아니다. 한 시대를 대표하는 슈퍼리치(super rich)다. 그에게 스티브 발머가 없었다면 그 엄청난 성공도 쉽지 않았을 것이다. 괴팍한 게이츠가 기술자, 총사령관이라면 발머는 사업가, 야전사령관이다. 게이츠가 머리라면, 발머는 돌격대장이다. 그들의 어드바이스 파트너십은 성공신화를 넘어 시대를 바꾸어놓았다.

아무리 노력해도 나 스스로 무장하는 데는 한계가 있다. 열심히 책 읽고, 들어가며 꾸역꾸역 밀어 넣어도 개인두뇌의 용량은 제한적이다. 할 수 있는 한 지식을 구하고 지혜를 짜내야겠지만, 혼자서 아등바등 하는 것은 미련한 짓이다. 내가 모르는 것을 아는 사람, 나와 다르게 보는 사람에게서 어드바이스를 구하는 게 훨씬 효과적이다. 일은 할 탓이고 도지개는 맬 탓이라고 했다. 마음에 맞는 나만의 어드바이스 파트너를 찾아 나서자. 뭘 주저하랴.

이 책이 나오도록 도와준 분들에게 감사의 말씀을 드린다. 페가수스 박경수 사장, 언제나 힘이 되는 가족들에게 우선 각별한 고마움을 전한다. 가끔 글벙어리를 위로해준 전민표, 주말마다 같이 어울리며 격려해준 한길로 식구들에게 허리 숙여 인사하고 싶다. 고맙다.

이철희

● 차례

1

어드바이스 파트너
내 안의 소리를 들어라

그대, 힘내라. 내 인생의 주인은 나야. 살면 얼마나 사나. 내가 내 몸뚱이로, 내 판단으로 한 번 뿐인 내 인생 살아가는 거다. 지금 이대로 찜찜하게 그냥 갈 수는 없다. 아직 젊다. 까짓것 하고 싶은 거 하고 살자. '도대체 나는 어떤 삶을 살고 싶은가?' 내가 뭘 원하는 지를 아는 게 중요하다. 내 가슴 속의 깊은 그곳에서 울리는 내면의 외침에 따라야 한다. 그게 나에게 가장 진솔한 어드바이스다. 자, 내 안의 '그대'를 불러내자.

흔들리지 않고 피는 꽃이 어디 있으랴
이 세상 그 어떤 아름다운 꽃들도
다 흔들리면서 피었나니
흔들리면서 줄기를 곧게 세웠나니
흔들리지 않고 가는 사랑이 어디 있으랴

젖지 않고 피는 꽃이 어디 있으랴
이 세상 그 어떤 빛나는 꽃들도
다 젖으며 젖으며 피었나니
바람과 비에 젖으며 꽃잎 따뜻하게 피웠나니
젖지 않고 가는 삶이 어디 있으랴

'흔들리며 피는 꽃', 도종환의 시다. 참 좋다. 시어만으로도 충분히 힘이 된다. 살가운 충고다. 사람은 누구나 흔들리기 마련이다. 살다 보면 때때로 젖기 마련이다. 그러나, 그러나 흔들리지 않고 피는 꽃이 없단다. 젖지 않고 가는 삶이 없단다.

어쩌랴. 흔들려도 젖어도 끝내 내가 나를 포기하지 않아야 한다. 내 삶이 흔들리고 어느 길목 흠뻑 젖었을 때, 나를 믿고 나의 조언을 따라야 한다. 아무도

나 자신보다 더 현명한 충고를 내게 해 줄 수는 없다. 내 안에 내 삶의 어드바이스 파트너가 있다.

아직도 암 판정은 사망선고다. 암이란 한 음절의 말 속에 죽음이 있고, 캄캄한 절망이 있다. 암 앞에서 담담하게 하던 일을 계속하기란 쉽지 않다.

서울대 금장태 교수는 마흔아홉에 암 판정을 받았다. 낙담에다 상혼이라, 눈 뒤편에 종양이 발견됐다. 코 내시경으로 수술을 받았다. 그러나 종양 덩어리가 워낙 커 모두 제거할 수는 없었다. 의사는 종양위치가 위험하니 두개골을 절개해 종양을 완전히 제거하자고 했다.

그는 마다했다. 자칫 뇌에 영향을 미쳐 공부에 지장이 있을지 몰라서였다. 공부를 위해 목숨을 내놓는 결단이었다. 결국 마음의 소리에 따른 것이다. 그런 그에게 암수술을 포기하면서까지 공부에 매달리는 이유를 물으니, 그가 대답했다.

"무슨 대단한 사명감을 갖고 공부를 하기로 했던 건 아닙니다. 제가 62학번인데요, 먹고살기 참 어려웠을 때죠. 다들 회사에 취직해서 밥벌이하기에 바빴는데, 저는 회사에 취직해서 살아가는 게 영 맞질 않을 것 같아 자신이 없었습니다. 내가 할 수 있는 게, 잘할 수 있는 게 뭐가 있을까 하다가 공부를 하기로 마음먹었던 거죠."

금 교수는 15년 넘게 암 투병 중이다. 그래도 해마다 여러 권의 책을 내고 있다. 젊었을 때 자신이 잘 할 수 있는 것을 선택했고, 평생 그것에 충실했다. 하고 싶은 일 하면서 사는 게 나답게 사는 것이다.

"내가 할 수 있는 건 내가 되는 것뿐, 그게 누구든 간에(All I can do is be me, whoever that is)."

밥 딜런의 좌우명이다.

내가 나로 사는 게 최고다.

01 조앤 롤링
성공신화를 쓴 가난했던 싱글 맘

　　조앤 롤링은 《해리 포터》 시리즈의 저자다. 《해리 포터》는 성서 다음으로 많이 팔린 책이다. 1997년 겨우 2,500 파운드를 받고 처음 출간된 이 책은 200여 나라에서 3억 7,500만 부가 팔렸다. 세계 최우수 아동도서로 선정되는 등 문학상만 40여 개나 수상했다.

　　조앤은 2000년 영국 여왕으로부터 작위를 받기까지 했다. 1965년생이니 이제 겨우 마흔 중반이다. 벌써 재산이 1조 원을 훌쩍 넘어설 정도로 갑부가 됐다. 엘리자베스 여왕보다 많다. 1997년 한 해 동안 매일 약 10억 원씩 벌었다. 그러나 그는 운 좋은 졸부가 아니다. 그녀가 살아낸 이야기는 소설처럼 드라마틱하고 감동적이다. 나락으로 떨어졌다 제 힘으로 다시 일어섰다. 역시 그 누구에 대해서도 그가 죽기 전까지는 불행한 사람이라고 부르면 안 되는 모양이다.

조앤은 왜 성공했는가. 저 끝, 갈 데까지 갔을 때 가슴 밑바닥 내면의 목소리를 듣고, 그에 따랐기 때문이다. 자신 속의 또 다른 자아가 주는 조언에 따랐다. 그 자아를 파트너로 삼았다.

나는 누구인가. 내가 내 정체를 알아내기란 결코 쉬운 일이 아니다. '나는 나 자신을 모르며 결코 알 수 없다' 고 괴테도 인정했다. 왜 알 수 없을까. 나는 하나가 아니기 때문이다. 내 안에는 피카소도 있고 모차르트도 있다. 조용필도 있고 김혜자도 있다. 마이클 조단도 있고 이승엽도 있다. 알 카포네도 있고 테레사 수녀도 있다. 전태일도 있고 전두환도 있다. 선녀도 있고 나무꾼도 있다. 박두만도 있고 서태윤도 있다. 어느 게 참 나인가. 찾아야 한다. 그래야 비로소 나는 내가 된다. 그랬을 때 나는 당당하게 세상과 맞장 뜰 수 있다. 어차피 '내가 세상을 위해서' 가 아니라 '세상이 나를 위해서' 있는 것 아닌가.

몽상을 즐기던 철부지 소녀

조앤은 웨일스의 조그마한 시골에서 태어났다. 소녀는 참 철이 없었다. 몽상을 즐기는 꿈꾸는 소녀였다. 자신이 공상으로 지어낸 이야기, 별난 모험담을 친구들에게 들려주길 좋아했다. 대학을 나온 뒤 국제사면위원회에서 비서로 사회생활을 시작했다. 하지만 예의 몽상버릇이 문제였다. 틈만 나면 뭔가 깨작대며 홀로 시시덕거리거나 공상에 빠져 일은 뒷전이었다.

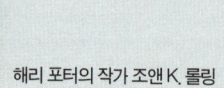
해리 포터의 작가 조앤 K. 롤링

"사무실에서 일하는 게 좋은 이유는 아무도 보지 않을 때 컴퓨터로 소설을 칠 수 있다는 것이었어요. 저는 회의 시간에도 메모지 여백에 그 무렵 쓰고 있는 소설의 일부를 끼적거리곤 했기 때문에 회의에 집중할 수가 없었어요. 회의 내용을 기록하는 일을 맡은 사람에게는 문제가 아닐 수 없었죠."

본인이 이렇게 말할 정도니 어지간했으랴. 그녀는 결국 쫓겨났다.

1990년, 조앤은 공업도시 맨체스터에 새 직장을 구했다. 런던에서 출퇴근했다. 6월의 어느 날, 그녀는 열차를 타고 런던의 집으로 돌아오고 있었다. 습관대로 생각으로 시간을 때우고 있던 참에 번뜩 영감이 떠올랐다. 까만 머리를 한 소년의 모습이 불현듯 떠오른 것이다. 해리 포터다.

그 때까지 그토록 강렬한 영감을 받은 적이 없었다. 초록색 눈을 가진 그 소년은 가냘픈 체구에 동그란 안경을 쓰고 있었고, 이마엔 번개 모양의 흉터가 있었다. 마법사의 운명을 타고 난 그 소년은 아직 그걸 눈치 채지 못하고 있었다.

덜컹, 런던으로 향해 달리던 열차가 갑자기 멈춰 섰다. 고장이 난 것이다. 덕분에 조앤의 몽상은 계속됐다. 무려 네 시간 동안이나 그 소년에 대해 생각하고 상상했다. 그것은 창작이었다. 열차에서 내려 얼른 근처의 카페로 뛰어갔다. 거기서 떠올렸던 생각들을 노트에 차곡차곡 옮겨 적었다.

그러나 그 때의 조앤에게 작가란 여전히 오래되고 막연한 희망사항이었다. 그럴 엄두조차 낼 형편이 아니었다. 평범한 보통의 삶이 으레 그렇듯이 살기에 바빴다. 마음의 준비도 없었다. 소설이나 시, 극본 따위를 흉내 내어 보기는 했지만 성에 차지 않아 중도에 포기해버렸다.

"해리 포터 이전에는 책을 한 번도 끝까지 써 본 적이 없었어요."

어느 날 다발성 공황증을 앓던 어머니가 돌아가셨다. 시인 도종환은 말했다. "내가 드린 것은 어머니를 벌판 끝에 세워놓고 억새같이 떨게 만든 세월뿐이었다." 어느 자식인들 다를까. 실업으로 생활도 곤궁해졌다. 그녀는 영국을 떠났다. 영어강사를 하기 위해 포르투갈로 갔다. 그리고 그곳에서 기자생활을 하던 사람과 사랑에 빠졌다. 둘은 1992년 결혼했고, 이듬해 딸을 낳았다. 이쯤에서 그녀에게 평범한 행복이 허락돼도 될 텐데, 어찌된 일인지 그녀의 불행은 계속 이어진다.

운명은 몰강스레 짓궂다. 성공을 준다는 약속도 없이 시련부터 준다. 어떤 경우에는 그냥 맥없이 안락과 평온을 처음부터 줘버리는 편애도 서

승지 않는 운명이 조앤에게는 계속 타끈하기만 했다. 남편이 상습적으로 구타를 하기 시작했다. 이걸 참는 건 바보짓. 생후 4개월짜리 젖먹이를 가슴에 안고 도망치듯 영국으로 돌아왔다. 돌아온 들 뭐 나아질 게 있으랴. 지독한 가난과 고독이 그녀를 맞았다. 그녀는 여동생이 살고 있는 에든버러로 가서 방 한 칸짜리 낡은 아파트에 세 들었다.

힘들고 추웠다. 일할 만한 곳도 없었다. 옹색한 살림은 날로 가년스러워졌다. 일자리를 구하려 해도 딸아이가 문제였다. 어린 애를 보육원에 맡겨야 하는데, 망할 놈의 그 돈이 없었다. 혼자 아이를 양육하며 3년 동안 주당 69파운드의 정부 생활 보조비를 받아 생활했다. 때로 이 보조비마저 끊어질 때면 아기에게 우유를 먹일 수조차 없어 맹물을 먹여야 했다.

"전 그저 아기의 신발이 작아지기 전에 어서 새 신발을 살 돈을 마련해야 한다는 생각밖에 없었어요."

설상가상. 우울증이 생겼다. 자살을 떠올리기도 했다. 정말 몰릴 데까지 몰린 것이다.

2008년 하버드 대학교 졸업식 연설에서 조앤은 이때를 회고하면서 자유를 언급했다. 바닥에 떨어진 그 때, 그녀는 자유를 느꼈다고 한다. 덕분에 다른 모든 것을 제쳐두고, 내가 지금 할 수 있고 그나마 잘 할 수 있는 게 뭘까 생각하게 됐다고 한다. 결론은 글쓰기였다.

"내가 할 수 있는 일이란 것이 오직 글 쓰는 일 뿐이었으니까요."

그렇다. 더 이상 기댈 데가 없어지면 오히려 자유를 느끼게 된다. 하나를 얻으면 그만큼의 걱정이 늘고 집착이 강해진다. 그걸 잃을까 두려워하게 된다. 나이가 들다 보면 이런저런 기득과 익숙한 것들이 늘어나게 된다. 자연히 그것에 얽매는 구속도 커진다. 마음이나 생각까지도 그런 형편에 맞춰 리셋팅된다. 심리적 해저드다. 그게 인생이다.

탓할 일은 아니다. 그러나 그렇게 영악을 떨어도 삶이란 게 순탄하지만은 않다. 어떤 삶이든 굴곡이 없을 수 없다. 얻기고 하고 잃기도 한다. 예외가 있을까. 누구나 크든 작든 실패를 겪기 마련이다. 어차피 피할 수 없는 실패라면 관건은 그걸 어떻게 받아 들이느냐다. 너무 발버둥 치면 한 번의 실패에 무너지게 된다. 작은 것을 잃었다고 안달복달하면 다 잃는다. 절망의 울부짖음, 고뇌, 흐느끼게 만드는 슬픔은 일종의 재산이란 말도 있지 않나. 운명의 여신은 속이 좁아 실패를 너그럽게 받아들이는 사람을 좋아한다.

하버드 대학을 나오게 되면 아무래도 실패할 횟수나 확률이 그나마 적다고 할 수 있다. 조앤이 그 하버드대 졸업생들에게 말했다.

"재능과 지성이 있다고 해도 마찬가지입니다. 운명의 변덕을 피해갈 수 있는 사람은 아무도 없으니까요."

이런 실패에 직면했을 때 꼭 한 가지는 해야 한다. 내가 진정으로 원하는 것이 뭔지 그걸 알아내야 한다. 마음의 소리에 충실해야 한다. '이미 잃었는데, 더 이상 잃을 게 없는 데 뭘 두려워 해. 하고 싶은 걸 하는 거지.' 조앤이 이 때 그랬다.

"그때, 내가 평생 하고 싶은 유일한 일이 소설을 쓰는 것이라고 확신했습니다."

절망의 끝에서 희망을 선택하다

그는 매일 아침, 딸 제시카를 유모차에 태워 아파트를 나섰다. 그러고는 아이가 잠 들 때까지 거리 곳곳을 돌아다녔다. 아이가 잠이 들었다 싶으면 글을 쓸 수 있는 곳으로 찾아 갔다. 아이는 평화스런 얼굴로 새근새근, 엄마는 그 곁에서 타자기로 타닥타닥.

상상력은 창조의 나라를 휘돌아 다녔다. 그녀의 작업장은 동네 어귀에 있는 니콜슨 카페였다. 커피 한 잔 시켜놓고 몇 시간을 그곳에서 글 쓰며 보냈다. 1996년 6월, 마침내 《해리 포터》 시리즈 제1권을 마무리했다.

"결국 어떤 것을 실패로 볼 지는 각자 스스로 결정해야겠지만, 대학을 졸업하고 고작이 7년이 흐른 시점에 나는 모든 면에서 실패자가 되어 있었다. 결혼은 보기 드물 정도로 단발성으로 끝났고, 실직 상태로 아이를 혼자 키워야 했으며, 극도로 가난했다. 부모님이 나에 대해 가졌던 두려움, 그리고 나 자신이 느끼던 두려움이 모두 현실이 됐다. 어떤 기준으로 보더라도 나는 내 주변에서 가장 실패한 사람이었다. … 그러나 나는 아직 살아 있었고, 옆에는 사랑하는 딸이 있었으며, 낡은 타자기와 획기적인 아이디어가 있었다. 이렇게 해서 내 인생의 가장 밑바닥이 삶을 다시 세워갈 수 있는 단단한 기반이 된 것이다."

이 시절에 대한 조앤의 회고다. 그래, 젖지 않고 가는 삶이 어디 있으랴. 무릇 행복이란 말은 슬픔과 쌍을 이루지 않으면 무의미하다. 지금 살림때에 절고 정체에 갇혀 있다고 끝이 아니다. 끝은 오직 내가 결정할 문제다.

조앤을 조금이라도 아는 사람이라면 그녀에게 어떤 조언을 했을까. 딸

애가 굶더라도 글을 쓰라고 했을까. 그런 사람은 드물었을 것이다. 아이는 동생에게 맡기고 당장 나가서 우유값이라도 버는 게 옳다고 했을 것이다. 그 어떤 허드렛일이라도 마다하지 말라고 했을 것이다. 사실 틀린 말도 아니다. 대개의 부모가 선택하는 일반적인 삶이다.

그러나 조앤은 다른 선택을 했다. 자기를 버리지 않고, 되레 자신을 더 지독하게 사랑했다. 나 이외에는 아무도 나의 불행을 치료해 줄 사람이 없는 법이다. 처음으로 마음의 어드바이스에 충실히 따랐다. 그래서 그 참담한 애옥살이에도 글쓰기에 몰입한 것이다.

희망은 우연한 행운이 아니다. 내가 만드는 것이다. 내가 나를 믿는 것이다. 희망은 사상이기 때문이다. 시인 조병화는 말했다. "인생은 긴 기다림이며, 긴 인내이며, 그 참음과 견딤, 그 자기와의 긴 싸움이다. 종식이 없는."

사는 길이 슬프고 외롭거든
바닷가,
가물가물 멀리 떠 있는 섬을 보아라
홀로 견디는 것은 순결한 것,
멀리 있는 것은 아름다운 것,
스스로 자신을 감내하는 자의 의지가
거기 있다

오세영의 시, '바닷가에서' 다. 가슴에 잔잔히 와 닿는 조언이다. 언제나 시는 좋은 어드바이스고, 시인은 멋진 어드바이스 파트너다.

조앤은 해냈다. 멋지게 역전했다. 오직 자신만의 힘으로 해냈다. 고통의 늪에서 헤어나도록 어드바이스 해 줄 사람조차 하나 없을 때, 결국 내 안에 있는 나에게 답을 구해야 한다.

"나는 내가 아닌 다른 누군가 인양 행세하는 것을 그만두고 내게 중요한 단 하나의 일을 완수하는 데 모든 에너지를 집중했습니다."

그러면 나를 둘러싼 세상을 바꿀 수 있다.

"세상을 바꾸기 위해 마법이 필요한 것은 아닙니다. 당신의 안에는 이미 필요한 모든 힘이 자리하고 있거든요. 더 나은 것을 상상할 수 있는 힘 말입니다."

멋진 어드바이스다. 결국 나다. 문제도 나고, 해결책도 나다. 내 안에서 영혼의 울림으로 전해지는 그 간절한 소리를 들어야 한다. 마음의 조언이 가장 먼저다. 이게 조앤이 하버드 대학의 졸업생들에게, 그리고 우리에게 던지는 어드바이스다.

살아가면서 기꺼운 것들이 있다. 턱이 얼얼할 정도로 크게 웃기, 따뜻한 샤워, 특별한 시선, 내리는 빗소리를 들으며 늦잠자기, 스스로에게 웃기, 처음 보는 깜찍한 사람과 눈을 맞추는 일 등 수없이 많다. 작은 행복을 소중히 여기면 불현듯 다가올 아픔도 이겨낼 수 있으리라.《위대한 개츠비》의 마지막 장면이다.

"개츠비는 그 초록색 불빛을, 해마다 우리 눈앞에서 뒤쪽으로 물러가고 있는 극도의 희열을 간직한 미래를 믿었던 것이다. 그것은 우리를 피해 갔지만 문제 될 것은 없다. 내일 우리는 좀 더 빨리 달릴 것이고 좀 더 멀리 팔을 뻗칠 것이다.

그리고 어떤 맑게 갠 아침에는…. 그리하여 우리는 조류를 거스르는 배처럼 끊임없이 과거로 떠밀려가면서도 앞으로 앞으로 계속 전진하는 것이다."

어느 순간에도 자신을 버리면 안 된다. 나의 일부를 소중히 여겨야 한다. 조앤처럼 해고당하는 몽상벽 따위라도 함부로 포기하지 않아야 한다. 버릇은 내가 만든 내 자산일지 모른다. 그것이 내 인생을 바꿔놓을 원천이 될 지도 모른다. 나를 잃어버리면 여럿 중에 하나, 그저 그런 사람에 불과하다. 언제나 이 꼴 지금 그대로다.

내 안에, 내 작은 버릇 속에 찬란한 반전의 싹이 있다. 그 싹을 찾아 키워나가야 한다. 상상을 멈추지 마라. 꿈이 없으면 시든 영혼이듯, 상상이 없으면 마른 낙엽이다.

'지식보다 상상이 중요하다.' 아인슈타인의 충고다. '얼토당토않은 상상에 빠져들어라. 어느 직업에서나 상상력 없이 대성하는 것은 불가능하다.' 마키아벨리의 조언이다. 그 상상이 나를 다른 세계로 인도할 빛이 될지도 모른다. '우리 모두 리얼리스트가 되자. 그러나 불가능한 꿈을 가지자.' 체 게바라의 권유다. 그대, 주저 없이 상상하라.

02 이시다 미쓰나리
도쿠가와 이에야스와 한판 붙다

이시다 미쓰나리(石田三成), 참 매력적인 인물이다. 맹랑하고 당돌하다. 역사의 거물은 아니지만, 그를 빼놓고 일본을 논할 수는 없다. 세상을 바꾼 리더는 아니지만, 많은 사람들이 그의 삶이 주는 어드바이스를 통해 새로운 변화를 만들어냈다. 그의 직업은 참모였고, 역할은 조언이었다.

급이 낮다고, 나라가 작다고 생각도 움츠릴 필요는 없다. 우주보다 더 넓고 큰 것이 마음이고 생각이다. 신처럼 사람의 생각은 자기 모습대로 세상을 만든다. 미쓰나리가 그랬다. 중간 레벨의 참모가 에도 막부시대를 연 도쿠가와 이에야스와 한 판 승부를 벌였다. 이게 일본 역사의 분수령이었던 이른바 세키가하라전투(1600년)다.

그는 왜 일개 참모 주제에 시대와 불화를 자초하고, 무모하게 대들었을까. 그 또한 마음의 조언에 정직했기 때문이다. 지금 여기서 뼈를 묻을지 언정 흙속에서 뒤척이기 싫었기 때문이다.

여기 울지 않는 새가 있다. 어떤 이가 말했다. 울지 않는 새는 필요 없다. 죽여라. 패장(覇將)이다. 결단이고 단호함이다. 다른 이가 말했다. 그것이 새라면 울지 않는 이유가 있을 것이다. 어떻게 해서든 울게 해라. 지장(智將)이다. 간교, 영리함이다. 마지막으로 남은 이가 말했다. 그것이 새인 이상 언젠가는 울 것이다. 울 때까지 기다려라. 덕장(德將)이다. 여유와 기다림이다. 패장은 오다 노부나가다. 지장은 도요토미 히데요시다. 덕장은 도쿠가와 이에야스다. 이들은 차례로 시대를 이어받았다.

대개 시작은 강단 있는 패장의 노릇이다. 중국의 항우가 단적인 예다. 일본도 다르지 않았다. 전국시대를 평정하는 통일 대장정의 출발은 패장 오다 노부나가였다.

노부나가는 화끈한 결단으로 통일전쟁을 밀어붙였다. 질풍노도의 힘으로 탕탕히 나아가던 노부나가의 발걸음은 부하의 배신에 막혀 돌연 멈춰 섰다. 대저 나를 위협하는 적은 밖에, 나를 죽이는 적은 안에 있다. 그는 총애하던 부하 아케치 마쓰히데의 모반에 의해 혼노사에서 죽었다.

"마쓰히데, 천하는 몰래 훔치는 것이 아니야."

그는 무사답게 불길 속에서 할복했다.

도요토미 히데요시는 노부나가의 부하였다. 처음 노부나가의 짚신을 챙기는 일을 했다. 추운 날, 신발이 따뜻해지도록 품안에 넣었다가 주군 앞에 내놓은 사람이 바로 원숭이 몰골 히데요시다. 그는 타고난 넉덕과부지런함, 그리고 꾀로 잔다리밟아 끝내 최고 권력자가 됐다. 그래서 동서고금을 통틀어 가장 출세한 인물로 거론되곤 한다.

히데요시는 꾀보다. 그는 노부나가에게 크고 작은 어드바이스를 부지런히 했고, 그것 때문에 출세했다. 마쓰히데가 반란을 일으킬 때, 그는 멀리 전쟁터에 나가 있었다. 우연히 노부나가가 죽었다는 소식을 들었다. 대치하던 적과 서둘러 화친을 맺고 초스피드로 귀환했다. 이윽고 마쓰히데와 일전을 벌여 대권을 장악했다. 모두들 발빠르게 기회를 낚아챈 그에게 혀를 내둘렀다.

당시 실질적인 2인자는 도쿠가와 이에야스였다. 이에야스는 노부나가의 부하가 아니라 동맹자로서 그에게 20년간 충성했다. 애당초 히데요시와는 격이 달랐다. 그가 승계하는 게 자연스러웠다. 그러나 시대(時代)란 놈은 주인을 마음대로 골라잡으려는 요물이다.

히데요시는 시대를 대함에 도무지 어려움이 없었다. 시대는 너울가지가 넘치고 깐진 자를 좋아한다. 히데요시가 주인으로 선택됐다. 이에야스는 다시 엎드렸다. 또 기다렸다. 사람의 일생은 무거운 짐을 지고 먼 길을 걸어가는 것과 같으니 서둘러서는 안 된다는 게 이에야스의 생각이었다.

시대의 주인 히데요시와 철부지 미쓰나리의 만남

이 스토리 어느 모퉁이에 미쓰나리가 있을까. 미쓰나리는 일치감치 히데요시에게 발탁돼 평생을 최측근 심복으로 활약했다. 그와 히데요시는 죽이 잘 맞았다. 그는 히데요시가 대권을 잡는 데 크게 기여했다. 히데요시가 죽자 그 정권을 지키려 했다. 이에야스가 정권을 잡는 걸 극력 저지하려 했다. 덕분에 순교했다. 미쓰나리는 15살 철부지 나이에 히데요시를 만났다. 절에서 글이나 예의범절을 배우고 있던 중에 만난 것이다.

"차 한 잔 다오."

목이 마른 히데요시가 말했다. 매 사냥을 나온 히데요시가 절에 들른 것이다.

"네!"

앳된 소년이 살포시 얼굴을 내밀었다. 이시다 미쓰나리였다. 서늘한 눈매에 음전했다. 그가 차를 대령했다.

"변변치 않습니다."

커다란 잔에 7, 8부쯤, 미지근했다. 벌컥벌컥 히데요시는 시원하게 대접을 비웠다.

"캬, 맛좋다. 한 잔 더."

"알겠사옵니다."

미쓰나리가 내온 차는 처음보다 조금 뜨거웠다. 양도 반 정도였다. '허어, 이놈 봐라.' 히데요시가 마신 뒤 넌다하며 말했다.

"한 잔만 더 다오."

세 번째로 날라 온 것은 좀 더 작은 찻잔이었다. 게다가 혀를 델만큼 뜨거웠다. 히데요시는 이 소년의 재치에 감탄했다. 미쓰나리는 그냥 심부름만 하지 않았다. 너무 갈급한 나머지 허겁지겁 마시다 체하지 않도록 지혜를 부렸다.

언젠가는 주어지는 게 기회다. 그 기회를 인식조차 못하면 하(下)다. 기회를 인식하나 어찌 할 바를 모르면 중(中)이다. 주어진 기회를 잽싸게 잡아채면 상(上)이다. 스스로 기회를 만들어내면, 그게 바로 고(高)다. 미쓰나리는 그 언젠가를 상상하면서 준비하고 기다리다 기회를 만들었다.

미쓰나리는 히데요시의 고쇼(小姓)가 됐다. 우리말로 '손대기'라 할 수 있다. 고쇼는 다이묘의 신변 가까이에 대기하면서 칼을 들어주기도 하고, 이런저런 심부름을 한다. 출입하는 가신의 얼굴을 기억하는 것도 그의 몫이다. 무사로서의 예의와 인내력을 기르는 과정이다. 말귀 밝고, 윌총 좋은 미쓰나리가 제격이었다. 이후 미쓰나리는 1598년 히데요시가 죽을 때까지 24년 동안 그의 어드바이스 파트너였다.

기회를 잡은 반역자, 도쿠가와 이에야스

히데요시가 죽었다. 여섯 살배기 어린 아들 히데요리를 남겨두고 떠났다. 망중한, 애 태우면서도 한가한 척 했다. 정중동, 조용하지만 바쁘게 움직였다. 이에야스가 본색을 드러내기 시작했다. 무려 35년 여를 참고 참고 또 참아왔는데, 마침내 기회가 온 것이다.

히데요시가 죽을 무렵 미쓰나리의 직위는 5부교 중 하나였다. 부교는 히데요시 정권의 실무 집행기관이었다. 5부교의 위에 있는 5다이로가 최고 의사결정기관이었다. 5다이로의 수좌가 이에야스였고, 5부교의 4번째가 미쓰나리였다. 이에야스가 리더·대주주였다면, 미쓰나리는 고작 참모·월급쟁이였다. 이에야스의 영지는 254만 석, 미쓰나리의 그것은 19만 4천 석이었다. 1598년 히데요시가 죽었을 때 이에야스가 1543년생 55세,

미쓰나리가 1560년생 38세였다.

이런 차이 뿐이랴. 미쓰나리의 주특기는 기획파트, 병력의 운반이나 자재의 조달 등 총무 파트였다. 싸움이 아니었다. 더러 우두머리가 돼 전장에 나가긴 했지만 독자적으로 이긴 적은 거의 없었다. 부교로서 그의 역할도 서민 행정 전반을 담당했고, 모든 다이묘의 감독에서 정치전략 수립 등 전투와 거리가 있는 것이었다. 일종의 비서실장 겸 기획 · 행정참모인 셈이다. 반면, 이에야스는 역전의 노장이다. 숱한 굴욕을 이겨냈다. 전장에서 잔뼈가 굵었다. 이 둘 간의 싸움은 애당초 그림이 그려지지 않는 '어거지' 였다.

당랑거철, 거대한 수레바퀴 앞에 선 버마재비라고나 할까. 그런데 왜 미쓰나리는 겁 없이 이에야스를 들이받았을까. 마음의 명령, 즉 심령(心令) 때문이다. 마음 깊은 곳에서 싸워야 한다고 명했기 때문이다. 내면의 심연에 떡하니 가부좌를 틀고 앉아 있는 '참나' 의 조언을 미쓰나리는 거역하지 않고 따랐다. 설사 패한다고 할지라도 그걸 거역하고 살기 싫었던 것이다. 자기 부정은 죽기보다 싫었던 것이다. 끝까지 앙버텨 볼 뿐 성패는 부차적인 문제였다. 그래서 대결을 도모했고, 전쟁을 기획했다.

이에야스가 아니라 그 누구라도 정권을 넘봐서는 안 된다. 미쓰나리는 도요토미 정권을 사수해야 한다고 생각했다. 뜻은 좋다만 어떻게 막나. 미쓰나리는 잠재적인 갈등구도를 선명한 대결구도로 바꿔 반(反) 이에야스 연합을 구축하는 방법을 시도했다. 이에야스에 대항할 수 있는 지도자를 앞장 세우면 가능한 구도였다. 이 역할에는 히데요시의 친구인 마에다 도시에가 적임이었다. 5다이로 중 넘버투(No.2)였다.

도시에가 적극 나섰다. 어차피 죽어가던 히데요시로부터 어린 아들을 부탁받은 부담도 있던 터였다. 여기에 히데요시의 양자인 우키타 히데이에, 그리고 우에스기 가게카쓰도 동조하고 나섰다. 모리 데루모토도 우물쭈물 뒤를 따랐다. 모두 5다이로에 속한 실력자들이었다.

5다이로 중 4명을 끌어들여 반 이에야스 연합전선을 구축하자, 이에야스도 한 발 물러섰다. 그는 마지막까지 서두르지 않았다. 예의 인내였고, 묵은 생강다운 노회함이었다. 양 세력 간의 엉거주춤한 타협과 공존이 지속됐다. 이런 와중에 마에다 도시에가 죽자 정세는 또 다시 급변했다. 역사의 물살이 갑자기 빨라지기 시작했다.

이에야스는 이참에 공생을 끝낼 때라고 판단했다. 본(本)을 뽑고 원(源)을 막는 발본색원의 간결한 해법을 선택했다. 미쓰나리가 조문하러 그 상가에 나타나면 그를 거기서 죽여버릴 계획이었다. 미쓰나리는 막다른 골목으로 몰렸다. 생사기로! 이대로 끝인가. 이판사판, 미쓰나리는 대담해졌다. 골목에 있는 이에야스 저택으로 뛰어들었다. 절묘한 수였다. 맹랑한 놈! 그러나 어쩌랴. 천하의 평판을 신경 쓰지 않을 수 없는 이에야스였다. 조잔하게 자기 집에 들어온 사람을 죽일 수는 없었다.

삭초제근은 실패했다. 그렇다고 기왕에 칼을 뽑은 마당인데 그냥 거둘 수도 없었다. 플랜B, 이에야스는 미쓰나리를 정계에서 퇴출시켰다. 멀리 쫓아버렸다. 역불급! 이에야스에겐 완승이고, 미쓰나리에게 굴욕이었다. 이로써 미쓰나리의 기획은 무너진 셈이었다. 이런 마당에 더 이상 뭘 해볼 수 있을까.

만사휴의. 회한 속에 멍든 가슴 부여잡고 찌그러져 지내야 하나. 아니다. 그럴 순 없다. 여기서 접었다면 미쓰나리의 기획은 포말처럼 소극(笑劇)으로 끝났을 것이다. 미쓰나리는 포기하지 않고 버텼다. 주저앉기엔 마음속의 불길이 아직 활활 타오르고 있었다. 새로운 기획에 나섰다. 정치적 해법은 이미 실패한 수였다. 이번에는 아예 전쟁으로 승부를 보고자 했다.

기존은 신생에 저항하기 마련이다. 여전히 이에야스가 집권할 경우 당하게 될 손실을 걱정하는 사람들이 적지 않았다. 그들의 불안감을 다시 추기는 것에서 시작했다. 여기서 쏘삭거리고, 저기서 자드락거렸다. 문제는 명분이었다. 순교자를 만드는 것은 죽음이 아니라 명분이기 때문이다.

기획의 천재 미쓰나리에게 명분 만들기는 식은 죽 먹기였다. '도요토미를 위하여!' 명분은 뒷골목 아이들의 말 속에서도 들릴 정도로 짝자그르해야 비로소 천명이 된다. 미쓰나리는 사람을 풀어 이 명분이 널리 퍼지도록 조장했다. 돈은 히데요시의 양자인 우키타 히데이에가 댔다. 제법 왜자해지자 양 세력 모두에게 보험을 들려는 상인들도 돈을 보탰다. 이에야스의 집권에 불안을 느끼던 다이묘들이 이 거창한 깃발 아래 모여들었다.

미쓰나리는 작은 것에도 주의했다. 예컨대, 그는 다이묘들을 움직이는 일에 직접 나서지 않았다. 알랑거리며 들맞추는 건 성격상 질색이었다. 더욱 중요하게는 사실 나서고 싶어도 그럴 위상이 아니었다. 직접 나서는 건방을 떨었다면 반감만 키웠을 것이다. 명색이 다이묘인데, 급도 안 되는 놈이 나타나 이러면 흥하고 저러면 망한다고 을러대면 내용은 뒷전이다. 자존심이 상하기 마련이다.

이런 심사를 너무도 잘 아는 미쓰나리였다. 그는 대신 다이묘를 보좌하는 참모들을 공략했다. 어차피 조언의 역할을 부여받은 그들이다. 자신들의 주군에게 정국에 어떻게 대처할 것인지 조언할 수밖에 없다. 같은 참모로서 그들은 동병상련을 느꼈다. 그들에게 이에야스 천하가 될 경우에 감당해야 할 득실에 대해 존조리 설명했다. 이에야스 집권이 가져다 줄 공포를 부풀렸다. 그에 대항하도록 용기를 추어주고, 그로 인해 얻게 될 이익을 열거했다.

미쓰나리의 조언을 들은 가로(家老)들은 자신의 의견인양 이를 각자의 주군에게 전달했다. 신의에선 믿느냐 못 믿느냐 뿐이다. 조금 믿고, 많이 믿는 건 없다. 말장난이다. 따라서 불신은 처음부터 막아야 한다. 미쓰나리는 또 이들이 불안해하지 않도록 네트워크를 형성했다. 그들이 서로에게 의지하면서 확신을 갖도록 유도해나갔다.

명분도 섰다. 세력도 모아졌다. 아직 하나가 빠져 있었다. 전쟁은 지휘관의 싸움이다. 가장 중요한 총사령관을 누구로 할지가 아직 정해져 있지 않았던 것이다. 미쓰나리로선 고민이었다. 마땅한 사람이 없었다. 결국 차선으로 얼굴마담이라도 내세우기로 작정했다.

이물스런 모리 데루모토를 들쑤셨다. 이곳에 밝은 사람일수록 번지르르한 타산에 넘어가기 마련이다. 전쟁에서 이기면 히데요리의 대리인으로 천하를 다스릴 수 있게 하겠다고 약속했다. 아니나 다를까. 데루모토가 당근을 덥석 물었다. 16만의 서군이 편성됐다. 대단한 결과다. 미쓰나리 기획의 빛나는 승리였다. 다 죽은 미쓰나리가 도사리처럼 되살아 난 것이다. 이에야스도 놀랄 정도였다. 도쿠가와의 동군은 8만에 지나지 않았다.

실리 앞에 무너진 명분

기획대로 풀리면 역사가 아니다. 16만이 8만에게 허무하게 무너졌다. 서군은 내부의 결속이 모자랐다. 결기가 없었다. 일부 세력은 양다리를 걸치고 있었다. 이에야스와 일전을 겨뤄 죽든지 살든지 하겠다는 뜻에서 합류한 게 아니라 일단 한 다리 걸치고 보자는 다이묘도 적지 않았다. 이런 게 두길보기다. 명분도 실리 앞에선 뒷걸음이었다. 어제를 휩쓴 대의 명분처럼 쉽게 배척되는 것도 없다.

게다가 전체를 끌고 갈 리더가 없었다. 치명적인 흠이었다. 미쓰나리는 아니다. 그저 기획자일 뿐이다. 싸움은 기세인데, 서군은 그 기세에서 밀렸다. 그래서 일거에 무너진 것이다. 여기까지가 미쓰나리의 한계였다. 판을 짤 수는 있었지만, 그 성패를 결정할 힘은 그에게 없었다. 아니 그건 애당초 그의 몫이 아니었다. 미쓰나리의 훌륭한 기획은 성공하지 못했다. 그러나 그는 역사상 훌륭한 참고가 되는 멋진 전례를 남김으로써 일본에 불멸의 어드바이스를 던졌다. 작은 틀이나 낮은 급에 구애받지 말고 큰 그림을 그리라는 것이다.

이 어드바이스 때문에 용기를 얻은 중간 레벨의 실무자들이 의기투합해서 성사시킨 것이 메이지 유신이다. 신칸센 건설이나 일본 만국 박람회를 구상할 수 있었다. 틀이나 급 따위의 겉모양에 매몰됐다면 애당초 꿈도 꾸지 못할 일이었다. 그의 조언으로 작은 나라 일본이 경제대국이 되었다. 미쓰나리는 성패를 떠나 마음의 조언에 따랐기에 불후의 명성을 얻었다. 괜찮은 선택 아닌가.

작은 기회라도 그냥 흘려보내선 안 된다. 예고 없이, 소리 없이, 기척 없이 찾아오는 게 기회다. 언제 왔냐는 듯이 사라져버린다. 항상 준비하고 기다려야 한다. 하찮은 신세에 있을 때 갈고 닦고 다듬어야 한다. 미쓰 나리가 주는 어드바이스다.

몸은 낮추되 정신마저 낮추면 안 된다. 직급은 그가 높지만, 직위는 그가 세지만 정신은 내가 나을 수 있다. 내 영혼이 그보다 맑을 수 있다. 내가 더 멀리, 넓고 깊게 볼 수 있다. 비서라고, 평사원이라고, 대리라고, 과장이라고 그 직급에 생각을 한정하면 성공은 없다. 허리는 숙이더라도 정신은 한껏 드높여야 한다. 그래야 성공을 이룰 이성과 지성을 갖게 되는 것이다. 이성은 생각으로 세상을 파악하는 능력인 반면, 지성은 생각의 도움으로 세상을 조종하는 능력이다. 에리히 프롬의 말이다.

03 콜린 파월
대통령의 꿈을 물리치다

- 사소한 일을 점검하라.

- 침착하라. 친절하라.

- 두려움이나 반대자들과 너무 상의하지 마라.

- 불리한 사실들이 좋은 결정을 내리는 일을 방해하지 않도록 하라.

- 화나는 일이 있으면 우선 화를 내라. 그런 다음 이겨내라.

- 안 좋은 일이 생겨도 생각만큼 나쁘지는 않다. 아침이 되면 더 좋아질 것이다.

콜린 파월의 규칙 중 몇 가지다. 거창하지는 않지만, 곱씹으면 울림이 적지 않다. 파월은 2001년부터 2005년 1월까지 미국 국무장관을 지냈다. 워낙에 골통인 부시 대통령 밑이라 도매금으로 욕을 먹어야 했지만, 그런 대로 잘 해냈다.

그는 성공한 흑인이다. 그가 보여준 훌륭한 흑인의 모습은 2008년 백인들이 오바마를 받아들이는 데 적지 않게 기여했다. 그는 오바마가 편견의 강을 건너면서 디딘 마지막 징검다리였다. 1937년 뉴욕 할렘가에서 태어났다. 부모는 자메이카에서 온 이민자들이었다. 뉴욕시립대학을 졸업했다. ROTC로 군인이 됐다. 야전과 참모 파트를 두루 경험했다. 1989년 대장에 진급했고, 합참의장이 됐다. 최연소이자 최초의 흑인 합참의장이었다. 1993년 9월 군문을 떠났다.

걸프전의 영웅을 시민대통령으로

퇴임하던 당시 파월의 인기는 매우 높았다. 걸프전의 영웅이었기 때문이다. 여론조사를 해보니, 1996년 대선에서 파월이 클린턴 대통령에게 이기는 것으로 나타났다. 46% 대 38%였다. 일약 관심시장(attention market)의 총아가 됐다.

호들갑의 시발은 언제나 언론이다. 흥밋거리를 찾던 언론이 먼저 출마를 부추겼다. 시민들도 발 벗고 나섰다. 과거 2차 대전의 영웅 아이젠하워를 대통령으로 추대했던 사람들이 적극적이었다. 그들의 생각은 정파를 초월하는 시민대통령이 필요하다는 것이었다.

출마를 권유하는 편지가 쇄도했다. 가히 칭찬의 홍수, 격려의 밀물이었다. 몇몇 공화당 지도자들도 경선 레이스에 뛰어들라고 충고했다. 민주당 일각의 유혹까지 있었다. 흑인은 물론 백인들도 널리 지지하는 흑인이 대

콜린 파월의 대선 출마 여부를 다룬
〈타임〉지의 표지

통령에 출마하는 것에 대한 역사적 의미를 놓고 시사 해설자들이 TV토론
을 벌이기도 했다.

　이런 분위기에서 평상심을 갖기란 쉽지 않다. 누구나 으쓱해지기 마련
이다. 온갖 사람들이 제 발로 찾아와 이러쿵저러쿵 어드바이스를 해댔다.
애걸복걸 눈물로 호소하고, 열변으로 떠밀었다.

　파월이 마침 회고록을 펴냈다. 1995년 9월 회고록을 홍보하는 캠페인
을 시작했다. 전국을 순회하는 홍보 여행 중에 직접 체험한 일반인들의
호응은 그가 욕심을 내도록 하기에 충분했다. 어라, 장난이 아니네. 공화
당의 경쟁자들이나 재선에 도전할 클린턴까지 아연 긴장할 정도였다. 어
떤 젊은 여성은 책에 사인을 받는 데 그치지 않고 키스를 해달라고 조르
기까지 했다.

환호, 열광! 열광 없이 위대한 것이 이루어진 적은 없다. 파월로선 출마가 나라를 위해 봉사하는 길이라는 명분공세가 제일 피하기 힘들었다. 평생을 공직에서 보낸 사람이니 오죽했으랴. 군인 파월에게 조국에 대한 헌신은 너무나 당연한 것이었다. TV카메라와 기자들이 떼를 지어 따라다닐 만큼 언론의 관심은 시종 대단했다. 그는 과연 이 유혹을 떨쳐 버릴 수 있었을까?

"나는 대통령이 되기를 원하는가? 더욱이, 도대체 나는 선거 정치에 입문하기를 원하는가? 듣기 좋았던 모든 열광과 격려, 그리고 봉사할 수 있는 역사적인 기회에도 불구하고, 여전히 대답은 '아니야'였다. 소명감이 없었다. 군에서 35년간 있으면서 매일같이 느꼈던 열정, 책임감, 추진력 등을 그 일에서는 느낄 수가 없었다. 안 그런 척 할 수가 없었다."

파월의 고백이다. 애당초 마뜩하지 않았다는 것이다. 그는 이렇게 자기 내면의 소리에 귀를 기울였다. 스스로에게 묻고, 또 물었다. 대답은 나서지 말라는 것이었다. 그는 불출마를 최종 결심했다. 11월이었다. 공화당의 당내 사정이나 선거자금 문제, 아내의 반대 등 다른 요인도 물론 있었다. 그렇더라도 봇물처럼 터진 아첨과 거국적 부추김에도 흔들리지 않은 건 대단한 내공이다.

고독한 결단, 실존적 용기

자신의 분별력을 가정교사로 삼으라고 했다. "가장 큰 용기는 분별력이다." 셰익스피어의 말이다. 파월은 나설 때 안 나설 때에 대한 분별력이 있었다. 그는 기자회견에서 솔직하게 자신의 소회를 털어 놓았다. 쉽게 얻은 결정도 아니고, 개인적으로 극심한 고뇌 속에서 얻은 것이라는 사실을 밝혔다. 다른 무엇보다 마음의 소리에 따른 결정이라는 점을 분명히 했다. 내면에서 흘러나오는 '노(no)'에 따른 것이라고 했다. 이런 것이야말로 고독한 결단이요, 실존적 용기다. 서 있다 앉는 것이 앉았다가 서는 것보다 힘들기 때문이다.

칭찬은 고래도 춤추게 한다고 했던가. 그러나 칭찬은 멀쩡한 사람도 미치게 만든다. 간혹 칭찬은 초심을 망가뜨리는 사탄의 미끼가 되기도 한다. 오판의 빌미가 되기 십상이다. 이럴 때엔 평정심을 갖고 스스로에게 조언을 구하는 게 좋다. 파월의 결정이 좋은 예다.

"어디로 가십니까?"

회견을 마치고 출구 쪽으로 걸어가는 파월에게 누군가 물었다.

"집으로."

기자단은 박수갈채를 보냈다. 엄청난 유혹을 이겨내고, 내면의 어드바이스에 따른 것에 대한 찬사였다. 누구나 낼 수 것이라면 그건 이미 용기가 아니다. 이처럼 용기는 인생이 평화를 줄 때 요구하는 대가다.

2008년, 파월은 또 한 번 마음의 조언에 따르는 결정을 내렸다. 파월은 공화당원이다. 대선에 출마하려 할 때에도 공화당 출마를 생각했다. 공화당 정권에서 국무장관을 지냈다. 스스로도 공화당원이라고 말한다. 그런 그가 민주당 후보를 공개 지지했다. 대단한 용기다. 그가 흑인이라서 오바마를 지지했다고 한다면 그 사람이 속물이기 때문에 그렇다. 뭐 눈에는 뭐만 보인다 하지 않는가.

"버락 오바마 민주당 후보는 깊은 지성과 끈기가 있는 후보다. 그는 인종과 민족, 세대로 갈린 모든 노선을 넘어서고 있다."

파월이 밝히 지지이유다. 파월은 좋아하고 존경할만한 인물이다.

칭찬은 마약이다. 칭찬을 들으면 누구나 취하게 된다. 대부분의 사람이 갈채를 보낼 때 조심해야 한다. 그것은 때로 올가미보다 더 위험하다.

낭(狼)과 패(狽)는 전설 속에 나오는 동물의 이름이다. 낭은 뒷다리 두 개가 아주 없거나 아주 짧은 동물이고, 패는 앞다리 두 개가 아예 없거나 짧다. 때문에 둘은 항상 같이 다녀야 제 구실을 할 수 있다. 낭과 패가 따로 놀아 아무 것도 할 수 없는 게 낭패다. 칭찬에 미혹되면 당하기 쉬운 게 이 낭패다. 낭과 패가 불가불 붙어 다녀야 하듯이 칭찬과 절제도 떨어질 수 없는 한 쌍이 돼야 한다.

04 루이 하우
프랭클린 루즈벨트를 지킨 수호천사

루이 하우란 사람이 있었다. 키는 유난히 작다. 형형한 눈으로 사람을 항상 쏘아본다. 얼굴의 깊은 흉터는 보기에 섬뜩했다. 목소리는 낮고 메마르다. 몸무게 45kg 정도의 바싹 마른 체구다. 무릎이 불룩 나온 헐렁한 양복을 입을 때면 긴 목을 감추기 위해 입은 흰 와이셔츠의 하이칼라가 유난히 두드러져 보인다. 심한 천식에다 심장병까지 지니고 있다. 이미 의사조차 포기한 사람이다. 이 사람이 소아마비 환자 프랭클린 루즈벨트를 대통령으로 만들었다.

하우는 기자생활을 하던 중에 주 상원의원 루즈벨트를 알게 됐다. 1912년 재선에 도전한 루즈벨트는 장티푸스로 쓰려져 거동을 할 수 없게 되자 하우에게 선거운동을 부탁했다. 하우는 그 선거에서 승리를 일궈냈다. 그렇게 둘의 인연은 시작됐다. 어드바이스 파트너가 됐다.

역사를 바꾼 불멸의 파트너

11살의 터울을 건너 뛴 망년교우, 둘은 승승장구했다. 루즈벨트는 주 상원에서 상임위원장을 지냈고, 윌슨 대통령의 행정부에서 해군부 차관 으로 전격 발탁됐다. 해군부에서 하우를 지켜본 해군장관은 그를 이렇게 평가했다. 어드바이스 파트너의 성공비결을 요약해주는 언급이다.

"그는 창의력이 풍부해 항상 많은 아이디어를 가지고 있었고, 큰 일에 대담했 다. 명쾌하고 설득력 있는 글을 쓸 줄도 알았다. 그는 공직이나 정치활동에서 루 즈벨트에게 영향을 미치는 그 어떤 풍향도 예민하게 포착해서 루즈벨트에게 알 렸다. 그러니 루즈벨트로선 그에게 의존하지 않을 수 없었다. 그는 항상 뒷전에 물러나 있으면서도 해군부, 행정부, 정치권의 조류와 동향에 대해 소상히 파악 하고 있었다. 1913년에 벌써 그는 루즈벨트가 대통령이 되는 상상을 했으며, 그 목표를 위해 모든 노력을 아끼지 않았다. 그의 단 하나뿐인 야심은 루즈벨트를 잘 인도해서 지존이 되게 하는 것이었다."

루즈벨트가 민주당의 부통령 후보가 됐다. 비록 떨어졌지만, 아직 젊은 루즈벨트의 앞날은 전도양양해 보였다. 국민의 뇌리에 루즈벨트라는 이 름을 새겨 넣었다. 조금만 더 가면 마침내 극점에 도달할 것처럼 보였다 그 때, 바로 그 때 루즈벨트가 갑자기 쓰러졌다. 소아마비 때문이었다.

하우는 기겁을 했다. 여기까지인가, 이제 끝인가! 누가 봐도 루즈벨트의 정치인생은 끝난 것이었다. 더불어 하우의 꿈도 허망하게 무너졌다. 이제 내가 할 일은 뭐지. 루즈벨트야 부잣집 도련님이니 먹고 사는 건 걱정할 게 없다. 내가 없어도 그만이다. 옆에 있어봤자 내가 뭐 마땅히 할 일도 없다. 휴, 이제 떠나야하나….

그러나 하우는 그대로 남았다. 그로부터 장장 7년 동안 병상의 루즈벨트와 함께 했다. 왜 그랬을까? 하우의 결정은 누구의 조언에 따른 것이 아니었다. 뭔가를 염두에 둔 계산된 결정도 아니었다. 모든 것이 허망해진 그 순간, 그는 오히려 허허로워지고 넉넉해졌다. 그래서 루즈벨트의 곁에 있어야 한다는 영혼의 외침에 따른 것이다. 그래서 남았다. 오직 하고 싶은 대로 했을 뿐, 합리적으로 행한 선택이 아니었다. 정치적으로 재기할 수 있다고 확신했기 때문도 아니었다. 그냥 마음 내키는 대로 했을 뿐이었다. 그 날의 작은 선택이 한 나라의 진로를 바꾼 거대한 사건이라는 사실을 그 때는 아무도 몰랐다.

신의 감동일까. 열화의 시련을 견뎌낸 루즈벨트는 1928년에 뉴욕 주지사가 됐다. 그리고 1932년 선거에서 미국 대통령에 당선했다. 이 모든 과정을 하우가 주재하고, 하우가 만들어냈다. 하우가 루즈벨트에게 전화를 걸었다.

"축하합니다. 이제 할 일을 다 마친 것 같군요. 그만 집에 가서 좀 자야겠습니다."

하우가 병마에 쓰러진 루즈벨트 곁을 떠나지 않기로 한 내면의 어드바이스에 따르지 않았더라면, 뉴딜로 공황을 이겨내고 2차 대전을 승리로 이끈 루즈벨트 대통령은 역사에 존재하지 않았을 것이다.

하우는 대통령이 된 루즈벨트와 백악관에서 함께 살았다. 모든 문제를 함께 상의하는 대통령 비서가 됐다. 그렇게 대통령의 수호천사, 해결사, 친구로서 3년 남짓을 보내고 1936년 4월 하늘나라로 떠났다. 시를 애호하고 연극을 좋아하고 수채화를 사랑했던 가냘픈 인간, 그는 그렇게 조용히 갔다.

믿고 마음가는대로 하라

합리가 곧 불합리다. 지금의 합리가 내일에는 불합리가 된다. 여기의 불합리가 저기에선 합리가 된다. 따라서 합리적 선택이란 것도 하나의 방편일 뿐이다. 합리성의 신화에 매몰되지 않아야 한다. 어떻게 하나의 결정이 장단과 우열을 정확하게 가늠해서 내려질 수 있으랴. 불가능하다. 인간들이 뒤섞여 사는 인생, 계산대로 되기란 기대난망이다. 그렇다면 마음 가는 대로 해 볼 일이다. 특히 나를 희생하는 것이라면 망설임 없이 해 보자. 약은 처신은 매운 시선만 얻을 뿐이다.

올곧게 뻗은 나무보다는
휘어 자란 소나무가 더 멋있습니다
똑바로 흘러가는 물줄기보다는
휘청 굽이친 강줄기가 더 정답습니다

일직선으로 뚫린 바른 길보다는
산 따라 물 따라 가는 길이 더 아름답습니다

곧은 길 끊어져 없다고
주저앉지 마십시오
돌아서지 마십시오
삶은 가는 것입니다
그래도 가는 것입니다
우리가 살아 있다는 건
아직도 가야 할 길이 있다는 것

곧은 길만이 길이 아닙니다
빛나는 길만이 길이 아닙니다
굽이 돌아가는 길이 멀고 쓰라릴지라도
그래서 더 깊어지면 환해져 오는 길
서둘지 말고 가는 것입니다
서로가 길이 되어 가는 것입니다
생을 두고 끝까지 가는 것입니다

    박노해의 '굽이 돌아가는 길'이다. 인생길은 탄탄대로가 아니다. 눈물 고개, 한숨준령을 넘어야 한다. 젠장! 끊어진 곳도 있다. 우라질! 멀리 돌아가야 하는 곳도 있다. 일모도원(日暮途遠), 갈 길 먼데 해는 벌써 저문다. 그래도 그 길을 가야 하는 게 인생이다.
    왜 나, 내 마음의 조언인가. 내 인생이기 때문이다. 나로부터 출발하고,

나에게서 끝나는 게 인생이다. 그 누구도 내 동의 없이는 나에게 열등감을 느끼게 할 수 없다. 내 인생은 내가 결정을 내리고 사는 것이다. 이익도, 손해도 결국 내 몫이다. 각자는 자기 운명을 만드는 사람이다. 그래서 내 마음의 조언이 중요하다. 나의 천적도 나고, 나의 천사도 나다. 내 마음의 조언을 들어야 한다.

《맹자》에 나온다. "만물이 모두 나라는 개체에 구비되어 있다." 《유서(遺書)》에 있다. "사람은 먼 곳에서 구할 필요가 없다. 가깝게 자기 존재 그 자체의 성찰에서 취해야 한다." 내 안에 답이 있다는 말이다.

자기 자신에 대한 신뢰가 성공의 첫 번째 비결이다. 참된 나, 내 인생 최초 최후의 어드바이스 파트너. 마음의 소리를 들으려면 어떻게 해야 하나. 마음의 편견을 없애고, 육체적 컨디션을 평온하게 하고, 의심을 풀어버려야 한다. 지우고 비우고 버려라. 그러면 들릴 것이다.

햇살 좋은 오늘,

혼자 산책하며 내 안의 나와 대화를 시도해 보자. 소곤소곤.

내가 나를 위로해 주자. 토닥토닥.

어드바이스 포인트 `A·d·v·i·c·e·P·o·i·n·t`

- 실패는 누구에게나 닥친다. 문제는 실패를 어떻게 다루느냐 하는 것이다. 실패를 사뿐사뿐 부드럽게 맞이해 파멸을 즐기는 운명의 여신을 기만하라.

- 다른 모든 것을 포기하더라도 스스로를 포기하면 안 된다. 자포하고 자기하면 만사휴의다. 내가 나를 사랑하는 한, 인생은 아직 끝이 아니다.

- 홀로 가는 인생, 내 안의 나로부터 시작해야 한다. 그 누구도 나 자신보다 더 현명한 충고를 내게 해 줄 수 없다.

- 하고 싶은 것, 잘 할 수 있는 것에 목숨을 걸어라. 힘들 때일수록 보통의 길이 아니라 자신만의 길로 가라.

- 칭찬은 마약이다. 칭찬에 휘둘려 착각하지 마라.

2

어드바이스 파트너
성공을 도와줄 파트너를 구하라

친구! 아직도 성공을 꿈꾸는가. 무릇 사람이라면 누구나 성공하고 싶다. 누구나 여 보란 듯이 해내고 싶다. 그렇다고 세상이 모두 부러워할 성공을 욕망하는 건 아니다. 소박하지만 내 스스로 성공했다고 자부할 정도면 좋겠다. 그런데 그게 쉽지 않다. 일상에 치이고, 범사에 걸려 세월만 흘려보내고 있다. 어디서 시작해야 성공에 닿으려나. 성공의 비결은 성공을 도와줄 사람을 만나는 것이다. 친구! 주위를 한 번 둘러보게나. 성공을 함께 할 파트너를 찾는데서 시작하세.

내가 그의 이름을 불러 주기 전에는
그는 다만
하나의 몸짓에 지나지 않았다.

내가 그의 이름을 불러 주었을 때
그는 나에게로 와서
꽃이 되었다.

내가 그의 이름을 불러 준 것처럼
나의 이 빛깔과 향기에 알맞은
누가 나의 이름을 불러다오.
그에게로 가서 나도
그의 꽃이 되고 싶다.

우리들은 모두
무엇이 되고 싶다.
너는 나에게 나는 너에게

잊혀지지 않는 하나의 눈짓이 되고 싶다.

　김춘수가 노래한 '꽃' 이다. 사람은 사람을 만나야 꽃이 된다. 사람 사는 세상, 사람밖에 기댈 데가 없다. 사람 때문에 하루가 살 만하고, 그 사람 때문에 또 하루가 막막하다. 그렇게 하루하루를 살아가야 한다. 혼자라서 외롭고, 기다려야 하기에 힘들다. 결국 사람은 사람에게서 온기를 느끼며, 위안을 받으며 살아야 한다.

　사람 사는 세상, 사람이 길을 낸다. 성공도 결국 사람이 원인이고, 사람이 까닭이다. 껴안아 다독여 주고, 맞잡아 녹여 주는 사이가 있으면 가능해지는 게 성공이다. 그 사람 때문에 내 세상이 넓어지고, 또 깊어진다. 무얼 하더라도 힘이 되고 보탬이 되는 사람을 만나는 건 큰 축복이다.

01 브라이언 엡스타인
비틀즈를 만들어낸 연금술사

비틀즈는 팝의 으뜸, 단연 극상이다. 아직도 많은 음악인들이 비틀즈로 부터 영감을, 위안을, 자극을 얻고 있다. 벌써 아득한 전설이 되었건만 아 직도 '비틀마니아'는 수없이 많다.

이들의 성공 뒤에 브라이언 엡스타인이 있다. 1961년 비틀즈를 처음 만 날 때 그의 나이는 26살이었다. 브라이언은 4인조 음악 밴드를 불멸의 신 화로 만들어 낸 연금술사였다. 그의 어드바이스가 없었다면 비록 비틀즈 가 꽃을 피웠더라도 흐드러진 벚꽃처럼 만개하지는 못했을 것이다.

브라이언은 유태인이다. 어린 시절 그는 한마디로 엉망이었다. 뭐 하나 제대로 하는 게 없었다. 공부는 일찍 작파했다. 그는 일주일에 5파운드를 받는 가구 영업사원으로 사회에 발을 내딛었다. 그의 집안은 할아버지 때부터 가구상점을 해오던 터였다. 그는 장사에 재주가 있음을 깨달았다. 그 일이 좋았다.

가게의 장식이나 진열에도 관심을 갖기 시작했다. 얼마 뒤 그는 가게 전체의 장식을 도맡았다. 모두들 진열장을 꽉 채우려고만 했다. 그러나 그는 진열장에 아주 조금만, 때로는 의자 하나 정도만 놓는 것이 좋다고 생각했다. 허(虛)가 곧 실(實)이다. 뛰어난 감각이었다.

규율을 싫어하던 괴짜

1952년 12월 군입대 영장이 나왔다. 그에게 군대는 교도소였다. 최악의 고문관이 되어 연신 실수만 저질렀다. 왼쪽으로 돌라고 하면 오른쪽으로 돌았고, 똑바로 서라고 하면 넘어졌다.

"군대는 짜증나는 곳이었다. 언제나 화나는 일뿐이었다. 아주 우울해져서 군의관과 상담하여 정신과 의사를 만나기도 했다."

그는 복무기간의 반을 채운 12개월 만에 정신적인 문제로 제대했다.

그의 경험을 모아보면, 그는 규율을 싫어하고 창조적인 일이 맞았던 것 같다. 보통에 어긋나고 범사에 서투르더라도 타박하는 건 잘못이다. '나를 괴롭히는 것은 그 울퉁불퉁한 몸뚱이도 그 누추함도 아니고, 다만 그 한 사람 한 사람 안에서 모차르트가 살해당한다는 사실이다. 정신의 바람이 진흙 위로 불어야만 비로소 '인간'은 창조된다." 생텍쥐페리의 말이다.

회사에 복귀한 브라이언은 열심히 일했다. 음반 쪽 사업에 점점 더 관심이 커갔다. 원래는 고전음악에 관심이 많았다. 대중음악도 좋아하는 편이었다. 하지만 아직은 연극이 더 좋았다. 왕립연극학교에 입학해 다녔으나 그마저도 3학기를 뒤로 하고 그만 뒀다. 다시 회사에 복귀한 브라이언은 조수 한 명과 함께 음반 부문을 맡았다. 브라이언 집안은 그가 태어나기 전 회사 근처의 음반가게를 인수해 놓고 있던 터였다.

브라이언은 정말 열심히 일했다. 궁리하고 연구했다. 원하는 음반을 찾지 못한 고객이라도 그냥 돌려보내지 않았다. 주문을 받아놓고 나중에 구해 줬다. 물건이 확보되면 즉시 배달도 해줬다. 재고 목록을 그 때 그 때 파악할 수 있는 시스템도 도입했다. 가장 잘 팔리는 음반 20개를 목록으로 만들어 비치했다.

"그렇게 열심히 일하는 사람은 처음 보았다. 마침내 그 아이는 처음으로 자신에게 가장 잘 맞는 일을 찾아낸 것 같았다."

그의 어머니의 기억이다.

순풍에 돛단배라, 사업은 번창했다. 1959년 개장 2주년을 맞은 레코드 가게는 2층으로 확장했다. 직원은 2명에서 30명으로 늘어났다. 지점도 냈다. 두 가게 모두 번창했다. 음악잡지에 칼럼도 쓰기 시작했다. 지역의 음악사회에서 유명인사가 됐다. 이룰 만큼 이루자 브라이언은 시뜻해졌다. 뭔가 새로운 일을 찾으려 했다.

1961년 10월 말, 어느 손님이 비틀즈의 음반을 찾았다. 비틀즈라…, 처음 듣는 이름이네. 가게에는 그 음반이 없었다. 일단 구해주겠다고 약속하고 수소문에 나섰다. 리버풀 출신이라는 게 확인됐다. 사실 비틀즈 멤버들은 그 가게의 기존 고객이었다. 사지는 않고 하루 종일 음악만 듣고 나가곤 했다.

브라이언은 그들을 기억하지 못했다. 비틀즈를 만나러 갔다. 그들이 공연하고 있는 10대 취향의 클럽이었다. 그들을 처음 본 순간 브라이언은 전율했다. 특히 거친 태도와 잘 생긴 얼굴의 존 레논에게 매혹 당했다. 브라이언은 동성애자였다. 그 뒤로도 자주 들렀다. 그들과 함께 하고 싶었다. 어울릴 핑계도 필요했고, 어차피 새 일을 찾던 차였기에 매니저 일에 호기심을 느꼈다. 하지만 문외한이었던지라 매니저 일에 대해 이 사람 저 사람에게 물어보며 할 수 있는 일인지 짐작해 보았다.

마침 비틀즈는 매니저 때문에 골머리를 앓고 있었다. 망설임 끝에 브라이언은 매니저를 맡겠다고 제안했다. 브라이언은 음악계에 몸담고 있었지만, 음악 자체에 대해선 잘 몰랐다. 쇼 비즈니스나 음반사업에 대해서도 마찬가지였다. 그러나 그는 물불 가리지 않고 할 수 있는 건 모두 다 하겠다고 다짐했다. 비틀즈는 그의 정직함과 성실성이 마음에 들었다.

마침내 그들은 계약했다. 그런데 정작 브라이언은 계약서에 서명하지 않았다. 그가 사전에 약속했던 사항 때문이었다. 레코딩 계약이 아직 성사되지 않았기에 자신의 사인은 뒤로 미루고 싶었던 것이다. 대신 옆에 있던 그의 비서가 보증인 자격으로 사인했다.

"나는 이미 내가 하고자 하는 일을 약속했고, 그것으로 충분했다. 나는 그 모든 조건을 지켰고, 내가 서명하지 않은 것에 대해 아무도 걱정하지 않았다."

돈은 반드시 불화를 낳는다. 그들은 돈이 아니라 신뢰로 시작했다. 이 신뢰는 비틀즈의 성공에 크게 기여하는 밑거름이었다. 인간에 대한 신뢰

외에 다른 신앙은 필요 없다던 펄 벅의 말이 생각난다.

비틀마니아를 탄생케 한 산파

비틀즈의 매니지먼트를 위해 회사를 설립했다. NEMS 엔터프라이즈.

사람이든 물건이든 싸구려로 보이는 건 하책이다. 적당히 튕겨야 회가 동하는 게 사람 심리다. 브라이언은 제일 먼저 비틀즈를 싼값에 무대에 세우지 않기로 작정했다. 이를 위해 먼저 비틀즈를 말쑥한 모습으로 탈바꿈시켰다. 자락자족, 불량기에 자락하고 치기에 자족하는 게 촌티요 겉멋이다. 싹 걷어냈다. 그룹의 운영방식과 차림새와 행동방식 전체를 손봐야 했다. 브라이언은 계약 일을 모두 인계 받아 체계적으로 관리했다. 그는 연주할 장소와 시간을 모두에게 알려 주는 일부터 시작했다.

"브라이언은 우리가 말하는 것을 모두 종이에 깨끗이 받아 적었다. 그러자 아주 제대로 된 진짜 사업처럼 보였다. 브라이언이 나타날 때까지 우리는 그냥 공상에 잠겨 있었을 뿐이다. 우리가 무엇을 하고 있으며, 우리가 무엇을 하고자 하는지 몰랐다. 하지만 모든 걸 서류로 만들기 시작하자 모든 일에 질서가 잡혀 가는 것 같았다."

존 레논의 회고다.

작은 불씨가 광야를 불사른다. 미세한 변화가 엄청난 격동을 야기한다. 나비효과! 브라이언의 날갯짓은 세계를 휩쓰는 태풍이 됐다.

브라이언은 전달 사항이 있을 때면 뭐든 종이에 깨끗하게 타자로 쳤

브라이언 엡스타인

다. 상단에 그의 이니셜 BE가 문장으로 찍혀 있는 종이였다. 그는 비틀즈에게 뭔가를 전달할 때 이 레터헤드가 적힌 서류를 이용했다.

　말보다 글이 이성적이다. 훨씬 체계적이다. 생각하게 하고, 신중하게 만든다. 심란하고 혼란스러울 때 글로 정리해 보라. 아주 많은 도움을 받을 것이다. 브라이언은 몇 가지 지침을 더 내렸다. 가죽옷을 버려라. 옷을 깨끗이 입어라. 무대 위에서 욕하지 마라. 공연 중에는 담배를 피우지 마라. 콜라 같은 음식물을 무대 위에서 먹지 마라.

　"브라이언은 우리의 이미지를 깔끔하게 바꾸려고 했다. 우리 모습이 보기 좋지 않다는 것이었다. 우리는 소위 '좋은 장소'라는 곳에 가 본 적도 없었고, 무대 위에서나 아래에서나 우리 좋을 대로 입고 다녔다. 그는 우리에게 의상의 역할에 대해 가르쳐 주었다."

존 레논의 기억이다. 브라이언은 비틀즈의 무대 위 행동도 바꾸었다. 적당한 계획을 짜서 각본대로 움직이도록 했다. 하고 싶은 대로 하지 마라. 가장 잘하는 곡을 골라서 해라. 많은 관중이 보는데 앞줄의 여자 아이들과 시시덕거리지 마라. 멋대로 하지 말고 준비된 시나리오에 따라 공연해라. 그들은 고분고분 잘 따랐다.

"내가 그들을 바꾼 것은 아니다. 나는 그들 속에 있던 그 무엇을 밖으로 끌어냈을 뿐이다. 그것은 존재감이었다. 그들이 무대에 제대로 있기만 하면 바로 그런, 뭐라고 말하기 힘든 느낌을 받을 수 있었다. 하지만 그런 느낌이 담배를 피우거나, 음식을 먹거나, 앞에 앉은 사람들과 떠드는 행동 따위로 망쳐지고 있었다."

브라이언의 말이다. 비틀즈의 음악이 제대로 전달되도록 한 파인 튜닝 (fine-tuning)이었다. 브라이언은 헌신적으로 뛰었다. 음반제작자를 찾기 위해 동분서주했다. 그러나 모두가 허사였다. 1962년 2월, 운명을 건 마지막 시도에서 EMI의 자회사에 속해 있던 30대 중반의 '마술사' 조지 마틴과 연결됐다. 비로소 약속했던 레코딩 계약이 성사된 것이다.

비틀즈가 조지 마틴을 만난 것은 최고의 행운이었다. 마틴은 비틀즈의 마지막 음반까지 작업을 함께 했다. 이즈음 브라이언은 드럼을 맡고 있던 피터 베스트를 링고 스타로 교체했다. 과감한 결정이었다. 팬들 사이에서 브라이언은 최고로 사악한 인물이 됐다. 그러나 드럼을 교체한 것은 결과가 말해주듯 비틀즈의 음악에서 최선의 선택이었다. 이제 준비 끝, 팀은 완성됐다. 자, 긴장하라! 세상이여. 우리가 간다.

1962년 9월 첫 녹음을 했다. 10월 4일 대망의 첫 음반이 발매됐다. 첫 음반이 발매되자, 브라이언은 1만장의 레코드를 몰래 사들였다. 이 매집 덕분에 비틀즈의 곡은 대번에 17위까지 올라갔다. 브라이언은 여기저기 공연도 성사시켰다. 비틀즈의 노래는 서서히 인기를 모아갔다. 브라이언은 방송 출연도 섭외했다. 음반 출판업자 딕 제임스, 홍보담당 앤드루 올덤, 순회공연 프로모터 아서 하우스, 로드 매니저 멜 에번스 등을 끌어들였다. 이로써 지원팀 편성도 마무리된 것이다. 이들이 모두 비틀즈 성공의 주역이 됐다. 1963년 10월, 마침내 세상의 모든 것은 비틀즈의 것이 됐다. 입에는 거품이 흘러내린다. 눈에는 눈물을 쏟는다. 비틀즈가 있는 곳으로 그냥 몸을 던진다. 아니면 그냥 졸도. 비틀마니아가 탄생한 것이다. 그들은 영혼, 한 가닥의 마지막 온기마저 비틀즈에게 바쳤다. '죽어도 좋아.'

영국을 넘어 미국을 움직이다

영국을 평정한 브라이언의 다음 목표는 거대시장 미국이었다. 영국 음악이 미국에서 성공하기란 대단히 힘들었다. 비틀즈의 경우에도 미국 진출은 사실 모험이었다. 그전까지 미국에서 성공한 영국 출신의 그룹이나 가수가 없었기 때문이다. 빅스타 클리프 리처드도 미국에선 안 통했다. 아무도 뜨지 못했다. 비틀즈도 이미 한 차례 쓴맛을 본 터였다. 1963년 전반기에 비틀즈는 미국에서 두 개의 서로 다른 음반회사를 통해 네 장의 음반을 출시했으나 반응이 없었다. 그렇다고 광대한 미국시장을 그냥 포기할 수는 없다. 그래, 정면돌파다. 휘이 물렀거라. 내가 간다. 그 해 11월 브라이언은 미국으로 직접 날아갔다.

"영국 대중음악계에 일어난 최고의 사건이 어째서 미국에서는 벌어지지 않는지 알고 싶었다. 모든 상황이 런던의 옛날과 비슷했다. 나는 음반회사와 TV 관련자들을 만나러 다니기 시작했다."

무엇보다 음반사 결정이 시급했다. 이미 비틀즈의 음반이 실패한 전력이 있었기에 음반사들은 미온적이었다. 두드려라, 열릴 것이다. 브라이언은 계속 밀어붙였다. 뒷배도 동원했다. 마침내 한 음반사가 오케이 했다. 내친걸음, 브라이언은 여기서 한 발 더 나갔다. 비틀즈 홍보비로 4만 달러를 책정해 주도록 요구했다. 통상 5천 달러였던 것을 감안하면 파격적인 요구였다. 음반사가 마지못해 수용했다.

싱글 음반 초판 발매 수량도 모험적으로 20만 장으로 했다. 브라이언은 가장 유명한 TV쇼(에드 설리번 쇼) 출연도 섭외했다. 엘비스 프레슬리도 이 프로그램 출연으로 큰 바 있었다. 브라이언은 비틀즈가 메인 스타로 출연해야 한다고 고집을 피웠다. 방송국 측에서 난색을 표했다. 그는 출연료를 깎아주는 조건으로 기어코 관철시켰다. 브라이언은 이처럼 치밀하게 준비했다. 결사항전, 배수진을 친 것이다.

역시 지성이면 감천이다. 미국이 움직였다. 비틀즈의 인기가 서서히 달아오르더니 급기야 1964년 1월, 1위에 올랐다. 용띠 해에 용이 승천한 것이다. 2월 케네디 공항에 내리는 비틀즈, 1만 명이 넘는 군중이 비틀즈를 맞이했다. 그들은 공항을 가득 메우고, 함성을 질렀다. TV 쇼도 7,500만 명이 시청했다. 정복은 끝났다. 세계는 경배했다. 군림천하! 비틀즈 열풍이 세계를 점령한 것이다. 비틀즈는 음악나라의 절대군주가 됐다.

1964년 8월, 비틀즈는 처음으로 대규모 미국 투어를 시작했다. 워낙 인기가 좋아 입장료를 세 배쯤으로 올렸어도 매진될 정도였다. 하지만 브라이언은 거절했다. 팬들에게 옳지 않은 행동이라고 했다. 대중은 예민하다. 사소한 건방이라도 금방 눈치 챈다. 절제는 격정과 충동에 대한 이성의 단호하고도 적절한 지배다. 브라이언의 판단은 옳았다.

한 번은 백만장자가 예정에 없던 공연을 제의해왔다. 브라이언은 거절했다. 일정을 바꿀 수는 없었다. 그 양반이 고집을 피웠다. 공연료로 10만 달러를 주겠다고 했다. 브라이언의 마음이 조금 움직였다. 비틀즈에게 물어보죠. 그들은 카드놀이에 열공 중이었다. 브라이언이 와도 고개조차 들지 않았다. 브라이언이 10만 달러 제의에 대해 이야기했다. 당신이 결정해요, 브라이언. 그들은 고개를 숙인 채 그렇게 내뱉고 계속 카드놀이에 몰두했다. 그 백만장자에게 결정을 알렸다. 역시 안 되겠네요. 약이 오른 이 백만장자가 다시 출연료를 올렸다. 15만 달러를 주겠다고 했다. 그때까지 미국에서 공연 출연료로 제안 받은 금액으로는 최고액이었다. 최고의 개런티는 비틀즈의 위상에 대한 객관적 인정이다. 브라이언은 승낙했다. 브라이언이 비틀즈에게 돌아가 바뀐 결정에 대해 설명하는 동안에도 그들은 고개조차 들지 않았다.

이처럼 브라이언과 비틀즈 간의 신뢰는 절대적이었다. 위태로운 잇속 결합이 아니라 안정적인 뱃속동맹이었다. 그들은 한 몸, 한 배짱이었다.

1966년의 세계는 비틀즈에 의한 비틀즈를 위한 비틀즈의 천하였다. "비틀즈가 예수보다 더 유명하다." 존 레논의 말이다.

1967년 8월, 브라이언이 갑자기 사망했다. 약물중독에 의한 사고사였다. 그의 나이 겨우 33세였다. 의혹이 있었으나 아무 것도 밝혀진 건 없었다. 구심점이 없어서 일까. 아니면 허우룩해서 일까. 브라이언을 잃은 비틀즈는 마치 선장 없이 빠르게 침몰하는 거선과 같았다. 그가 떠난 지 2년도 안 돼 비틀즈는 비공식 해체했다. 브라이언 없이는 존재하기 힘들었던 것이다. 조지 해리슨의 회고다.

"브라이언이 세상을 떠나자 너무 큰 공백이 생겼다. 그때는 막 우리가 프로가되어가고 레코드 사업을 진척시키기 시작할 무렵이었기 때문이다. 우리는 사업과 재무 상태를 전혀 알지 못했다. 그런 건 다 브라이언이 관리했었다. 그가 죽은뒤에는 혼돈 그 자체였다."

사람이 싫으면 그 사람과 관련된 모든 게 싫어진다. 인지상정이다. 싫은 사람 안보고 살 권리는 천부인권이다. 그러나 싫다고 해서 그 사람의 가치까지 아예 뭉개려는 건 옳지 않다. 세상에 이유 없이 존재하는 것은 하나도 없다. 누구라도 내가 들을 게 하나는 있다. 개도 짖어서 조언한다지 않나. 마음을 조금만 열어보라. 다른 세상이 보인다. 고개 들어 하늘 저편을 보라. 그곳이 깨달음의 피안이다.

02 드 베르니 부인
촌놈 발자크를 위대한 작가로 만든 여인

물속에는
물만 있는 것이 아니다
하늘에는
그 하늘만 있는 것이 아니다
그리고 내 안에는
나만이 있는 것이 아니다

내 안에 있는 이여
내 안에서 나를 흔드는 이여
물처럼 하늘처럼 내 깊은 곳 흘러서
은밀한 내 꿈과 만나는 이여

'그대가 곁에 있어도 나는 그대가 그립다.' 류시화의 시다. 루소와 발자크에겐 그리운 그대가 좀 특이했다. 장 자크 루소에게 드 와랑 부인이 있다면, 발자크에겐 드 베르니(de Berny) 부인이 있었다.

젊은 시절 방황하던 루소, 그는 32살 연상의 중년부인 드 와랑과 13년 동안이나 특이한 관계를 맺었다. 모자 간의 사랑과 이성간의 사랑이 기묘하게 뒤섞인 관계였다. 22살 연상의 드 베르니 부인은 1821년부터 1836년 죽을 때까지 발자크에게 애정과 조언을 아끼지 않았다. 발자크의 소설 《골짜기의 백합》은 드 베르니 부인을 모델로 쓴 작품이다.

어머니 같았던 연인

로댕이 조각으로 남긴 발자크, 어린 시절의 그에겐 어머니의 사랑이 부족했다. "나는 한 번도 어머니를 가져 본 적이 없다." 발자크의 고백이다.

발자크의 어머니는 끊임없이 스스로를 불행하다고 생각했다. 자신의 희생에 대해 자식들이 감사해 하지 않는다고 서운해 했다. 언제나 가시 돋친 고성과 질책뿐이었다. 채근하고 감시했다. 아들을 낳자마자 집밖으로 내보냈다. 산후조리를 하는 도중에 벌써 유모에게 맡겨버린 것이다. 동생들과 노는 것도 금지했고, 장난감이나 선물도 없었다. 아플 때 곁에서 챙겨주는 어머니, 따뜻하게 안아주는 어머니는 애당초 그림의 떡이었다. 만수받이 한 번 없었다. 오히려 어머니의 목소리만 들어도 깜짝깜짝 놀랄 지경이었다.

"어머니란 어린 자녀들의 입술과 마음에서 하느님의 이름과 같은 것이다."(W. H. 새커리) 이런 어머니의 사랑을 느끼지 못하면 못할수록 그 사랑에 대한 갈증이 깊어지기 마련이다. 결핍은 열망을 낳고 편향을 낳는다. 인간의 편견보다 더 강한 것은 없다. 발자크의 경우엔 엄마 같은 여인에게 사랑을 느끼는 것으로 표출됐다. 그 여인이 드 베르니 부인이다.

법학을 접고 문학에 뛰어들었으나 발자크에게 주어진 건 실패, 오직 실패였다. 너저분한 저질소설들을 펴냈으나 허망했다. 노심초사해도 뭐 하나 되는 일이 없을 때 흔히 내뱉는 푸념이 있다. 어디 돈 많고 명 짧은 과부 없나. 이 시절 발자크가 그랬다. 누이에게 보낸 편지에서 이렇게 썼다.

"나를 위해서 아무나 재산을 가진 과부를 좀 찾아 보거라. 그리고 나를 천거해라."

외모도 신통찮았고, 말주변도 없었다. 가슴 속에 열망이 넘쳤으나 밖으로는 말놀이할 용기조차 없었다. 스산한 바람에 이리저리 나뒹구는 마른 낙엽신세였다. 그런 그가 옆집에 살던 여인의 성그레한 웃음에 사랑을 느꼈다. 그 집에는 이미 결혼한 딸 외에도 그림처럼 예쁜 딸이 더 있었다. 어차피 집안끼리 알고 지내던 터라 발자크의 어머니는 이 딸과의 교제를 은근히 부추겼다. 그러나 웬걸. 발자크가 연정을 느낀 상대는 딸이 아니라 그 어머니였다. 아이를 아홉이나 낳은 나이 마흔다섯의 여인에게 **빠진** 것이다.

대개 가슴 이쪽에 자부심을, 저쪽에 반항을 갖고 사는 청춘들이 사연 있는 미소, 농염한 부드러움에 곧잘 흔들린다. 느실난실하는 짓보다 성긋이 웃는 모습에 유혹을 느낀다. 뱅그레 옅은 미소, 우수어린 촉촉한 눈빛에 낮술 후의 졸음처럼 그냥 빠져든다. 인생의 가장 큰 행복은 내가 사랑받고 있다는 확신 아니던가. 드 베르니 부인은 발자크의 영혼으로 아장아장 스며들었다.

"확장을 향한 거침없는 욕구, 자신을 알리고자 하는 폭풍 같은 열망, 자신의 어머니는 두려운 오만이라고만 느꼈던 그 열망은 마침내 이 여인에게서 깊은 믿음을 찾아내면서 해소되었다. 자기 어머니와 거의 동년배인 그녀는, 그가 불같은 계획들을 자기 앞에서 꿈꾸듯이 밝히는 것을 밝고 영리하고 선량하고 관심어린 눈길로 들어주었다. 통제되지 않은 요소, 서투름, 어찌할 바 모름, 요령 없음 등을 부드러운 태도로 고쳐주었다. 그의 어머니처럼 지배적이고 엄격한 태도가 아니라 부드럽게 부추기면서 조심스럽게 그를 교육하였다. 이렇게 도움을 주는, 경청하는 자세만으로도 그녀는 그의 주저앉은 자의식을 일으켜 세울 참이었다."

츠바이크의 묘사다. 드 베르니 부인은 풀 죽고 기 꺾인 천재에게 날아든 천사였다. 말할 줄도 알고, 침묵할 줄도 알았다. 온유함으로 발자크를 사로잡았다. 자신의 말을 행복하게 선택하고 순수한 언어로 말했다. 드 베르니 부인은 샛서방 발자크를 부드럽게 인도했다. 용기도 줬다.

"당신은 쓰레기더미에서 피어난 꽃입니다. 당신은 거위가 부화시킨 독수리에요."

발자크는 막무가내로 그녀에게 침잠했다. 문제는 육체적 관계였다. 부인은 칠색팔색을 하며 남녀관계를 완강히 거부했다. 그러나 그녀라고 꺼져가는 '여성'에 대한 미련이 왜 없었으랴. 게다가 발자크가 미친 듯이 달려들었다. 광기를 띠지 않은 위대한 천재는 하나도 없다. 결국 둘은 살맛을 느끼는 연인이 됐다.

발자크의 모든 것을 깨우다

부인은 발자크에게 그의 천재성을 발현토록 하는 영성의 손길이었다. 그녀는 안다미로 사랑을 베풀었다. 이 슬금한 경험의 충고자를 통해서 발자크는 비로소 진정한 발자크가 됐다.

"그녀는 내게 어머니, 여자친구, 가족, 동반자, 충고자였다. 그녀는 나를 작가로 만들었고, 젊은 나를 위로해주었으며, 내게 취향을 마련해주었고, 누이처럼 함께 울고 웃었다. 그녀는 언제나 고통을 진정시켜주는 선량한 꿈처럼 나타났다. 그녀가 없었다면 나는 분명히 죽었을 것이다. … 그녀는 거대한 폭풍 속에 들어 있는 나를 격려와 헌신적인 행동으로 붙잡아주었다. 그녀는 한 남자를 온갖 비천함에서 지켜주는 자부심을 내게 일깨워주었다. 내가 살아 있는 한 이 점에 대해서 그녀에게 감사한다. 그녀는 내게 있어 모든 것이었다."

발자크의 회고다. 드 베르니 부인은 발자크에게 몸과 마음만 준 게 아니었다. 발자크는 가난했다. 부인은 쪼들리는 발자크에게 돈도 줬다. 이런 걸 물심양면, 아니 물심신 삼면으로 도와줬다고 하는 것이리라. 그녀는 자신의 경험도 들려줬다. 발자크는 그 이야기들을 소설의 소재로 삼았다. 그녀는 발자크가 쓴 소설을 읽어주고, 교정해주고, 조언해 주는 첫 번째 독자였다.

드 베르니 부인은 1833년까지 꼬박 10년 동안 발자크의 애인이자 어드바이저였다. 그녀의 존재가 곧 어드바이스 자체였고, 격려였다. 10년이 지나 한스카 부인이 나타나고, 드 베르니 부인의 성적 나이가 한계에 도달하자 두 사람의 연인관계는 끝이 났다. 우정으로 바뀌었다. 이때부터 1836년까지는 가장 오래된 친구이자 어드바이스 파트너였다. 발자크에게 부인은 유일하게 선택된 여자였고, 위대하고 고귀한 여성이었다. 우정의 천사, 그의 안에서 모든 것, 남자·예술가·창조자를 일깨운 여성, 그리고 그에게 용기와 자유와 내적·외적 안정감을 준 여성이었다.

발자크는 드 베르니 부인을 만나 탈바꿈하고 변신했다. 저질문학의 노예에서 예술가로, 가족에게 억눌린 아들에서 남자로 바뀌었다. 그녀는 어머니 같은 보호자, 부드러운 안내자, 헌신적인 협조자였다. "한 여자의 마지막 사랑이면서 한 남자에게는 첫사랑을 이루어 주는 것에 견줄 만한 것은 세상에 다시 없다." 발자크의 자기 고백이다.

발자크는 벌인 사업마다 족족 망했다. 물덤벙술덤벙 덤벼들었으나 곧 가리산지리산 하리가 들었다. 천산지산 핑계를 늘어놔도 다 되통스런 발자크 탓이었다. 평생을 여자 꽁무니, 아니 돈 많은 과부를 찾아 다녔던 빚쟁이 천재 작가를 이 세상에 등장시킨 건 8할이 드 베르니 부인의 공이다.

드 베르니 부인의 손길에 의해 발자크는 자신 속에 들어 있던 작가의 재능을 끄집어 낼 수 있었다. 작가로 성공했다. 1829년에《올빼미당》《결혼생리학》을 발표해 단숨에 문단의 총아로 떠올랐다. 1831년에는 《마법가죽》을 발표해 '제2의 괴테' 란 소리도 들었다. 1835년, 걸작 《고리오영감》《골짜기의 백합》을 출판했다. 문학적 거물이 됐다.

다른 사람에게 너무 많은 영혼을 바친 탓일까. 난질에 대한 저주일까. 말년에 그녀는 심장병에 걸렸다. 게다가 아들 하나가 죽었고, 딸이 정신병에 걸렸다. 그녀가 죽어갈 때 발자크는 다른 여자와 이탈리아를 여행 중이었다. 썩을 놈. 사람 사는 게 이렇게 지랄 같다. 인간 발자크는 끊임없이 염문을 뿌리고, 사치하고, 투기도 일삼았다. 말년에 염원하던 한스카 부인과 결혼했다. 딸까지 낳았다. 평생을 염원하던 '돈 많은 과부' 를 얻은 것이다. 그러나 신은 그에게 안락을 허용할 생각이 없었다. 딸은 곧 죽고 말았다. 그 자신도 결혼한 지 5개월 만에 저 세상으로 떠났다. 1850년 8월, 그의 나이 겨우 51세였다. 신이 인간사를 주재하는 것이 이처럼 빈틈없고 가혹하다. 절친한 친구 빅토르 위고가 애도했다.

"천재의 작별을 슬퍼합니다. 발자크라는 이름은 미래에 우리시대를 알리는 빛나는 흔적 속으로 들어가게 될 것입니다. … 무덤으로 들어가는 날로 그는 명예 속으로 들어간 것입니다. 그는 앞으로도 우리 머리 위를 지나가는 저 구름 위, 우리 조국의 별들 사이에서 계속 빛날 것입니다."

마치 삶을 낭비한 것처럼 보이는 발자크가 문학의 별이 된 것은 드 베르니 부인 때문이었다. 그와 그녀가 어떤 관계였는지는 중요하지 않다. 다만, 다른 모든 것을 떠나 드 베르니 부인이 발자크 성공의 어드바이스 파트너였다는 것이 중요하다. 또 발자크가 윤리의 벽을 무시하고 감행한 노력 덕분에 얻은 결과라는 사실도 기억해야 한다. 어딘가에 있을 내 어드바이스 파트너를 찾기 위해 그처럼 인생을 던져야 한다. 그가 내 인생 성공의 열쇠이기 때문이다.

03 톰 파커
엘비스 프레슬리를 창조한 마법사

좋은 감정과 나쁜 감정을 동시에 가지는 것을 양가감정(ambivalence)이라고 한다. 모순감정이라고도 한다. 톰 파커를 알게 되면 이런 감정을 느끼지 않을 수 없다. 그는 엘비스 프레슬리를 로큰롤의 황제(king)로 만들었다. 그래서 대단하다. 그는 엘비스가 일찍 죽도록 사실상 방치했다. 그래서 나쁘다. 그는 엘비스를 사랑했다. 밝은 면이다. 그는 엘비스를 착취했다. 어두운 면이다. 그의 한 눈에는 사랑이, 다른 한 눈에는 이해타산이 번득였다.

밥 딜런은 엘비스를 '로큰롤교(教)의 지고 신'으로 명명했다. 그 자신 엘비스의 음악을 듣고 감옥에서 풀려나는 해방감을 느꼈다고 한다. "문화적인 의미에서 엘비스의 출현은 혁명의 시작 이상이었다." 저명한 언론인 할버스탐의 말이다. 말 그대로 그는 왕이었다.

로큰롤 교주의 탄생

"어떤 것이든 어디에서든 시간에 관계없이 녹음해드립니다."

선(Sun) 레코드사의 광고 문구였다. 이 광고 문구가 엘비스를 음악세계로 끌어들였다. 1953년 엘비스는 4달러를 내고 엄마의 생일선물로 음반을 취입했다. 우연이다. 인생에서 우연은 놀라운 영향력을 발휘한다. 이날의 우연도 그랬다. 엘비스는 1935년에 태어났다. 그 언저리 그는 트럭 운전사로 일하고 있었다.

"혹시 가수 필요하세요? 제가 관심이 많거든요."

선 레코드사 사장 샘 필립스의 여비서 키스커는 땀에 절은 카키색 옷, 기름을 발라 뒤로 넘긴 머리, 덥수룩한 구레나룻을 유심히 보더니 되물었다.

"그래요…, 무슨 가수죠?"

"네?"

"어떤 스타일의 가수냐고요."

"어떤 노래든 다 불러요."

"누구랑 비슷하죠?"

"누구하고도 안 비슷해요."

엘비스는 마이크 앞에 서서 몇 곡을 불렀다. 훗날 엘비스는 당시 상황

톰 파커와 엘비스 프레슬리

을 이렇게 고백했다.

"끔찍했어요. 기타 소리는 양동이 뚜껑을 두드리는 소리 같았죠."

그러나 그날 키스커의 생각은 달랐다. 엘비스가 돌아가기 전에 이름과 전화번호를 받아서 메모했다. '좋은 발라드 가수. 꼭 붙잡을 것.'

키스커의 추천으로 엘비스는 사장을 만나게 됐다. 첫 음반을 녹음했다. 라디오를 통해 조금씩 알려지기 시작했고 동네에서 제법 유명해졌다. 기상천외. 엘비스의 음악은 완전히 새로운 스타일이었다. 그의 음악은 흑인들의 블루스와 백인들의 컨트리 음악을 접목한 스타일이었다. 게다가 그는 잘 생겼다. 미숙하지만 특기인 허리돌리기도 선보였다.

뭇시선은 특이한 것에 끌린다. 엘비스는 당연히 흥미를 끌었다. 검은 바지에 셔츠, 오렌지 색 파이핑 장식이 달린 재킷을 입고 공연했다. 그만의 무의식적인 창조 행위였다. 십대 소녀들이 무더기로 기절하는 사태가 벌어졌다. 대단한 인기였다. 공연을 다니면서 음악인들 사이에 슬슬 소문이 돌기 시작했다.

"등줄기에 한기가 느껴졌어요. 옷깃에 머리카락이 걸려서 잡아당겨질 때처럼 말이에요."

그의 충격적인 무대매너를 지켜본 한 스카우터의 말이다. 그가 톰 파커에게 전화했다.

"당신이 보고 싶어 할지도 모르는 청년이 있어요."

비열한 킹메이커

파커는 그 엘비스를 왕위에 앉힌 킹 메이커였다. 1909년에 이리 와서 1997년에 저리 갔다. 태생은 네덜란드다. 그는 평생 자신이 외국 출생이고, 불법체류자 신분이라는 점을 숨겼다. 때문에 엘비스는 외국 공연을 한 번도 하지 못했다. 외국이라곤 단 한 번 캐나다에서 공연을 했다. 캐나다 국경은 여권 없이도 넘어갈 수 있었기 때문에 파커가 용인해서 이뤄질 수 있었다. 그럼에도 불구하고 지레 겁먹은 파커는 이 공연에 동행하지 않았다.

톰 파커의 이력은 미스터리다. 1929년부터 1932년까지 포병대에서 복무한 예비역 대령이라는 설도 있다. 그래서 그의 별명이 '대령(colonel)'이라고 한다. 다른 설도 있다. 1948년부터 루이지애나 주지사를 지낸 지미 데이비스가 존칭으로 붙여준 별명이라는 것이다. 파커가 데이비스의 선거를 도와준 보답이었다. 이 경우엔 '각하(colonel)'다. 각하는 남부지방 특유의 경칭이다. 대령과 각하가 한 단어이다 보니 생긴 논란이다.

파커는 전국의 카니발을 돌아다니며 게임기 대여업과 홍보대행업을 했다. 들개잡이로 일한 적도 있다고 한다. 어쨌든 엘비스를 만났을 때 그는 음악 프로모터였다. 몇몇 가수와 영화배우의 매니저 역할을 하고 있었다. 개중에는 스타도 몇몇 있었다.

파커는 엘비스의 재능을 단박에 알아보고 매니저 계약을 체결하려 했다. 그러나 엘비스의 부모가 반대했다. 파커는 그 부모가 좋아하던 컨트리 가수를 동원했다. 그 가수의 도움 덕분에 계약이 성사됐다. 1955년 8월, 파커는 19살 엘비스의 매니저가 됐다. 엘비스는 악마에게 영혼을 판 파우스트가 됐다.

계약서에 사인한 뒤에 도와줬던 가수가 말했다.

"파커, 엘비스는 대 히트를 칠거야. 우리 둘 다 잘될 거라고."

파커가 대답했다.

"틀렸어. 엘비스는 나랑 독점으로 계약한 거라고. 자네와는 아무 상관도 없어."

차가운 냉혈과 천박한 탐욕, 그것이 파커의 DNA였다. 철저한 잇속, 그것이 그의 혈액형이었다. 그러나 그에겐 보는 눈이 있었다. 엘비스를 얻는 사람은 누구나 진퇴양난에 빠질 것이라는 전망을 비웃었다. 그에게는 만드는 손이 있었다. 엘비스를 최고로 만들어냈다. 남들이 6개월을 못 버틸 것이라던 엘비스, 잘못된 계약이라고 한탄하던 엘비스를 슈퍼스타로 키워냈다.

파커는 엘비스의 페르소나를 섹스 심벌로 정했다. 아우라는 욕망 분출이었다. 엘비스의 무대 짓거리는 파커의 조언 전에도 섹시했다. 그러나 그 섹시함을 완성시킨 것은 파커였다. 엉덩이를 뒤틀며 흔든다. 다리를 떨다 빠르게 움직인다. 기타를 빠른 드럼비트에 맞춰 거칠게 연주한다. 여자들은 황홀지경 유토피아에 빠져들었다. 할 수만 있다면 여자애들이 엘비스의 바지를 찢어버리고 싶을 정도로 열광하게 만드는 게 파커의 목표였다.

엘비스에게 말했다.

"엉덩이를 더 흔들었으면 좋겠는데, 그러면 여자애들이 흥분할거야. 스트립 걸이 남자들을 흥분시키려고 보여주는 쇼를 모방하는 거지."

엘비스의 섹스어필은 그의 성공에 중대한 무기였다. 엘비스의 공연을 지켜본 사람이 파커에게 내뱉었다.

"젠장! 하고 있잖아. 그것도 바로 무대에서. 제길, 객석의 모든 여자들이랑 하고 있잖아."

파커가 조용히 대답했다.

"섹스만큼 잘 팔리는 게 있나…."

그는 돈이면 뭐든 하는 논의 노예, 전노(錢奴)였다. 돈벌레, 전충(錢蟲)이었다. 돈 때문에 엘비스를 노래밖에 모르는 사회적 반실이로 만들었다.

그는 엘비스에게 평화, 절제, 배려, 지성, 헌신, 양보 따위의 것을 심어 주지 않았다. 자신의 말을 고분고분 잘 듣게 하기 위해서였다. 진정한 이기주의는 자기가 원하는 대로 사는 것이 아니라, 자기가 원하는 대로 살라고 남들에게 요구하는 것이다. 파커는 아주 악질적인 이기주의자였다.

엘비스를 전국적인 스타로 만들기 위해 파커는 방송을 공략했다. 시청자의 반응은 뜨거웠다. 그러나 언론의 반응은 차가웠다. 가창력도 없이 섹시한 밸리댄스를 내세우는 가수라고 혹평했다. 넋이 나간 듯 에로틱하게 골반을 돌리고, 상반신을 숙였다가 머리를 확 뒤로 넘기는 순간을 포착한 사진이 함께 실렸다. 그러나 그의 인기는 모든 것을 이겨냈다. 역시 대중문화에선 인기가 만능열쇠다.

1956년 3월 엘비스의 노래가 인기 차트 정상에 올랐다. 엘비스는 미국을 평정했다. 흔전흔전, 돈도 많이 벌었다. 그해 9월, 마침내 최고의 쇼 프로그램인 '에드 설리번 쇼'에 출연했다. 애당초 엘비스를 딱 잘라 거절하던 프로였다. 엘비스가 TV에 등장했을 때 미국의 주류문화는 충격에 휩싸였다. 문화적인 의미에서 원자를 분해하고 전구를 발명하는 것에 버금가는 것으로 평가됐다. 온갖 지옥이 자유롭게 풀려난 것에 비유됐다.

파커는 팬클럽을 조직했다. 각종 캐릭터 상품을 출시했다. 북엔드부터 팔찌, 립스틱, 청바지 할 것 없이 다양한 품목을 내놓았다. 십 대들의 주머니를 겨냥한 최초의 상업적 프로모션이었다. 파커는 엘비스가 여자를 공개적으로 사귀지 못하도록 통제했다. 여자를 둘러싼 스캔들은 엘비스의 미래를 가로막는 악재로 규정했다.

파커는 엘비스를 영화에 출연시켰다. 그러나 싸구려가 되지 않도록 세심하게 관리했다. 자주 못 보면 애가 탄다. 그런 갈증이 좋아하는 마음을 키운다. 간들간들, 손에 닿을 듯 말듯 하는 것이 욕망을 강화시킨다. 거부하는 몸짓이 애착을 싹트게 한다. 과잉노출은 위험하다. 식상한 싸구려가 되는 길이다. 미스터리는 강렬한 유혹이다. 희소성이 돈을 낳는다. 파커는 이런 마케팅 원칙에 충실했다. 그는 엘비스의 출연을 엄격하게 제한했다. 녹음 작업의 양을 신중하게 조절했다. 반복적으로 엘비스의 활동을 중단시켰다. 대저 갈급해야 추종하게 된다. 물이 많으면 난초는 썩는다. 난초의 꽃은 결핍의 산물이다.

용의주도 미스터 파커

1957년 3월 엘비스는 군에 입대했다. 파커는 엘비스를 전투병으로 근무하게 했다. 특별대우를 사양한 것이다. 이 또한 미국인들의 마음을 움직이기 위한 고도의 술책이었다. 대중스타에게 극형은 미움이 아니라 무관심이다. 잊히는 것이다. 엘비스가 군에 있는 동안에도 파커의 괭이질은 멈추지 않았다. 엘비스의 문화제국, 음악나라가 멈추지 않고 계속 굴러가도록 관리했다.

노래는 입대 전에 녹음해 두었다. 그가 없는 동안에도 그의 노래는 방송을 타고 계속 흘러나왔다. 액세서리 등 캐릭터 사업도 계속해 나갔다. 여기에 군대 분위기를 추가했다. '용의주도 미스터파커.' 파커는 뭐가 홍보거리인지 귀신같이 알았다.

입대 이튿날 파커는 엘비스가 군인 이발소에서 머리를 깎도록 연출했다. 사이즈가 안 맞는 군복을 입고 머리를 깎는 엘비스, 그 모습이 그에게 부정적이던 수백만 부모들에게 강렬한 인상을 줄 것이기 때문이었다. 그의 입대로 입대자들이 25%나 증가했다. 이처럼 파커는 군인 엘비스의 이름이 뉴스에 계속 오르내리도록 이벤트를 만들어냈다. 세월이 흘러 엘비스의 제대가 임박했다. 한 언론이 경고했다. '엘비스의 재침공에 이 나라는 준비돼 있는가?'

엘비스가 제대했다. 1960년 3월이었다. 그의 귀향은 대단했다. 맥아더 장군 이후 가장 크게 보도된 군인의 귀향이었다. 어럽쇼! 그런데 제대한 엘비스가 달라져 있었다. 엘비스가 파커의 어드바이스에 따라 이미지를 확 바꾼 것이다. 젊은이의 엘비스에서 모든 이의 엘비스로 리포지셔닝한 것이다.

어른들에겐 한때 악의 화신으로 비춰졌던 엘비스다. 그런데 이제는 자랑스럽게 군대 얘기를 뇌까리는 전형적인 젊은이로 변신했다. 그가 부르던 로큰롤을 거칠고 추하고 무모하며 사악한 것이라며 배척하던 프랭크 시나트라였다. 그런 그도 엘비스에 대한 생각을 고쳐먹었다. 자신의 TV 쇼에 엘비스를 출연시켰다. 엘비스는 턱시도를 입었다. 머리는 단정했다. 시나트라와 듀엣으로 노래도 불렀다. 황당무계, 일부 평론가들은 이러한 변화를 '파커의 실수'로 규정했다.

"이 사람은 이제 모두가 엘비스로 생각했던 그 사람이 아니다."

당연한 논란이었다. 변화는 예술적 선택이 아니라 금전적 셈평이었다. 그러나 한편 점점 더 들어가는 엘비스의 나이, 시장을 넓혀야 할 필요성

등을 감안해야 한다. 이런 점에서 파커의 선택을 무조건 실수라고 단정 짓기 어려운 측면도 있었다.

파커는 영화도 열심히 찍게 했다. 1960~68년 사이 파커는 엘비스에게 매년 봄, 여름, 크리스마스 등에 세 편의 영화에 출연토록 했다. 파커는 엘비스가 출연한 영화에 거의 빠지지 않고 카메오로 등장했다. 거대한 하와이언 프린트 셔츠와 헐렁한 카키 바지 차림의 수상한 사기꾼 역할을 즐겨 맡았다. 기호는 성격의 반영이다. 수상한 사기꾼은 파커의 일면이었다.

엘비스는 평생 무대 공포증(stage freight)을 갖고 살았다. 공연 전 엘비스는 아주 초조해했고, 너무나 겁을 냈고, 최소한의 자신감도 없었다. 그런데 파커와 이야기하고 나면 완전히 다른 사람이 돼서 카리스마를 뿜어냈다. 파커가 그에게 최면을 걸어 폭발적인 퍼포먼스가 가능하도록 만들었다는 주장이 있다. 파커 스스로도 자신을 최면술사라고 말하곤 했기에 신빙성이 있어 보인다. 그가 과연 엘비스에게 최면을 걸었을까. 하지만 엘비스의 측근들은 이를 부인한다. 대신 파커가 지닌 엄청난 설득력을 다른 이유로 제시한다. 어느 것이 진실이든 파커가 엘비스에게 마법사였던 것은 분명한 사실이다.

1964년 비틀즈의 미국 대공습이 시작됐다. 미국은 엘비스의 땅이다. 엘비스의 심기는 불편했다. 영광이 클수록 질투에 더욱 가까이 가 있는 것이다. 그러나 파커는 달랐다. 유연하게 대응했다. 시샘하는 모습을 보이지 않았다. 미소하는 적에 대한 고립감의 표출이 질투다. 파커의 판단은 옳았다. 배척보다는 공생이 적절했다.

비틀즈가 미국 TV에 데뷔했을 때 파커는 엘비스의 이름을 넣은 축하엽

서를 보냈다. 사회자가 엘비스의 자상한 메시지를 읽었을 때 비틀즈는 감격한 듯 씩 웃었다. 비틀즈가 만나자고 제안해왔다. 엘비스는 거절하려 했다.

"젠장, 난 그런 망할 녀석들을 만나고 싶지 않아요."

다시 파커가 나섰다. 바빠서 당장은 만날 수 없다고 둘러댔다. 그러면서도 호의를 표하기 위해 모자까지 곁들인 완벽한 카우보이 복장을 엘비스의 이름으로 선물했다. 파커와 비틀즈의 매니저 브라이언 엡스타인 간의 조율이 계속됐다. 마침내 엘비스가 굴복했다.

"하지만 그 녀석들이 여기로 오는 조건이에요. 내가 그들을 만나러 가지는 않을 거예요."

1965년 8월 27일 밤, 그들은 만났다. 처음엔 어색했지만 곧 친해졌다. 잼 세션(즉흥 연주)이 이뤄졌다. 음악이야기도 나눴다. 같이 게임도 했다. 파커가 엡스타인의 돈을 수천 달러나 따먹었다. 존 레넌이 옛날 스타일로 돌아가는 게 어떠냐고 물었다. 엘비스는 얼버무렸다. 비틀즈는 새벽 2시가 돼서야 떠났다. 정상회담은 그렇게 끝났다. 다음날 레넌이 말했다.

"어제는 제 인생 최고의 밤이었어요."

달도 차면 기운다. 영광의 시간은 쏜살같이 지나간다. 허망하기까지 하다. 그러나 그래야 인간사 공평하다. 귀천, 고하, 빈부, 시비는 돌고 돌아야 한다. 진정 그래야 공평하다. 엘비스의 인기는 조금씩 숙졌다. 뭔가 충격요법이 필요했다. 파커는 엘비스를 결혼시키기로 했다. 나이 서른두 살에 아직 미혼이라는 이유로 관객의 절반을 잃어버렸다고 판단했다. 난봉난 엘비스가 버텼지만 결국 파커의 조언에 따랐다.

결혼 이벤트는 성공이었다. 1967년 5월이다. 이벤트는 이벤트일 뿐 가수는 가수로서 승부해야 하는 법니다. 가수로 돌아가지 않는 한 쇠락은 불가피했다. 1968년에 다다르자 가수로서 엘비스는 거의 퇴물로 취급당하는 수준이었다. 1965년 이후 히트곡이 없었다. 다시 돌파구가 필요했다.

파커는 엘비스를 TV쇼에 출연시키기로 했다. 1960년 이후 첫 TV 출연이었다. 여기까지는 파커의 구상대로 진행됐다. 파커의 구상은 엘비스가 캐럴송을 부르는 크리스마스 특집이었다. 그러나 담당 PD와 엘비스는 생각이 달랐다. 군대 가기 이전의 옛날 스타일로 다시 돌아가기로 결정한 것이다. 엘비스는 레넌의 조언을 잊지 않았던 것이다. 자신의 내면에서 솟아나는 영혼의 외침에 순응한 것이다. 파커가 길길이 날뛰었지만 결국 막지 못했다. 본래의 모습으로 돌아가는 선택은 타당했다. TV 출연을 통해 엘비스는 완벽하게 부활했다. 파커의 조언에 따라 성공했던 그가 그의 조언을 물리침으로써 다시 일어선 것이다.

탐욕이 부른 파국

사람이 본(本)이라면 가수는 말(末)이다. 사람의 일이 제대로 굴러가야 가수라는 짓도 잘 풀리게 마련이다. 니체가 말했다. "무서운 깊이 없이 아름다운 표면은 존재하지 않는다." 비유하자면, 사람으로 살아가는 깊이가 있어야 노래 잘하는 아름다움이 있다는 말이다. 깊이는 인격적 성숙, 배려, 절제와 같은 것들이다. 가수 엘비스는 부활했으나, 인간 엘비스는 더 나락으로 떨어지고 있었다.

엘비스의 음악은 다시 살아났다. 하지만 사생활은 여전히 개판이었다. 색광증은 여전했다. 약물중독은 더 심해졌다. 죽을 고비를 몇 번 넘기기도 했다. 그럼에도 공연은 계속했다. 의사가 쇼를 줄이고 사람부터 구할 것을 권유했다. 그러나 파커는 단호하게 반대했다. 안 돼! 파커의 실핏줄을 타고 흐르는 것은 탐욕이었다. 1977년 8월 16일, 엘비스는 욕실에서 죽은 채로 발견됐다. 서거, 왕이 죽은 것이다. 42살, 하늘로 돌아가기엔 너무 젊은 나이였다.

인생, 서둘러 성공하려고 아등바등 할 일이 아니다. 조금 천천히 가도 반드시 기회는 온다. 문제는 그 기회가 왔을 때 내가 넉넉하게 감당할 수 있어야 하는 것이다. 조바심 내지 말고 타박타박 걸어가야 할 인생이다. 박찬의 시 '인생아!' 다.

많이들 바쁜가본디 어서 싸게들 가보쇼 나는 그냥저냥 가는 둥 마는 둥 갈라요 장다리밭에 노닐며 장다리꽃 따먹다가 아지랑이 어질어질 나비 따라 가다가 뒷동산에 올라 삐비도 뽑아먹고 송홧가루 얼굴에 분칠도 하고 아카시아 훑어먹다 들에 내려 자운영 다북숲 논두렁에 앉아 꼴린 보릿대 꺾어 보리피리 만들어 삘리리 불며 놀다 갈라요 그렇게 노닐다가 싸목싸목 갈텡게 빨리 오라 늦게 온다 궁시렁들 마쇼 이리 가도 결국은 가는 길인디 머 헐라고 그리 바쁘게 종종거린다요 그래도 먼저 가신 곳 북적거리거든 내 자리도 하나 봐줬으면 쓰것소

엘비스는 파커를 신뢰했다.

"그가 없었다면 내가 이처럼 크게 성공하지 못했을 것이다. 왜냐하면

그는 너무 영리하니까."

　그도 딱 한 번 파커와 헤어지려고 했다. 직접 말은 못하고, 누군가를 시켰다. 자신이 파커를 해고했다고 알렸다. 그렇다고 고분고분 그 말에 따를 파커인가. 파커는 엘비스로부터 직접 그 말을 듣기 전에는 따를 수 없다고 버텼다. 파커는 엘비스가 자신을 얼마나 어려워하는지 잘 알고 있던 것이다. 파커는 엘비스에게 성공을 가져다줬다. 그러나 그 성공에는 대가가 있었다. 가혹한 노동착취! 약물중독! 인기추수! 영화외도!

　1960년대 후반, 파커는 50%의 수익을 차지하는 매니저 계약을 맺었다. 음악 외 판매에 대해서도 파커가 사실상 도차지했다. 극도의 가렴주구였다. 그는 음악인을 영화의 바다에 빠트렸다. 약물중독에 빠진 엘비스를 무리하게 계속 무대에 올렸다. 약물중독을 막으려고 하지도 않았다. 아니 사실상 방치했다. 정상적인 매니저라면 당연히 약을 끊도록 어드바이스했어야 했다. 강제로라도 조치를 취했어야 했다. 그러나 그는 그러지 않았다. 그러면서도 엘비스가 말년에 처한 재정적 어려움마저 모른 체 했다. 그는 악당이었다. 그 자신은 편안하게 살다가 1997년에 죽었다. 여든일곱이라, 입맛이 쓰다. 너무 오래, 너무 안온하게 살았다.

　성공의 유혹은 달콤하다. 누구나 재능은 뛰어난 데 2%가 부족해서 성공하지 못한다고 생각한다. 파우스트다. 이럴 때 악마의 유혹은 얼마나 이겨내기 힘든가. 허나 그렇게 이룬 성공은 오래 가지 못한다. 외관이 멀쩡해보여도 속은 썩어 문드러진다. 엘비스가 그랬다. 그래서 성급한 성공, 영혼을 파는 유혹을 경계해야 하는 것이다. 상궤를 벗어난 어드바이스 파트너는 경계하고 기피해야 한다.

빗속을 천천히 걸은 사람이 있었다. 어떤 사람이 왜 그렇게 천천히 걷느냐고 묻자 그 사람이 대답했다.

"앞에도 비가 오지 않소."

쉬엄쉬엄 가자. 눈부신 햇살, 시원한 바람, 졸졸졸 물소리, 지지배배 새들의 대화, 수줍어하는 들꽃…. 느끼며 가자. 꽃이 지기로서니 바람을 탓하랴.

어드바이스 포인트 A·d·v·i·c·e·P·o·i·n·t

- 잇속 파트너는 내 영혼을 갉아먹는 악마다. 마법 같은 횡재, 거짓말 같은 성공은 그 악마의 유혹이다.

- 따스한 손길로 영혼을 다독이는 사랑은 기적을 낳는다. 내 안에서 잠자고 있는 모차르트를 깨우게 해준다.

- 혼란스럽거나 힘들 때일수록 글쓰기를 활용하라. 글로 쓰면 생각이 명료해지고, 논리가 구체화된다. 글쓰기는 아주 유용한 삶의 해법이다.

- 마음으로 대하지 않고 기교로 응하는 사람을 부득이하게 가까이 해야 한다면 경계하고, 경계하고, 경계하라.

- 성공 때문에 너무 서둘러 가지 마라. 쫓아가면 도망가고, 느긋하면 바싹 들러붙는 게 성공이다.

3

어드바이스 파트너

마음이 통하는
동행을 선택하라

내 딸, 좋은 사람 만나야 한다. 때로 주체 못할 증오에 스스로를 태우는 네 못된 인간을 용납하는 사람을 만나야 한다. 덫에 치여 비틀거리거나, 어린아이처럼 떼쓰듯 울기도 하는 너의 그 어리석음을 그윽하게 바라봐 주는 마음의 벗을 만나야 한다. 아들아, 좋은 친구를 사귀어야 한다. 너의 그 시퍼런 질투, 그 막무가내의 고집마저 받아줄 마음의 친구를 만나야 한다. 네가 선택한 삶의 방식을 송두리째 이해하는, 그런 사람을 만나야 한다.

또 다른 말도 많고 많지만
삶이란
나 아닌 그 누구에게
기꺼이 연탄 한 장이 되는 것

방구들 선득선득해지는 날부터 이듬해 봄까지
조선팔도 거리에서 제일 아름다운 것은
연탄차가 부릉부릉
힘쓰며 언덕길 오는 거라네
해야 할 일이 무엇인가를 알고 있다는 듯이
연탄은, 일단 제 몸에 불이 옮겨 붙었다 하면
하염없이 뜨거워지는 것
매일 따스한 밥과 국물 퍼먹으면서도 몰랐네
온 몸으로 사랑하고 나면
한 덩이 재로 쓸쓸하게 남는 게 두려워
여태껏 나는 그 누구에게 연탄 한 장도 되지 못하였네

생각하여

삶이란
나를 산산이 으깨는 일

눈 내려 세상이 미끄러운 어느 이른 아침에
나 아닌 그 누가 마음 놓고 걸어갈
그 길을 만들 줄도 몰랐었네, 나는

안도현의 시 '연탄 한 장'이다. 나 아닌 사람에게 기꺼이 연탄 한 장이 되는
것이 삶이란다. 쉽지 않다. 나 하나 추스르기도 힘든데 뭐 잘났다고 다른 사람
에게까지 기웃거리나. 내 몸뚱아리 하나 버거운데 뭐 중뿔나게 남의 일에 참
견하랴. 그래, 그렇게 살면 되지. 그런데 말이야, 과연 인생이란 게 이런 이기
만으로 살아지는 걸까. 절레절레. 아니다, 혼자서는 못 산다. 외로워서 못 산
다. 힘들어서 못 산다. 내 누굴 돕지 않고, 누가 날 돕지 않는다면 결코 살 수 없
다. 그래서 안도현이 '다시 너에게 묻는다.'

연탄재 함부로 발로 차지 마라
너는
누구에게 한 번이라도 뜨거운 사랑이었느냐

항상 마음이 문제다. 김시습은 모든 병이 마음에서 생긴다고 단언했다. 장
자가 마음보다 더 잔인한 무기는 없다고 갈파했다. 병법에도 공심위상(攻心爲
上)이라, 마음을 공략하는 게 최고라고 했다. 마음, 그 마음이 언제나 문제다.
내가 누구를 돕고자 한다면 무엇을 줘야 가장 크게 돕는 것일까. 마음을 주는
것이다. 마음을 주면 내 모든 것을 다 주는 것이다.

01 배더우스키
잭 웰치 회장을 리드한 GE의 항해사

오피스 와이프(office wife)란 말이 있다. 사무실 아내다. 집에서 아내가 해주는 역할을 사무실에서 해주는 것을 말한다. 와이프만 있는 게 아니다. 사무실 남편(office husband)도 있다. 뭉뚱그려 사무실 배우자(office spouse)라고 한다. 신체 접촉은 하지 않으면서 가깝게 지내는 직장 동료다.

2006년 미국에서 실시한 한 여론조사에 의하면, 32% 이상의 직장인들이 오피스 와이프나 오피스 허즈번드를 갖고 있다고 한다. 2008년 5월에 실시한 국내의 한 여론조사도 응답자의 64%가 오피스 와이프 혹은 허즈번드가 필요하다는 의견에 동의했다고 한다. 2008년 9월과 10월 사이에 실시한 여론조사에 의하면 29.4%가 사무실 배우자를 두고 있단다.

사무실 배우자를 두고 있는 이유는 갖가지다. 객관적인 충고, 업무상 도움, 의지, 스트레스 해소, 대화 등이다. 크게 보면, 다 어드바이스다. 어드바이스가 단지 말로만 하는 것은 아니다. 눈짓, 태도, 경청, 위로, 유머, 웃음, 묵시 등도 모두 어드바이스다. 말없이 건네는 따뜻한 커피 한 잔, 안쓰러워하는 시선, 어깨를 툭 치며 눙치는 손짓도 어드바이스다. 그런 어드바이스를 지속적으로 주고받으며 친밀하게 지내는 사이가 사무실 배우자라는 개념이다.

잭 웰치의 비밀병기

오피스 와이프의 전형적인 예가 세계 최대 기업 GE의 잭 웰치와 로잔 배더우스키(Rosanne Badowski)다. 웰치는 초 거대 기업 GE의 전 회장이다. 배더우스키는 그의 비서다. 오직 비서 일만 곰파서 성공했다.

1988년, 30대 중반의 배더우스키는 50대의 잭 웰치를 처음 만났다. 둘은 GE에서 14년 동안 함께 일했다. 배더우스키는 가끔은 말로써, 대개는 행동으로써 웰치에게 어드바이스 했다. 그녀는 잭 웰치가 이룬 성공의 숨은 파트너였다. '잭 웰치의 비밀병기', 미국의 〈뉴스위크〉에서 배더우스키를 묘사한 표현이다.

우리나라에도 비슷한 예가 있다. 삼성그룹 전략기획실에서 MK로 통하는 박명경 상무가 20년 가까이 이건희 회장을 보좌했다고 한다. 직급은 상무다. 이 회장의 그림자로 알려져 있다. MK가 배더우스키 보다는 직급이 훨씬 높다. MK의 역할이 뭔지는 제대로 알려져 있지 않다. 다만 별명에 기대어 겉가량하자면, '비밀병기'가 '그림자' 보다는 역할에서 더 알차 보인다.

"14년이 넘는 세월 동안, 나는 인간 자동응답기이자 오토다이얼, 워드프로세서, 여과장치였고, 상담자, 심부름꾼, 친구, 좋은 소식과 나쁜 소식의 사자(使者), 잔소리꾼, 외교관, 수리공, 치어리더, 반대자였다."

배더우스키의 자평이다. 그의 역할 하나하나가 만만한 것들이 아니다. 감히 일개 비서가 했다고는 믿어지지 않는다. 잭 웰치는 까칠했다. 한 언론에서 뽑은 10명의 '가장 까다로운 상사' 중 하나였다. 그런 사람에게 인정받기란 쉽지 않다. 그 웰치가 배더우스키를 파트너로 인정했다. 위풍당당, 그녀는 자신이 리더인 웰치를 관리(managing) 했다고 말한다. 호호탕탕, 비서였던 자신이 경영자라고 당당하게 주장한다. 기세충천, 더 나아가 비서를 '작은 일에 땀 흘리는' 2인자로 규정했다. 실력으로 인정받은 사람만이 누리는 발칙한 자부심이다.

누구나 이처럼 자기 기준으로 자기를 평가해야 한다. 그녀가 웰치에게 제공한 어드바이스 중 최고는 시간 만들기였다. 우리가 가진 것 가운데 가장 적은 것이 시간이다. 보스에게 시간을 벌어주는 것은 생명을 연장시켜 주는 것이나 다름없다.

"정확하게 측정할 수는 없지만, 나는 잭 웰치에게 15년 동안 2만 시간을 더 만들어주었다고 생각한다. 일주일 당 하루를 더 만들어 준 셈이다."

어떻게? 직접 볼 필요가 있는 것만 보게 하는 것이다. 배더우스키는 두 시간이 걸리는 전화통화, 각종 파일작업, 자료검토를 30초 만에 처리할 수 있는 브리핑 자료로 만들어 웰치에게 전달했다. 의사결정에 꼭 필요한 핵심만 추려 전달함으로써 그가 중요한 다른 일에 곧바로 매달릴 수 있도록 어드바이스한 것이다.

"예를 들어 단순히 고객의 불만이나 문제 그대로를 전달해서는 상사의 시간을 만들지 못한다. 그러다가는 오히려 상사의 귀중한 시간을 스펀지처럼 흡수해 버릴 것이다. 서류함은 순식간에 넘쳐날 것이다. 적절한 보좌가 없다면 상사는 하던 일을 멈추고 새로운 일의 구체적인 정황과 프로젝트 담당자, 필요한 조치를 파악해야 한다. 이런 상황은 우선순위를 뒤바꾸고 상사가 더 긴박한 문제에 집중하지 못하게 한다. 적절한 보좌를 받는 경우, 상사는 고객의 불만 사항과 함께 핵심 내용을 담은 메모를 전달받아 고객이 만족하는지 확인하고, 다시는 같은 상황이 일어나지 않도록 조치를 취할 수 있다. 몇 시간이 걸릴 수 있는 일을 단 몇 분 만에 처리할 수 있는 것이다."

CEO의 사무실은 대개 문서의 홍수에 빠지기 마련이다. 어지간한 관리자의 사무실에도 정보가 범람하기 마련이다. 잭 웰치처럼 거대 기업의 리더라면 상황은 더욱 심각하다. 매일 수천 통의 편지와 이메일, 보고서, 메모, 내부자료, 잡다한 문서 등이 쇄도한다. 매일매일 이러한 홍수를 건너가야 한다. 이 모든 것을 CEO가 직접 읽고, 판단한다면 시간이 하릴없이 흘러가고 만다. 일촌광음이라, 쏜살같이 내뺀다.

배더우스키가 이런 상황을 방치할 수는 없다. 그는 모든 서류를 읽어보고 중요 대목을 형광펜으로 표기해서 잭에게 올렸다. 어떤 서류엔 메모를 적은 포스트잇을 붙여 올리기도 했다. 일종의 서리치기다. 이렇게 시간을 벌어줌으로써 잭은 더 중요한 일에, 전략적 사안에 집중할 수 있었던 것이다.

대저 모든 것을 내게 굴복시키려 한다면 자신을 더 이성에게 굴복시켜야 한다. 잭 웰치는 이성의 존재가 되기 위해 노력했다. 감정 때문에 무너지지 않았다. 당장의 불편 때문에 골내지 않았다. 좋은 어드바이스를 받기 위해 자신이 할 수 있는 노력을 먼저 했다. 먼저 꼼꼼히 건잠머리를 해줬다. 익숙해질 시간도 줬다. 자신감도 불어넣었다.

"알아서 하세요." 이 말은 신뢰와 함께 동기를 부여하는 주문이었다. 재량권도 부여했다. 맡긴 다음에 시시콜콜 따지거나 점검하지 않았다. 자신의 이메일을 그녀가 관리하도록 맡겼다. 버릴 것은 버린다. 답장을 첨부해야 할 것은 적절한 조치의 정보를 첨부해 놓는다. 전적으로 배더우스키의 판단이었다.

심지어 잭은 배더우스키가 전화를 도청하도록 허용했다. 누가 들으면 이 엽기적 파격에 기겁할지 모르겠으나, 그 효과는 실로 컸다. 전화 내용을 계속 듣다보면 어떤 상황이나 문제에 대해 잭의 설명을 따로 들을 필요가 없게 된다. 그가 통화 중에 약속을 정할 경우 곧바로 개입해 기왕의 일정을 이야기해줄 수도 있다. 또 내용에 따라 필요한 자료나 조치를 즉시 준비시킬 수도 있다.

알아야 면장을 하듯이, 알아야 어드바이스 할 수 있다. 잭은 시간낭비를 슬퍼했다. 이처럼 잭은 좋은 어드바이스를 할 수 있는 환경을 만들어줬다. 그 결과는 어떤가.

나는 잭이 회의 전이나 회의하는 동안 개인적으로 애기할 가능성이 있는 GE 임원들에게 언제든 전화할 준비를 하고 있었다. 가능하다면, 그날 그들의 소재를 미리 파악해 두었다. 내 능력을 시험해 볼 양으로, 잭이 책상에 놓인 그 날의 일정과 관련 서류를 훑어본 다음 내 이름을 부를 순간을 기다렸다. 그가 "로"라고 입을 열자마자 나는 전자명함첩을 열며 "게리일거야."라고 생각했다. "게리 연결해 줘요." 맞았다.

한편 게리는 전화벨 소리가 울렸을 때 상대방이 누구인지 정확히 알고 있었고, 또 사전에 내가 쉽고 분명하게 질문을 해두었기 때문에 잭이 묻는 내용에 즉시 대답할 수 있었다. 상대방이 부재중일 때, 나는 대안을 제시할 수도 있었다.

"로잔, 베스 연결해줘요."

"베스는 출장 중이에요. 브루스는 어때요?"

그러면서 브루스 전화번호를 누르기 시작했다.

"좋아요." 신호가 갈 무렵 잭의 대답이 들렸다.

이심전심! 손발이 척척 들어맞았다. 어드바이스를 받을 줄 알고, 어드바이스를 줄 줄 알았다. 일고수이명창(一鼓手二名唱)이란 말이 있다. 추임새를 잘 넣는 고수 일이 더 어렵고 힘들기에 생긴 말이다. 추임새가 어드바이스다. 궂은 일 거들어주는 뒷수발이 다름 아닌 어드바이스다. 그런 점에서 배더우스키는 정말 일류 북재비였다.

잭 웰치를 리드한 일등 항해사

그녀는 잭의 책상을 하루에 열두 번도 넘게 청소했다. 스스로를 항해사로 규정하고, 웰치의 책상을 갑판으로 묘사했다. 책상은 전쟁터다. 생각하고, 교류하고, 정리하고, 쉬고, 결정하는 지휘소다. 웰치가 퇴근하면 뒤쓰레질을 통해 즉시 갑판을 정리했다. 다시 출격할 수 있는 태세를 갖추어 놓은 것이다.

아침에 하면 불안하다. 혹 내일 아침 웰치가 먼저 출근할 수도 있기 때문이다. 그래서 그녀는 꼭 저녁에 그 일을 했다. 특정 범주의 자료를 같은 자리에서 찾을 수 있도록 세심하게 배치했다. 파랑색은 개인용 파일, 노란색은 내부 자료, 빨간색은 그냥 읽어볼 파일, 주황색은 외부 파일, 녹색은 결재용 파일이었다. 모든 것은 일정한 공간을 차지했다.

그녀는 능숙했다. 잭이 다시 책상에 앉아 일과 씨름하노라면 금세 책상은 엉망이 된다. 뒤죽박죽. 그럴 때 웰치가 큰 소리로 어디 있냐고 묻는다. 배더우스키가 말한다.

"전화기 왼쪽 노란 폴더, 세 번째 페이지에 있어요."

대단한 그녀다. 자기 일에 길속이 트인 사람이 전문가다. 전문가란 자기 일에 손가락 끝까지 완벽한 사람이다. 그녀는 완벽한 비서, 최고의 전문가였다.

잭은 주주총회 연설 등 중요한 연설원고를 작성할 때도 배더우스키의 어드바이스를 구했다. 일단 스피치 라이터와 함께 잭 웰치가 원고를 작성한다. 그런 다음 원고는 계속 고쳐지고 퇴고를 거듭한다. 어떤 경우 한 달에 걸쳐 30회 이상 수정됐다. 단어 하나하나에 중요한 메시지가 담겨진다. 잭이 마지막으로 배더우스키에 검토를 요청한다. 상사의 세 가지 권리는 조언을 구하고 격려하고 경고하는 것이다. 그녀는 보통 주주의 관점에서 어드바이스 했다. 문맥이 정확하지 않거나 잘 이해되지 않을 경우에는 이의를 제기했다.

우리는 발에 꼭 맞는 신발을 찾기 위해 수많은 신발을 신어 보는 사람처럼, 정확한 내용을 전달하기 위해 문장 구조를 숱하게 바꾸곤 했다. … 상사가 아랫사람의 제안을 받아들일 수 있는 자신감을 갖고 있는 한, 프레젠테이션을 단순하고 명확하게 만들기 위한 연설문 편집은 세 배의 이익을 안겨준다. 상사는 효과적으로 자신의 의사를 전달한다는 명성을 얻을 수 있고, 청중은 확실한 메시지를 받을 수 있으며, 나는 상사가 이겼기 때문에 이길 수 있다.

자신만만한 배더우스키의 그럴만한 자화, 자격 있는 자찬이다.

잭 웰치와 배더우스키의 어드바이스 프랜드십은 좋은 결말을 맺었다. 잭은 박수 속에 떠났다. 전 세계가 그의 경영 리더십을 찬양했다. 지금도 그의 조언은 금과옥조처럼 취급된다. 그러나 파트너 배더우스키의 희생과 헌신이 있었기에 그의 성공이 있었다는 사실을 기억해야 한다. 잭 웰치가 말한다.

"우리 두 사람의 관계에서 누가 실질적인 상사인가?"

신뢰를 받고 싶다면 먼저 줘야 한다. 믿을 수 있을 때까지 기다리는 건 영원히 기다리는 것이다. 믿지 않겠다는 것이다. 사람이 사람을 신뢰하는 일에 리스크가 없을 수 없다. 일단 믿었다가 배신당해도 어쩔 수 없는 일이다. 왜냐하면 먼저 주지 않으면 결코 신뢰를 얻지 못하기 때문이다.

잭 월치와 배더우스키를 보라. 신뢰를 통해 얻을 수 있는 혜택이 얼마나 큰가. 작은 손실이 두려워 먼저 믿음을 주지 않는다면 큰 혜택을 포기하는 것이다. 신뢰는 그를 내게로 당기는 게 아니라 내가 다가가는 것이다. 어드바이스도 마찬가지다. 먼저 줘라. 되로 주고 말로 받게 될 것이다. 그게 어드바이스 프렌드십이다.

02 샘와이즈 갬지
〈반지의 제왕〉의 빛나는 히어로

영화 〈반지의 제왕〉 시리즈는 판타지의 달작(達作)이다. 원작도 좋지만 연출도 좋았다. 영화는 두 축으로 진행된다. 절대반지를 없애기 위해 프로도와 샘은 운명의 산으로 간다. 마음속의 욕심과 싸우는 축이다. 간달프와 아라곤은 사우론의 군대와 싸워나간다. 외부의 적과 싸우는 과정이다.

영화의 백미는 역시 프로도, 샘, 그리고 골룸이 엮어가는 스토리다. 특히 샘의 역할은 결정적이다. 그래서일까. 원작에서는 샘에게 마스터(master)란 칭호를 붙여주고 있다. 하인인 그가 오히려 주인 혹은 스승이라는 의미다. 저자가 단어 하나를 이용해 슬며시 메시지를 던져 놓고선 독자더러 눈치껏 알아채라는 듯 의뭉스레 시치미를 떼는, 그러나 매우 중요한 메시지다.

이 소설이나 영화는 고빗사위마다 몸을 던지는 샘의 헌신과 조언이 없다면 결코 해피엔딩으로 끝날 수 없는 플롯이다.

샘, 반지를 운반한 진짜 주인공

샘의 완전한 이름은 샘와이즈 갬지(Samwise Gamgee)다. 이름에 '현명한'을 뜻하는 'wise'가 들어있다. 이건 저자가 샘의 역할에 대해 던져 주는 또 하나의 힌트다. 하나 더. 프로도가 죽은 줄 알고 샘은 잠시 반지를 운반하는 사자의 역할을 떠맡게 된다. 순수영혼 프로도도 유혹당하는 절대반지다. 그러나 그만은 유일하게 그 유혹으로부터 자유로웠다. 저자가 던지는 마지막 힌트.

"그는 길게 숨을 내쉬며 말했다. '자, 이제 돌아왔어.'"

소설은 샘이 집에 돌아와서 뱉은 이 말로 끝난다. 자, 〈반지의 제왕〉에서 누가 주인공인가?

샘은 누구인가. 샤이어 지역 프로도 집안의 정원사다. 소설에 따르면, 프로도보다 15살 연하다. 반지원정대에서는 충직한 하인이었다. 친구였다. 샘을 끝까지 지켜준 수호천사였다. 그는 여러 번 프로도의 생명을 구해줬다. 그의 역할은 단순히 프로도를 돕는 조연이 아니었다. 함께 반지를 운반하는 파트너였다.

샘의 헌신 덕분에 숱한 위기를 넘기고, 마침내 절대반지는 파괴됐다. 평화가 찾아왔다. 프로도는 불사의 땅으로 떠나는 것으로 사라졌다. 샘이 그의 집을 물려받았다. 그는 샤이어의 존경받는 인사가 됐다. 그는 로즈와 결혼하여 13명의 자녀를 낳았다. 그는 7년 임기의 샤이어 시장 직을 일곱 차례 수행했다. 아내가 죽자, 그는 불사의 땅을 찾아가 프로도와 다시 만났다. 다시 묻는다. 누가 주인공인가?

프로도가 배를 타고 혼자 떠나려 했다. 반지를 운반하는 일이 너무 위험했기에 혼자 감당하려 한 것이다. 샘이 이런 희생을 그냥 받아들일 리 없다. 샘은 저만치 가는 배에 올라타려고 강에 뛰어들었다. 자신이 수영할 줄 모른다는 사실은 중요하지 않았다. 포호빙하를 두려워할 손가. 놀란 프로도가 허우적대는 샘을 간신히 건져냈다.

샘 : 프로도 나리? 나리를 놓쳐버린 줄 알았어요.
프로도 : 무슨 소리야, 샘?
샘 : 간달프님이 말씀하신 게 있어요.
프로도 : 아저씨가 뭐라고 하셨는데?
샘 : "그를 놓치지 마라, 샘와이즈 갬지." 그리고 저도 그러지 않을 거고요.

샘과 프로도의 여정은 이렇게 시작됐다. 샘은 약속대로 프로도를 놓치지 않고 끝까지 그와 함께 했다. 샘은 짐을 운반하고, 음식을 장만했다. 밤에는 불침번도 섰다. 자신은 굶어가며 식량을 조절해 프로도를 배불리 먹였다. 골룸(스미골)을 예의 주시하고, 그를 견제했다. 순수영혼 프로도가 골룸에게 속아 넘어가지 않도록 계속 경각심을 일깨워 주고 보호했다.

프로도를 죽이려 하는 골룸의 독백을 들은 샘이 그를 사기꾼이라고 부르대며 골룸을 죽이려 한 적이 있었다. 프로도가 말렸다. 가이드 없이 길을 갈 수는 없다. 프로도가 정확했다. 골룸은 필요악이었다. 반지를 빼앗기 위해 남상거리던 골룸으로선 프로도로부터 먼저 샘을 떼어놓아야 했다. 계략을 꾸몄다. 프로도와 샘은 쉽게 말려들었다.

(프로도, 샘, 스미골이 자고 있다.)

샘 : 뭐하는 거야? 우리로부터 도망치려고 했지?

스미골 : 도망? 도망이라니? 뚱땡이 호빗은 항상 정직한 말만하죠. 스미골이 모르도르로 가는 안전한 길을 알려줬더니 도망친다니? 도망? 오 그래요, 오 그래요.

샘 : 알았어. 시끄러워서 일어난 거야. 그럼 뭐하고 있었지?

스미골 : 도망치려구요.

샘 : 좋아, 네 맘대로 해. 프로도 나리, 깨워서 죄송해요. 우린 가야 해요.

프로도 : 아직 어둡잖아?

샘 : 여긴 항상 어두워요. 그게 없어졌어요. 요정의 빵이 사라졌어요!

프로도 : 뭐라구? 하나도 남아있지 않단 말야?

샘 : 저 놈이 가져갔어요. 저 놈이 다 먹어버렸어요.

스미골 : 내가? 아니에요, 아니에요. 스미골은 더러운 요정의 빵을 싫어해요.

샘 : 이런 거짓말쟁이! 쥐새끼 같은 놈! 그 빵을 어떻게 했어?

프로도 : 그는 먹지 않았어. 가져가지 않았어.

스미골 : 봐요. 이게 뭐죠? 빵가루가 망토에 묻어있어요. 샘이 먹었어요. 샘이 다 먹어버렸어요. 제가 주인님 몰래 먹는 걸 봤어요.

샘 : 그건 더러운 거짓말이에요. 죽여버리겠다!

프로도 : 샘! 샘! 하지 마.

샘 : 알았어요. 죄송해요. 그냥 화가 나서 그랬어요.. 여기 빵 남은 게 있어요.

프로도 : 괜찮아.

샘 : 아니에요. 이게 다 저 골룸과 이 더러운 장소, 그리고 나리의 목에 있는 그 것 때문에 생긴 일이에요. 제가 도와드릴께요. 제가 잠시 들어드릴께요. 아주 잠시만요.

프로도 : 저리 가!

샘 : 제가 가지려는 게 아니에요. 그냥 도와드리고 싶어서 그러는 거예요.

스미골 : 보셨죠? 보셨죠? 그는 그걸 가지고 싶어해요.

샘 : 닥쳐! 저리 가. 꺼져버려!

프로도 : 아니야, 샘. 네가 가. 미안해.

샘 : 저 놈이 거짓말쟁이에요. 나리가 저를 싫어하도록 수작을 부린 거예요.

프로도 : 샘, 넌 더 이상 도움이 안 돼.

샘 : 농담이시죠?

프로도 : 집으로 가.

프로도는 샘의 충고를 듣지 않았다. 골룸의 흉계에 홀라당 넘어간 것이다. 샘과 프로도는 헤어졌다. 아니나 다를까. 프로도는 금세 위기에 **빠졌**다. 골룸은 목적지로 통하는 자신의 비밀통로가 있다며 프로도를 유인했다. 프로도를 거대한 거미에게 잡히게 하고 반지를 **빼앗**으려는 속셈이었다. 계획대로 거미가 프로도의 몸을 독으로 기절시켰다. 이제 먹는 일만 남았다. 절대절명. 갑자기 방해자가 나타났다.

샘의 귀환! 샘이 돌아온 것이다. 샘이 칼을 뽑아 대항하며 프로도를 보호한다. 거미를 물리치지만 샘은 몸이 마비된 프로도를 보고 그가 죽은 걸로 생각하게 된다. 그에게서 반지를 **빼내** 갈무리한다. 프로도가 못다한 임무를 완수하려는 것이다. 프로도는 오크들에 의해 웅골의 탑으로 잡

영화 〈반지의 제왕〉의 두 영웅 프로도(좌)와 샘(우)

혀간다. 샘은 뒤늦게 프로도가 죽지 않은 걸 알게 된다. 달려들어 프로도
를 구해냈다. 샘은 반지를 다시 프로도에게 돌려줬다. 둘은 힘든 여정을
계속하고 마침내 운명의 산에 도달한다.

샘 : 프로도!

프로도 : 여기야 샘.

샘 : 어서 파괴해요. 빨리요. 불 속에 던져요. 뭘 기다려요? 그냥 던져버려요.

프로도 : 반지는 내 꺼야.

샘 : 안돼요, 안돼요.

(프로도가 반지를 낀다.)

샘 : 안돼요!

(골룸이 샘을 쓰러뜨리고 프로도의 손가락을 물어뜯어 반지를 뺏는다.)

골룸 : 좋아, 좋아! 보물, 보물, 보물. 좋아!

(골룸이 프로도와 싸우다 떨어지고 반지는 용암에 빠진다. 프로도는 절벽에 매달려 있다.)

샘 : 손을 잡아요. 안돼요. 포기하지 마세요. 포기하지 마세요. 제발!

(반지가 파괴되고 사우론의 탑이 무너진다. 오크들은 모두 땅속에 파묻힌다.)

프로도 : 사라졌어. 우린 해냈어.

샘 : 그래요, 프로도 나리. 이제 다 끝났어요.

프로도 : 이 모든 게 끝나는 순간에 네가 있어 기뻐, 샘와이즈 감지.

〈반지의 제왕〉을 쓴 작가는 샘을 주인공(chief hero)으로 부른다. 이렇게도 말했다.

"내 소설에서 가장 주인공다운 캐릭터다."

프로도는 샘을 용사(勇士)라는 별명으로 부르곤 했다. 샘은 프로도의 곁에서 수시로 조언하고, 헌신적으로 도왔다. 프로도의 위기는 샘의 어드바이스를 외면했을 때 어김없이 찾아왔다. 그 위기 때마다 프로도를 구해낸 것도 어김없이 샘이었다.

프로도가 쫓아냈지만 샘은 프로도를 포기하지 않았다. 악마 사우론의 최대난적은 간달프도 아니고, 프로도도 아니었다. 아라곤도 아니었다. 바로 우직한 샘이었다. 그가 주인이고, 스승이고, 멘토였다. 누군가에게 샘이 있다면, 누군가를 위해 샘이 된다면 그건 참 아름다운 모습이리라.

일생에서 헌신적인 조언자를 만나기란 참 어려운 일이다. 왜 어려운가. 그런 사람이 드물기 때문이다. 그러나 더 드문 것은 그런 사람을 알아보는 사람이다. 곁에 있어도 알아보지 못하는 사람이 부지기수다. 명마가 없는 게 아니라 그것을 감별해 내는 백락이 없을 뿐이다. 백락의 눈은 내 마음에 있다. 오만과 사욕을 버리면 그 심안이 뜨인다.

03 케이로스
퍼거슨의 참모, 맨유의 브레인

2008~2009 시즌을 앞두고 맨체스터 유나이티드에게는 두 가지 악재가 있었다. 팀의 간판인 크리스티아누 호날두가 스페인의 레알 마드리드로 이적하려 한 것이 하나다. 세계축구협회(FIFA)가 주는 올해의 선수상을 탈 정도로 호날두는 2007~2008 시즌 최고의 플레이를 펼쳤다. 그런데 이런 호날두의 이적보다 맨유에게 더 큰 악재가 있었다. 케이로스가 맨체스터 유나이티드를 떠난다는 사실이었다.

"퍼거슨 감독에게 호날두와 케이로스 중 한 명을 고르라고 했다면, 퍼거슨은 아마도 케이로스를 선택했을 것이다."

언론분석이다. 도대체 케이로스가 누굴까?

맨유의 브레인

스포츠가 일탈의 오락에서 벗어나 일상의 희로애락이 된지 오래다. 축구도 그렇다. 맨체스터 유나이티드, 약칭 맨유는 영국 프리미어리그에 속해 있는 축구팀이다. 세계 일류의 명문구단이다. 미국의 경제잡지 〈포브스〉가 해마다 세계의 축구팀과 야구팀 중에서 구단가치를 따져서 순위를 매긴다. 맨유는 2008년까지 4년째 1위를 기록했다. 구단가치가 18억 달러다. 2위인 미국의 야구팀 뉴욕양키스가 13억 달러이다. 차이가 많이 난다. 3위인 스페인의 축구팀 레알 마드리드는 12억 8천만 달러다. 2위와 거의 엇비슷하다. 이처럼 맨유의 가치는 거의 압도적이다. 스포츠에 값을 매기는 게 공연한 짓거리라고 혀를 찰 사람도 있을 것이다. 그러나 현실은 엄연한 현실이다. 수천, 수억의 지구인이 스포츠 때문에 울고 웃는다. 맨유를 이렇게 비싼 팀으로 만드는 데 가장 크게 공헌한 사람이 알렉스 퍼거슨이다.

퍼거슨은 축구계의 살아있는 전설이다. 오죽하면 영국 여왕이 작위를 내렸겠는가. 퍼거슨 경(Sir)! 대단한 노인네다. 퍼거슨은 1986년에 맨유 히스토리를 시작했다. 2008~2009 시즌까지 물경 22년째 감독직을 유지하고 있다. 성적도 대단하다. 프리미어리그 우승을 10번이나 했다. 재임 기간 중 2년에 한 번 꼴로 우승했다는 얘기다. 1999년엔 이른바 트레블(treble)도 달성했다. 리그 우승, FA컵 우승, 유럽 챔피언스리그 우승을 한 시즌에 이뤄냈다는 말이다. 전대미문이다. 리그 3연속 우승도 했다. 미증유다. 2007~2008 시즌에는 리그 우승과 챔피언스리그 우승이라는 더블

퍼거슨(좌)과 케이로스(우)

을 달성했다.

퍼거슨 감독의 업적이 그 혼자서만 이뤄낸 건 아니다. 세상에 혼자만의 잔치는 없다. 그 언제, 그 어디서도 없다. 대저 어떤 일이든 혼자서 이루는 건 불가능하다. 누군가의 조언, 누군가의 도움이 있어야 가능하다. 그렇다면 퍼거슨에게는 누가 성공 도우미의 역할을 했나?

케이로스는 맨유의 수석코치였다. 수석코치는 2인자의 자리다. 그런데 그는 통상의 2인자가 아니었다. 그는 뛰어난 전술가였다. 포르투갈, 스페인에서 활동해 엄청난 인적 네트워크를 지니고 있다. 5개 언어를 구사한다. 덕분에 선수들과 끈끈한 유대관계를 맺을 수 있었다. 그는 맨유의 브레인으로 전술과 훈련을 담당했다.

2008년 5월 22일, 선수라면 누구나 뛰고 싶어 하는 무대가 펼쳐졌다. 그 챔피언스리그 결승전에 박지성은 뛰지 못했다. 준결승에서 뛰어난 활약을 펼친 박지성이다. 모두가 그의 선발 출장을 예상했다. 그러나 그는 없었다. 아예 대기자 명단에도 그의 이름은 없었다. 급실망! 언론도 의아해 했다. 일부에서 케이로스의 입김이라는 추론이 제기됐다. 그가 자신의 인맥인 나니를 넣기 위해 박지성을 희생시켰다는 것이다. 음모론은 언제나 그럴싸하다. 어쨌든 케이로스는 선수 기용에도 관여했다.

사실 퍼거슨이 호날두·나니·안데르손 등 젊은 선수들을 영입한 것도 그의 조언에 따른 것이었다. 모두 케이로스와 같이 포르투갈어를 쓰는 나라(포르투갈·브라질) 출신이다. 케이로스는 작전, 선수기용, 스카우트, 훈련 등 다방면의 어드바이스 파트너였다. 케이로스라는 성공 도우미 덕분에 60대 중반의 노인 퍼거슨은 경영과 매니지먼트에 집중할 수 있었다. 그래서 프리미어리그 우승, 챔피언스리그 우승을 일궈낼 수 있었다.

케이로스에 앞서 수석코치를 지낸 다른 사람들도 퍼거슨을 도운 최고의 어드바이스 파트너였다. 퍼거슨은 수석코치의 조언을 잘 활용해 불세출의 감독이 됐다. 맨유에서 그를 도운 최초의 수석코치는 아치 녹스였다. 이미 전부터 애버딘에서 수석코치로 함께 일하던 사람이다. 맨유에서까지 그렇게 둘은 총 9년의 세월을 함께 했다. 녹스는 짐승처럼 일하면서 퍼거슨에게 조언을 아끼지 않았다.

그 뒤를 이은 브라이언 키드는 1998년까지 7년을 함께 했다. 그 또한 넘버 투로서 착실하게 퍼거슨 감독을 내조했다. 키드의 후임은 스티브 맥클라렌이었다. 그는 퍼거슨과 함께 세 시즌을 보냈는데, 첫해 트레블을 이루는 등 3년 내내 맨유는 리그 챔피언이었다.

맥클라렌의 후임이 케이로스였다. 1989년부터 2년간 포르투갈 청소년 대표팀을 이끌며 루이스 피구, 루이 코스타 등 '황금세대'를 길러냈던 그가 2002년 6월 맨유의 수석코치가 됐다. 예상을 뒤엎은 전격 발탁이었다. 케이로스는 레알 마드리드 감독을 맡아 잠시 퍼거슨 곁을 떠나기도 했지만 1년 만에 복귀했다. 그는 그 해 수석코치로서 리그 우승에 힘을 보탰다. 그리고 리그 우승을 두 번 더, 챔피언스리그 우승을 한 번 일궈냈다. 그는 2008년 맨유를 떠나 자신의 조국 포르투갈의 대표팀 감독을 맡았다.

가장 가까이에 있는 사람을 어드바이스 파트너로 삼아야 한다. 내가 선택한 사람이냐, 조직에서 강제한 사람이냐는 중요하지 않다. 이미 맺어진 사이라면 구질구질한 네 탓은 구차한 변명이다. 그 사람 탓하지 마라. 그 사람과 일해야 한다. 다른 걸 꿈꾸지 마라. 나의 성패는 그에게서 어떤 어드바이스를 끌어내느냐에 달려 있다. 나의 흥망은 그에게 어떤 어드바이스를 주느냐에 걸려 있다. 지금 옆에 있는 그 사람과 승부해야 한다.

04 퀸시 존스
마이클 잭슨을 황제로 만든 프로듀서

퀸시 존스는 마이클 잭슨을 팝 황제로 만들어냈다. 어느 날 존스가 마이클 잭슨 곁을 떠났다. 잭슨이 오만 바이러스에 감염돼 방정을 떨었던 탓이었다. 그가 떠나자 잭슨의 신위(神威)는 허물어졌다.

퀸시 존스는 뮤지션, 작곡가, 프로듀서다. 1933년 시카고에서 태어났다. 어린 시절부터 음악적 재능이 뛰어났다. 열네 살 때 맹인 가수 레이 찰스와 밴드를 결성하기도 했다. 버클리 음대를 졸업했다. 1965년부터 스타를 만들어내기 시작했다. 자기가 아닌 다른 사람을 키우고 빛나게 하는 재능도 타고 나야 한다. 존스는 탁월한 석세스 메이커(success maker)였다.

마이클 잭슨은 1958년생이다. 어릴 때부터 가족 그룹 '잭슨 파이브' 에서 활동했다. 아역 스타였다. 둘이 처음 작업을 같이 하게 된 것은 1978년 뮤지컬 영화 〈마법사(the wiz)〉에서였다. 잭슨은 배우였고 퀸시 존스는 음악감독이었다.

"당시 그의 나이는 19살이었다. 하지만 그에게는 이순(耳順)의 현명함이 있었고 열정적이었다. 그는 수줍어했고 작은 미소와 키득거림으로 놀라운 총기를 숨기고 있는 꼬마였다. 그러나 겉으로 보이는 수줍음 뒤에는 뜨거운 열정, 세계 최고의 엔터테이너가 되겠다는 끝없는 야망, 실수하지 않으려는 마음가짐 등이 있었다."

존스의 회고다. 첫인상이 괜찮았던 모양이다.

슈퍼 아역스타와 석세스 메이커

첫 번째 솔로 앨범을 내기 위해 프로듀서를 찾던 잭슨이 존스에게 부탁했다. 존스는 건성 반 진심 반으로 생각해보겠다고 대답했다. 영화를 같이 하면서 존스는 잭슨의 매력에 점점 더 빠져들었다. 노력 없는 천재는 둔재보다 못하다. 잭슨은 최고로 노력했다. 존스는 당시의 잭슨을 이렇게 기억했다.

그는 오후 5시면 나타나 자신이 맡은 허수아비 역의 분장을 요청했다. 필요하면 무엇이든 세세한 것까지 암기했다. 어떤 촬영이든 언제라도 들어갈 준비가 돼 있었다. 그는 모든 춤동작을 다 알고 있었다. 모든 대화에 쓰이는 단어들을 기억하고 있었다. 게다가 영화에 쓰일 다른 배역들의 노래 가사까지 다 알고 있었다. 그가 맡은 역할은 허수아비였다. 그 허수아비가 가슴을 채워줄 유명철학자들의 명언이 적힌 종이뭉치를 받는 것이었다. 어느 날 오후 그가 한 장면을 연습하고 있었다. 철학자 소크라테스를 틀리게 발음했다. 그는 '소우크레이티즈'로 발음하고 있었다. 3일이 지나도록 아무도 그것을 교정해주지 않았다. 그래서 내가 휴식시간에 그를 한쪽으로 불러냈다.

"마이클, 습관되기 전에 그 발음 고쳐. 소크라테스라고 해야 해."

"정말요?"

허, 이 반응 좀 보게! 너무 사랑스러웠다. 그 큰 눈을 더 크게 뜨고…. 그 자리에서 나는 약속했다.

"너의 새 앨범 작업을 내가 하마."

존스는 잭슨의 엄청난 재능을 믿었다. 존스는 잭슨의 자제력, 자신의 비판과 제언에 귀를 기울이는 모습에 감명을 받았다. 찰떡궁합! 듣고 만드는 천재 존스와 부르고 춤추는 천재 잭슨이 의기투합한 것이었다. 존스는 곡조를 선택하고, 함께 작업할 뮤지션들을 골랐다. 앨범에 실을 노래를 결정했는데, 발라드와 빠른 곡조를 결합한 것들이었다. 잭슨은 정말 열심히 했다. 가장 위대한 것은 결코 천부적인 것이 아니라 노력이다. 노력의 포기 외에 다른 실패는 없다. 잭슨은 성공할 만 했다.

스튜디오에서 잭슨의 음악을 들었을 때, 존스는 머리가 쭈뼛 설 정도로 감동했다. 절대로 잘못될 수 없다! 1979년 잭슨의 첫 앨범이 공개됐다. 전 세계적으로 천만 장이 넘는 판매를 기록했다. 아역스타 마이클 잭슨이 명실 공히 '팝 황제'가 된 것이다. 1982년에 2집이 발표됐다. 공전절후,

마이클 잭슨(좌)과 퀸시 존스(우)

유례없는 대히트였다. 전 세계에서 4,100~10,400만 장이 팔려나갔다. 역사상 최다 판매 기록이었다.

잭슨과 존스는 1983년에 나란히 그래미상을 탔다. 사실 시간에 쫓겨 급하게 낸 2집 앨범이었다. 그러니 감격이 더 컸을 것이다. 처음 녹음한 것은 엉망이었다. 고심참담! 잭슨은 눈물까지 쏟아냈다. 존스가 어드바이스 했다. 쉬어라. 조급할수록 쉬어가야 한다. 둘러가는 길이 지름길이다. 휴식과 성공은 절친한 동료다. 좀 쉬고 나면 작업하고, 쉬고 또 작업하고….

사실 음반 발매는 연기되는 게 마땅했다. 그러나 매사 뜻대로 계획대로 되는 게 어디 있으랴. 글도 하늘 아래 쫓기어 나오지 않는 명문이라곤 없다고(天下無不逼出來之文章) 하지 않던가.

다행히 흥행은 대성공이었다. 1987년에 낸 3집도 2집만큼은 아니지만 대성공이라 부르기에 부족함이 없었다. 2,500~3,200만 장이나 팔렸다.

실패를 부른 실수

실패는 성공의 그림자다. 언제나 따라 다닌다. 잭슨은 성공 뒤에 방심했다. 작은 실수를 저질렀다. 실수는 새 앨범 준비 과정에서 어쭙잖게 일어났다. 새 앨범을 준비하던 잭슨이 스태프들과 함께 전화상으로 회의를 하고 있었다. 마침 존스로부터 전화가 왔다. 잭슨이 말했다.

"잠시만요. 회의를 마무리하고 얘기하죠."

잭슨은 대기 버튼을 가볍게 눌렀다. 그리고 나서 하던 회의를 계속했다. 그가 스태프들에게 물었다.

"존스는 아무래도 옛날 방식만을 고집해. 다들 어떻게 생각해?"

그러나 침묵뿐. 아무도 대답하지 않았다. 그들은 뭔가 알고 있었던 것이다. 어리둥절, 왜 대답이 없지…. 이럴 때 등줄기를 타고 싸늘한 전율이 섬뜩하게 흐르기 마련이다. 잭슨은 직감적으로 뭔가 잘못됐다는 걸 느꼈다. 퍼뜩 전화기를 쳐다봤다. 아뿔싸! 존스와 연결된 회선에 파란불이 깜빡거리고 있었다. 전화가 여전히 연결된 상태에 있었던 것이다. 잭슨이 전화기 버튼을 잘못 누른 탓이었다. 그래서 스태프 중 아무도 말을 못하고 있었던 것이다. 그 결과 존스가 잭슨의 말을 모두 듣고 말았다. 잭슨이 뭐라고 하려 했으나, 화가 난 존스가 무지르듯 말했다. 네 맘대로 해! 그걸로 끝이었다. 일은 계획에서 나오고, 노력으로 이루어지며, 오만으로 망친다고 했다. 방정맞다, 입이여! 허술하다, 잭슨이여!

성공을 혼자 이룬 것으로 생각하는 것은 위험한 착각이요, 주화입마(走火入魔)다. 성공 뒤일수록 겸손해야 한다. 겸손하면 굴욕이 없다. 결별 후

내놓은 잭슨의 첫 앨범은 그런대로 괜찮았다. 그러나 활활 타던 모닥불이 사위 듯 잭슨의 인기는 하루가 다르게 시들어갔다. Fade-out! 그리곤 완전한 몰 락이 왔다. 성형한 얼굴은 망가지고, 성추문 사건이 연이어 터졌다.

화가가 그림이 안 되면, 가수가 노래가 안 되면 망가지기 마련이다. 대 통령으로부터 '이 시대의 가수'로 인정받았던 마이클 잭슨도 어드바이 스 파트너 존스를 잃은 뒤 무너졌다. 혼자서는 어렵다. 누구나 아는 사실 이다. 그러나 누구나 잊어버리기 쉬운 사실이다. 특히 성공한 뒤에는 어 김없이 찾아오는 해거름마냥 다 잊어버린다. 그것을 일러 망조에 든다고 하는 것이다. 망징패조!

마이클 잭슨의 실언이 오만이 아니라 불현듯 찾아온 갑갑증의 발로일 수도 있다. 어느 날 느닷없이 자기 자신이 마땅치 않고, 타인에게 짜증나 며, 무엇 하나 마음에 차는 게 없을 때가 있다. 둘러싼 모든 게 나를 옥죄 는 듯 답답할 때가 있다. 이럴 때 대개 뭔가 변화를 시도하게 되고, 조바 심을 내게 된다. 그러나 이럴 때는 뭔가 결심하거나 결행하지 말고 가만 히 있는 게 낫다. 기분이 나쁠 때는 조급해 하지 말 일이다. 기분 나쁘거 나 답답할 때 흠뻑 쉬어 놓으면 좋을 때 한층 더 좋아지는 법이다. 느긋하 게 쉬면서 차분히 조언을 구하는 게 상책이다.

2002년 인터뷰에서 잭슨은 존스와 다시 일하고 싶다고 했다. 그러나 이미 엎질러진 물이었다. 게다가 너무 늦었다. 만시지탄. 존스는 대꾸조 차 하지 않았다. 2007년 누군가 같은 질문을 했다. 존스의 대답은 분명했 다. 불가!

"오, 제발! 할 만큼 했잖아요. 그만하면 됐어요. 난 할 일이 너무 많아요. 해야 할 프로젝트가 900개나 돼요. 내 나이 벌써 일흔네 살입니다. 날 내버려두세요."

분막심언이라, 존스는 아직 분한 마음을 삭히지 않고 있었다. 애정이 깊으면 미움도 그만큼 큰가 보다. 또 화해는 늦을수록 어렵다. 화해의 적은 시간이다. 너무 늦으면 안 하느니만 못하다. 잭슨이 그랬다. 진즉에 장맞이라도 해서 화해했어야 했다.

익숙하면 느슨해지기 마련이다. 토사구팽, 득어망전(得魚忘筌)이 사람 심사다. 새로운 것을 찾게 된다. 새로운 것이 신선해 보인다. 마음이 쏠린다. 쿨리지 효과(coolidge effect)라는 것도 같은 이치다. 사실 새로운 것에 대한 갈망 때문에 발전이 있다. 그러나 그 새로움에 대한 유혹 때문에 익숙한 것들을 팽개치듯이 내모는 건 좋지 않다.

성공을 이룬 파트너의 경우엔 더더욱 그렇다. 그와 협의하고, 서로 조언을 주고받으면서 새로움을 모색해야 한다. 그렇지 않으면 배신이 된다. 배은망덕은 싸늘한 겨울바람보다 더 해롭다. 익숙한 것일수록 세심하게 다뤄야 한다. 그게 예의에 맞고, 또 실리에도 부합하는 것이다.

05 케인즈와 하이에크
서로 다른 세상을 그린 위대한 경제학자들

악마의 대변인이란 말이 있다. devil's advocate이다. 명배우 알 파치노가 압도적인 카리스마로 열변을 토하는 장면이 압권인 동명의 영화도 있다. 뭔 뜻인가. 원래는 로마 가톨릭 교회의 증성관(證聖官)을 일컫는 말이다.

증성관은 얼마나 성스러웠는지를 증명하는 관리다. 시복(諡福)이나 시성(諡聖) 대상자로 천거된 후보자의 생애와 그가 일으켰다고 하는 기적을 비판적인 입장에서 조사한다. 후보자에게 불리한 모든 사실을 제시하는 게 임무다.

지금은 일반적으로 토론이나 회의에서 일부러 반대 입장을 펴는 사람을 뜻한다. 게으르고 무딘 나를 깨우쳐 주는 각성의 조언이나, 오만하고 방자한 나를 바로 잡아주는 질책의 조언을 해주는 사람이다. 비판하는 반대자라고 해도 좋고, 약점 짚는 잔소리꾼이라도 해도 좋다. 그러나 누구에게나 이런 사람은 꼭 있어야 한다.

악마의 대변인

그들은 동시대인이었다. 함께 논쟁한 학자였다. 학문적 야심이 넘쳤다. 세상을 움직이는 해법을 제시하고자 했다. 하지만 그들의 생각은 많이 달랐다. 그들은 서로 상대방에게 devil's advocate였다. 먼저 이긴 것은 케인즈였다.

케인즈는 천재다. 20세기 경제학의 최고봉이다. 학자로서 현대 경제학의 뼈대를 마련했다. 그의 조언으로 세계는 대공황에서 벗어났다. 그의 어드바이스 덕분에 20년이 넘는 장기 호황을 구가할 수 있었다. 2차 대전 전후 세계경제질서 수립을 주도한 실천가였다. 그의 사상은 보편이 됐고, 그의 조언은 상식이 됐다. 하이에크는 나중에 이겼다. 그의 사상도 30여 년 세상을 지배했다. 그가 창안한 것이 신자유주의다.

케인즈는 호·불호가 분명했다. 좋아하는 사람에겐 친절했다. 그렇지 않은 사람에게는 무례했다. 상대방을 조롱하는 걸 즐겼고, 상대방의 주장을 능수능란하게 되받아치곤 했다. 재기발랄하고 자유분방한 전형적인 천재의 캐릭터다. 같은 시대를 산 러셀이나 버나드 쇼 같은 인텔리조차 그에게 열등감을 느꼈다는 일화가 전해진다.

하이에크는 관대했다. 케인즈의 제자에게 런던정경대학의 강의를 내

줄 정도로 넉넉했다. 결혼 생활도 달랐다. 케인즈는 동성애를 그만두고, 42살에 러시아의 발레리나였던 여자와 결혼했다. 하이에크는 결혼해서 20년 동안 평온하게 잘 살다가, 어느 날 다른 여인과 애정의 도피행각을 벌이기도 했다. 그 여인은 그가 평소 사랑했던 사촌이었다. 멋진 로맨스인지, 패륜의 방종인지는 각자가 판단할 일이다. 이렇듯 누구에게나 엉뚱하거나 어두운 구석이 있는 것은 분명한 것 같다.

자본주의가 마침내 조종을 울릴 것으로 분석한 마르크스가 1883년에 죽었다. 바로 그 해, 장차 그 자본주의를 위기에서 구해낼 케인즈가 태어났다. 영국 명문가의 장남으로 태어난 케인즈는 케임브리지 대학의 킹스 칼리지를 나왔다.

하이에크는 평생 자유를 옹호하고 그것만 외치다 죽었다. 법학·정치학·경제학 등 박사학위만 3개다. 타고난 학자다. '현 사회의 영지(英知)를 대표하는 철인적 지도자'로 추앙받고 있다. 잡지〈이코노미스트〉는 '금세기 경제적 자유주의의 가장 위대한 대변자'라고 평가했다. 하이에크는 1899년 빈에서 태어났다. 아버지는 교수였다. 그의 사촌형이 유명한 철학자 비트겐슈타인이다. 학문하는 집안이었던 모양이다.

하이에크와 케인즈는 1928년 한 세미나에서 처음 만났다. 하이에크의 말에 따르면, 둘은 16년의 나이를 뛰어 넘어 서로에게 다른 생각을 조언하는 친구가 됐다. 따라야만 조언이 아니다. 그저 다른 생각, 다른 관점을 주는 것으로도 충분하다. 둘 간의 논쟁은 1931년 하이에크가 런던정경대학의 교수가 되면서 본격화됐다.

페이비언 소사이어티(Fabian Society)의 웹 부부에 의해 설립된 이 대학은 좌파 성향이 농후했다. 그러나 경제학과의 분위기는 좀 달랐다. 자유주의 성향이 강했다. 20세기 초, 이 대학과 케임브리지 대학 간에는 경제학 기초에 관한 논쟁이 있었다. 그 후에도 논쟁은 계속됐다. 런던정경대학의 경제학과장이던 사람이 하이에크의 빈 대학 취임 강연을 듣고, 하이에크를 초빙교수로 불렀다. 입맛에 맞은 것이다.

강의는 인기가 넘쳤다. 1년의 초빙기간이 끝난 뒤 런던정경대학의 학장 비버리지의 제안으로 전임강사로 초빙됐다. 1년 후 종신교수가 됐다. 사회주의 성향의 페이비언 소사이어티가 만든 대학에 반대 성향의 학자가 초빙됐다. 복지국가를 부르짖던 비버리지에 의해 평생 동안 사회주의와 복지를 공격하는 하이에크가 교수로 채용됐다. 얄궂다. 뭐 그래도 이런 게 인간사의 재미다.

양극은 통한다

케인즈와 하이에크는 거의 모든 면에서 생각을 달리했다. 치열하게 경쟁했다. 경쟁은 재능을 키우는 숫돌이다. 그들은 공황의 원인을 다르게 파악했고, 그 처방도 달랐다. 케인즈는 공황의 원인을 유효수요 부족에서 찾았다. 해법도 재정정책 등 국가의 개입에서 찾았다. 하이에크는 반대였다. 과잉소비에서 원인을 찾았다. 해법도 긴 시간이 걸리더라도 시장의 조정능력을 신뢰해야 한다는 데서 찾았다. 시장을 믿어야 한다는 것이다.

케인즈가 복지나 노동조합에 대해 우호적이었다면, 하이에크는 절대

적으로 반대했다. 케인즈의 키워드가 실용·중도라면, 하이에크의 그것
은 이념이었다.

둘은 스타일에서도 많이 달랐다. 케인즈는 유머에 능하고, 말을 잘했
다. 그는 당면한 문제를 당장 해결해야 한다는 태도를 견지했다. 유연했
다. 어떤 이가 케인즈의 이런 태도에 대해 비판하자 그는 냉소했다.

"난 정보가 바뀌면 결론을 수정합니다. 귀하는 어떻게 하시는지?"

그러다보니 뼈 없는 사람이란 비아냥거림을 듣기도 했다. 하이에크도
케인즈의 오사바사한 태도에 대해 분개했다. 이에 반해 하이에크는 엄숙
했으며, 수줍음을 많이 탔다. 일관된 논리를 강조했고, 비타협적이었다.
그는 케인즈의 공황 해법에 대해 계속 비판했다. 얼마나 집요했던지 그를
런던정경대학으로 불러들인 교수마저 이렇게 말했다.

"차가운 연못에 빠진 취객에게 애초 고열이 있었다는 이유로 담요와
술을 주면 안 된다는 주장은 잘못이다."

케인즈도 하이에크를 논리 기계, 돈키호테로 조롱하곤 했다.

1930년, 케인즈가 《화폐론》을 발간했다. 이듬해, 하이에크는 《가격과
생산》을 발간했다. 둘은 가시 돋은 조언을 주고받았다. 하이에크가 케인
즈의 책을 비판하는 서평을 냈고, 케인즈가 이를 재반박하는 논문을 발표
했다. 이 논문에서 케인즈는 《가격과 생산》을 혹평했다. 이후 1년 동안 둘
은 열두 통의 편지를 교환하면서 논쟁을 계속했다. 여러 학자가 케인즈
편을 들면서 논쟁은 케인즈의 승리로 귀결됐다. 하이에크를 따르던 일부
젊은 학자들마저 케인즈 진영으로 합류할 정도였다. 하이에크는 통한의
눈물을 삼켰다.

1936년, 케인즈가 《고용, 이자 그리고 화폐에 관한 일반 이론》을 펴냈다. 하이에크는 침묵했다. 1944년 하이에크가 《노예의 길》을 냈다. 중앙계획의 문제점을 공격했다. 사회주의를 철저히 짓밟으려 했다. 베스트셀러가 됐던 이 책은 당시 옥스퍼드 대학생이던 마거릿 대처의 애독서가 됐다. 역사의 흐름을 바꾸는 지식과 인물의 우연한 만남이었다. 그 책은 훗날 총리 대처의 교본이었다. 케인즈는 이 책을 조목조목 비판하는 편지를 하이에크에게 보냈다.

1946년 케인즈가 죽었다. 그는 갔지만, 케인즈주의는 국정의 교과서가 됐다. 반면, 하이에크의 비탄은 깊어져 갔다. 한숨, 소외, 울분, 좌절…. 1950년 미국 시카고 대학으로 이적했다. 그곳은 자유와 시장 논리의 본산이었다. 그는 사회 및 도덕과학 교수로 재직했다. 경제학을 강의하는 단순학자에서 벗어나 폭넓게 활동하면서 미국 사회에 자유의 사상을 전파했다. 1960년에 이르러 청력이 나빠졌다. 우울증으로 연결됐다. 1962년 독일의 프라이부르크 대학으로 갔다. 그러나 케인즈주의가 맹위를 떨치던 대륙인지라 그에 대한 비난이 적지 않았다. 더 위축됐다. 하이에크는 사실상 끝난 것처럼 보였다. 과연 그럴까?

케인즈와 하이에크는 서로 상대방의 조언을 받아들이지 않았지만, 인간적으로는 서로 존중했다. 2차 대전이 발발하고, 런던정경대학이 케임브리지 대학으로 피난을 갔다. 그 때 케인즈는 하이에크에게 킹스 칼리지에 연구실을 마련해줬다. 1944년에는 하이에크를 영국학술원 회원으로 추천했다. 하이에크가 많은 추종자를 만들어낸 책 《노예의 길》을 출간한 것도 케임브리지 피난 시절이다. 하이에크가 케임브리지에 안착하도록 도운 케인즈의 배려가 있었기에 가능한 일이었다. 그들은 상대의 반대를 통해 자신을 가다듬었다. 서로 존중하고 서로에게 유익한 devil's advocate이었다. 반대의 파트너였다.

1974년, 뜻하지 않은 일이 생겼다. 스웨덴이 하이에크에게 노벨경제학상을 수여한 것이다. 비록 공동수상이었지만, 그건 이미 잊힌 학자에게 뿌려진 부활의 생수였다. 그것도 누가 줬나. 하이에크가 그렇게 반대하던 사민주의 나라, 복지국가가 줬다. 아이러니다. 어쨌든 하이에크는 멋지게 부활했다.

케인즈의 조언에 따른 치국이 한계를 드러내던 시점이라 하이에크의 어드바이스는 그 반향이 컸다. 마침내 대처와 레이건이 그의 조언에 전적으로 따랐다. 세상이 바뀐 것이다. 완전고용이 폐기되고, 복지가 축소되고, 공기업이 민영화되고, 부자들의 세금 부담이 줄고, 정부가 작아졌다. 마침내 하이에크의 시대가 온 것이다. 하이에크 시대는 30년 넘게 이어졌다. 그는 자신이 예측한 사회주의 국가의 붕괴를 지켜 본 뒤 1992년에 눈을 감았다. 93세, 호상이었다.

경제든 정치든 사회든 흐름이 있다. 흐름이 있으면 그걸 설명하는 틀이 있기 마련이다. 세상을 어떤 프레임으로 볼 것인지 잘 선택해야 한다. 프레임이 곧 어떤 어드바이스에 귀를 기울이게 될지 상당부분 미리 결정하기 때문이다. 비록 하나를 선택하더라도 다른 프레임에도 계속 관심을 갖고 주시하는 것이 좋다. 어차피 결정은 내가 하는 것이다. 듣는 데 인색할 필요는 없다.

- 연탄재 함부로 발로 차지 마라. 다른 이에게 열기를 건네주지 않는 사람을 결코 사랑하지 마라.

- 오피스 와이프나 오피스 허즈번드를 잘 활용해 보라. 분명 놀라운 효과가 있을 것이다. 단, 어떤 선택이든 대가가 있다는 걸 잊지 마라.

- 성공이든 승리든 그걸 얻고 싶다면 먼저 마음을 주고 사람을 얻어야 한다. 되로 주고 말로 받는 게 사람사랑이다.

- 남 탓하지 말고 지금 곁에 있는 사람에게 마음의 문을 열어라. 기왕 같이 일을 해야 하는 그 사람을 어드바이스 파트너로 삼으라.

- 나와 생각이 다른 사람의 비판을 기꺼워 하라. 이견은 나를 깨우치는 각성이고, 비판은 나를 벼리는 선물이다.

4

어드바이스 파트너
승리를 가져다 줄
인재를 등용하라

누군가 나 때문에 행복하다면 참 기쁘겠다. 나도 누군가 때문에 행복했으면 좋겠다. 내가 그에게, 그가 나에게 행복을 주는 존재라면 그 인연은 얼마나 아름다운가. 더러는 우연히 얻어진 천생연분도 있으리라. 그러나 대개는 참고 돕고 노력했기 때문에 얻은 열매다. 보듬어 다듬고 섬긴 인연이다. 처음부터 입에 맞는 인연은 없다. 내가 정성껏 보살피고, 소중히 가꾸는 것이다. 그 결과 주어지는 것이, 바로 승리다.

당신을 나의 누구라고 말하리
마주 불러 볼 정다운 이름 없이
잠시 만난 우리
이제 오랜 이별 앞에 선다

갓 추수를 해간 허허한 밭이랑에
노을을 등진 긴 그림자 모양
외로이 당신을 생각해 온 이 한철

인생의 백가지 가난을 견딘다 해도
못내 이것만은 두려워했었음을
눈멀 듯 보고 지운 마음
신의 보태심 없는 한개의 그리움
별이여 이 타는 듯한 가책

당신을 누구라고 말하리
나를 누구라고 당신은 말하리
우리 다 같이 늙어진 정복한 어느 훗날에

그 전날 잠시 창문에 울던
어여쁘디 어여쁜 후조라고나 할까

옛날에 그 옛날에
이러한 사람이 있었더니라……
애뜯는 한 마음 있었더니라……
이렇게 죄없는 얘기 거리라도 될까
우리들 이제
오랜 이별 앞에 섰다

　'후조', 김남조의 시다. 어떤 인연을 노래하고 있다. 차마 이별하기 싫었던
게다. 잠시 만나고 헤어져 그 후 오랫동안 못 잊고 지내야 했나 보다. 애틋한
인연이다. 우리네 삶에 이렇듯 떠나간 사람이 어디 한 둘이랴. 어둑어둑해지
면 그 얼굴이 아련하게 떠오른다. 희끗희끗해지면 그 사람이 아스라이 그리워
진다. 이별 앞에 서 있는 게 인생인가 싶다. 그리움은 삶의 원죄인 것을 어쩌
랴. 그러나 인연으로 만나 멋있게 한바탕 놀다간 경우도 많다. 그가 있었기에
그걸 이뤄낼 수 있었다고 말할 수 있다면 얼마나 어여쁜 인연이랴.
　궁합은 남녀 간에만 있는 것이 아니다. 남남, 여여 사이에도 궁합이 있다. 사
람과 사람 사이의 궁합은 마음이 맞는 것이다. 제 마음에 괴어야 궁합이라는
말도 있지 않은가. 궁합이 맞는 사람끼리 일을 도모하면 잘 풀린다. 승리하게
된다. 찰떡궁합이 되는 파트너가 있으면 훨씬 잘 할 수 있다. 승리를 만들어
낸다.

이순신이 지목한 후계자

이순신, 그는 23전 23승으로 나라를 구했다. 그런 그에게 물었다.

"여러 장수들 중에 누가 공을 대신할만한 사람이요?"

그가 대답했다.

"오직 이운룡만이 내 후임을 맡길 수 있습니다."

이운룡이라…, 알듯 말듯하다. 들어본 듯 긴가민가하고, 처음 듣는 듯 의사무사하다. 워낙 대단한 이순신이다. 하여 모든 앵글이 그에게 맞춰져 있다. 그러다보니 그 주위에 있는 인물에게 눈길 한 번 주기도 쉽지 않다. 원균 따위는 들어봤으나 그보다 낮은 사람들은 영 낯설다. 대부분 '기타 등등'으로 인식된다. 그런데 이운룡은 이순신이 후계자로 대뜸 지목한 인물이다. 그만큼 능력이 뛰어났다. 배짱까지 갖춘 천재 전략가였다. 오성과 한음의 그 한음 이덕형이 백사 이항복에 보낸 편지다.

"내가 영남에 와서 이운룡을 만나 보니 자못 기품과 도량이 있고, 글을 잘하고, 사무에 밝으며, 수군의 운용에 숙련함이 그와 짝할만한 사람이 없었소. 전일 이순신이 고금도에 있을 때 '이운룡이 나를 대신할 만 하다' 고 말한 적이 있었는데, 그의 말이 허언이 아니었소."

구름에 가려 있던 빛나는 용

이운룡은 구름에 가린 용이었다. 그가 자신의 기량과 본치를 드러낸 것은 임진왜란 초기다. 전쟁이 나자 경상좌수군은 군선 103척을 바다에 가라앉힌 뒤 도망쳤다. 경상우수군은 마찬가지로 전선 60여척을 바다 속에 버리고 도망쳤다. 우수사 원균은 수영을 불태우고 만여 명의 수군을 해산시켰다. 울컥, 욕지거리가 튀어나올 정도로 화가 치미는 비겁이다. 못나도 어찌 이렇게 못났을까.

그래도 의인은 있었다. 이 때 옥포 만호 이운룡이 원균에게 다그쳤다. 명색이 군인입니다. 전라도에 구원병을 청해 한 번 싸워나 봅시다. 지거들랑 그 때 도망칩시다. 비겁하게 여러 번 죽지 말고 용감하게 한 번 죽자는 결기를 보인 것이다. 원균이 마지못해 고개를 끄덕였다. 원균을 설득한 이운룡은 전라좌수사 이순신에게 사람을 보냈다. 순망치한, 경상도가 무너지면 전라도도 위태롭습니다. 함께 싸워야 합니다. 이순신이 그의 조언을 수용했다.

용감한 사람 한 명이 다수파를 이룬다는 말이 맞긴 맞는 모양이다. 경상과 전라 연합군이 편성됐다. 용감하면 무기가 결코 부족하지 않는 법이라고 했다. 옥포에서 연합군은 크게 승리했다. 임진왜란 당시, 해전에서 거둔 첫 번째 승리였다.

만약 이운룡이 원균과 이순신을 설득하지 않았더라면 경상도 앞바다는 온통 일본군 천지가 됐을 것이다. 이순신이 전라도 해역에 묶여버렸다면, 아무리 신출귀몰한 그라 할지라도 향후 전쟁의 향배를 가늠하기 힘들었을 것이다. 기절초풍. 옥포 해전의 승리는 파죽지세로 밀고 들어온 일본을 기겁하게 만들었다. 나아가 전쟁의 판도를 바꿔놓는 기폭제가 됐다. 이운룡의 어드바이스 덕분이다.

이순신이 거둔 승리 중에 가장 빛나는 것이 한산대첩이다. 여기서도 이운룡의 활약이 빛난다. 한산대첩은 견내량 안 거제도에 웅크리고 있던 왜군을 한산도 넓은 바다로 끌어냈기 때문에 가능했다. 적을 속이는 데 성공했기에 얻은 결과였다. 손자 가라사대 병자궤도(兵者詭道)라, 전쟁은 속임수다. 속임수는 무력이 이성에 대해 차리는 예의다. 간디조차도 전쟁할 때 도덕은 금지품목이라고 했다.

이운룡이 궁량 끝에 유인작전을 건의했다. 판옥선과 거북선의 우위를 활용하기 위해선 넓은 대해로 끌어내야 한다는 판단이었다. 이순신도 같은 생각을 했다. 문제는 견내량이 병의 목처럼 좁은 길목이라 물살이 세고 사납다는 점이었다. 탁월한 전술 감각과 그쪽 물길에 대해 잘 아는 사람이 절대적 필요조건이었다. 위험한 임무라 용기도 필요했다. 용기는 두려움이 없는 것이 아니라 두려움에 저항하고 그것을 극복하는 것이다. 이운룡이 두려움을 이겨내고 그 유인작전을 직접 맡겠다고 자청했다.

이운룡은 6척의 배를 타고 견내량 안쪽으로 조심스레 들어갔다. 마치 기습인양 일본군에게 돌진하는 척하다 격퇴당한 듯 후퇴했다. 쫓기는 모습을 리얼하게 연출했다. 반신반의하던 왜군도 속아 넘어갔다. 적을 견내량 밖으로 끌어내는 데 성공한 것이다. 조금만 더. 조선해군 본진도 덩달아 후퇴했다. 쫓고 쫓기며 한산 앞바다에 이르렀다. 드디어 넓은 바다! 이 순간 조선군이 갑자기 뱃머리를 돌렸다. 학익진으로 적을 일거에 섬멸해 버렸다. 추풍낙엽, 혼비백산. 적은 걸음아 나 살려라 도망쳤다.

전사에서 수적 우세가 승리로 귀결된 경우가 그리 많지 않다. 전쟁은 힘으로만 하는 게 아니다. 숫자 놀음이 아니다. 이운룡과 이순신이 그걸 멋지게 증명해 보였다. '이 전투의 패배로 일본은 반신불수가 됐고, 조선 정벌은 사망 선고를 받았다.' 일본 역사의 기록이다.

뛰어난 장수 이운룡은 이순신의 천거로 경상좌수사가 됐다. 훗날 삼도수군통제사에 오르기도 했다. 그러나 그는 이순신처럼 숱하게 탄핵당하고, 모함을 받아 벼슬을 내놓았다. 무궁화 삼천리 반도 땅이라서 일까. 무궁화에 진드기가 많듯, 이 땅엔 행짜부리는 소인배들이 참 많다. 이런 시샘 때문인지. 그는 49살 젊은 나이에 세상을 등졌다. 17살 터울의 이순신이 먼저 떠난 지 12년 후였다.

이순신은 난중일기를 남겼다. 이운룡은 거영일기를 남겼다. 발군의 역량과 고단한 삶, 그와 이순신의 삶은 많이 닮았다. 저승에서 만난 둘은 어떻게 지냈을까. 이승에서 못난 나라, 감바리들 때문에 얼마나 시름하고 걱정했나. 시름 털고 걱정 잊고 한바탕 놀았을 것이다.

김지하의 시 '형님' 이다.

희고 고운 실빗살
청포잎에 보실거릴 땐 오시구려
마누라 몰래 한바탕
비받이 양푼갓에 한바탕 벌여놓고
오도리장단 좋아 헛맹세랑 우라질 것
보릿대춤이나 춥시다요
시름 지친 잔주름살 환히 펴고요 형님
있는 놈만 논답디까
사람은 매한가지
도동동당동
우라질 것 놉시다요
지지리도 못생긴 가난뱅이 끼리끼리.

태초에 종파가 있었다고 하면 심한 자학이 되려나. 유독 무리 짓기를
좋아하는 한민족이다. 예사로 너와 나를 나눈다. 못난 개짓거리다. 이순
신은 그러지 않았다. 비록 원균의 부하지만 이운룡의 조언에 따랐다. 그
랬기에 이 나라, 백성을 구해낼 수 있었다.

경계를 넘어 널리 조언을 구하라. 그러면 살 길을 찾을 것이다. 담장을
넘어 과감하게 조언하라. 네 일 내 일 나누다 망하면 다 죽는다.

02 아탈리
미테랑과 더불어 프랑스를 바꾸다

자크 아탈리에게 따라붙는 수식어는 거의 상투적이다. 프랑스의 석학, 프랑스의 지성, 유럽 최고의 석학. 석학의 석(碩)은 '클 석'이다. 석학이라면 학식이 많고 깊은 사람이다. 학문적으로 뭔가 대단한 성취가 있어야 감히 붙일 수 있는 레이블(label)이다.

아탈리는 '재기와 상상력 그리고 추진력을 겸비한 세계에서 찾아볼 수 없는 지성인'이다. 앨빈 토플러의 말이다. 그런데 그의 이력을 보면 석학이란 말과 선뜻 어울리지 않는 점이 있다. 오랫동안 현실정치에 참여한 것이다. 석학과 정치라, 어쩐지 어색하다. 서걱거리는 느낌이다.

아탈리는 1974년부터 당시 야당 당수였던 미테랑과 공식적으로 일하기 시작했다. 그리고 1981년부터 1991년까지 프랑스 대통령 미테랑의 특별보좌관으로 일했다. 1991년 유럽부흥개발은행 총재가 될 때까지 17년의 긴 세월 동안 정치인 미테랑의 최측근이었다. 학자이되 학자만은 아니었다. 학자로 그치는 사람은 고집 센 당나귀에 불과하다. 정치인이되 정치인만은 아니었다. 정치인으로 변신하는 학자는 국가 정책의 양심이 돼야만 한다.

아탈리는 열린 학자, 양심을 지킨 정치인이었다. 이론을 잘 실천하고, 경험으로 이론을 잘 다듬었다. 서로 견주어 보아서 못한 점이 뒤떨어질 손(遜)자의 손색이다. 아탈리는 석학이라 해도 조금도 손색이 없다. 그에게 석학은 부끄럽지 않는 경칭이다.

아탈리는 1943년생이다. 프랑스 식민지였던 알제리에서 태어났다. 이방인의 까뮈도, 디자이너 이브 생 로랑도 알제리 출생이다. 최고의 축구선수였던 지네딘 지단도 알제리 핏줄이다. 변방 태생의 단점은 더 노력해야 한다는 것이다. 기댈 데가 없으니 오직 실력으로 승부해야 한다. 변방의 장점도 있다. 단점의 이면이다. 얽힌 게 없으니 모든 걸 대등하게 볼 수 있다. 공평한 시선은 어둠을 꿰뚫는 빛이다. 마음에 때가 끼지 않아 차별을 두지 않는다. 반대로 질시의 부귀를 타고난 자는 근시의 심안을 갖게 되기 싶다.

이처럼 장점이 단점 되고, 단점이 장점 되는 게 이치다. 부족함 속에 풍부함이 있고, 모자람 속에 넘침이 있다. 보이는 것과 보이지 않는 것, 지금 것과 나중 것, 잃는 것과 얻는 것을 다 셈하면 얼추 비슷한 게 우리네 삶의 방정식이다. 아탈리는 1972년에 소르본 대학에서 경제학 박사 학위를 받았다. 이후 여러 대학에서 경제학을 가르쳤다.

당수와 대학생의 만남

아탈리와 미테랑이 처음 만난 것은 1966년이었다. 우연한 조우였다. 당시 아탈리는 23살의 대학생이었다. 미테랑은 1916년 생이니 쉰 살이었다. 27살 차이다. 아탈리가 한 정당의 대표이던 미테랑에게 그를 위해 일하고 싶다고 말했다. 아탈리는 이미 사회에 관해 사유하고, 사회를 변화시키기 위해 행동하는 학자가 되리라고 결심한 상태였다. "정치인도 아니고 방안에 갇힌 연구원도 아닌, 한꺼번에 두 가지 모두 되리라."

몇 주 후 둘은 다시 만났다. 야당의 당수였던 미테랑은 출마를 권했다. 정치인의 의례적인 허사다. 아탈리는 그 제의를 거절하고, 다른 길을 모색했다. 인연이 되기엔 시간이 더 필요했다. 뭐든 다 때가 있는 법이다.

1973년 11월, 아탈리와 미테랑은 다시 만났다. 둘 모두를 알고 지내던 한 사람이 둘에게 각각 만나보라고 조언한 것이다. 미테랑은 여전히 시큰둥했다. 그래도 시늉은 필요했던 모양이다. 3주 뒤 미테랑의 비서가 아탈리에게 만나자는 연락을 했다. 딱 15분만. TV 방송 준비 때문에 시간이 없다는 게 이유였다.

속 좁은 사람 같았으면 가지 않았을 것이다. 그러나 아탈리는 늠늠했다. 열정이 있었다. 12월 초 미테랑의 집을 찾아갔다. 방송에서 다룰 주제에 대한 3쪽짜리 메모를 들고 갔다. 아탈리가 공손하고 조리 있게 설명했다. 공손한 태도와 예의는 어떠한 장점이나 재능이든 장식하는 데 절대적으로 필요하다. 그것이 없다면 학자는 사이비 학자일 뿐이다.

미테랑이 관심을 보였다. 보충 설명을 요구했다. 오랫동안 귀를 기울여 듣고, 질문을 하더니 중얼거렸다. 아, 이제 뭔지 이해가 되는군! 물꼬가 터졌다. 감심이고 감응이었다. 둘은 한 시간 반이 넘도록 함께 있었다. 일종의 지적 상통과 즉각적인 공모를 체험한 셈이었다. 이때부터 둘은 변죽을 울리면 복판이 우는 사이가 됐다.

다음날 TV에서 미테랑은 아탈리가 말했던 것 중 아주 긴 구절을 그대로 인용했다. 아탈리의 어드바이스를 수용한 것이다. 그 후 둘은 함께 역사를 만들어나갔다. 의견일치가 있는 곳에 승리는 언제나 있다. 시루스의 명언이다.

한 동안 아탈리는 드러내지 않고 미테랑을 도왔다. 보좌관도 아니었고, 당원도 아니었다. 어떤 조직표에도 이름이 오르지 않았다. 덕분에 강의도 하고, 책도 내고, 여행도 다닐 수 있었다. 은밀한 익명이 누리는 쾌감이다. 빠지면 헤어나기 힘들 정도로 중독성이 강하다. 내가 만든 말, 착안한 정책, 아이디어가 항간에 떠돌아다니는 데 아무도 나를 눈치 채지 못할 때 그 희열과 전율은 가히 살인적이다.

그렇게 지내던 어느 날, 아탈리의 이름이 느닷없이 공식화됐다. 1974년 4월이다. 현직 대통령이 서거한 직후였다. 사회당 후보는 사실상 미테랑이었다. 많은 정치인들이 모인 자리에서 미테랑이 별안간 공식 선언했다.

"공약은 자크 아탈리에게 맡기기로 마음먹었습니다. 아탈리는 내 참모진을 지휘할 것입니다."

그 갑작스러움에 아탈리도 놀랐다. 나머지 사람들은 더했다. 어이 없어 말을 못하고 있는 혀 안을 어안이라고 한다. 모두들 그 어안이 벙벙했다. 아탈리가 누구야? 이 순간부터 17년 동안 토요일과 일요일을 포함해 둘

자크 아탈리

이 만나거나 적어도 통화하지 않고 지내는 날이 단 하루도 없었다. 하루에 네댓 번 만나는 건 보통이었다. 아탈리는 기꺼이 희생했다. 희생, 가장 큰 희생은 시간을 바치는 것이다.

어드바이스 중에 인사에 대한 것이 제일 조심스럽다. 사람이 승인이기도 하지만 사람이 화근이기도 하기 때문이다. 파당을 짓는다는 비난을 들을 수도 있기 때문이다. 이런 부담에도 불구하고 아탈리는 인사에 대해 주저 없이 조언 했다.

어릴 적 친구인 로랑 파비위스를 미테랑에게 천거했다. 미테랑과 서로 싫어하던 사이인 미셸 로카르도 끌어들였다. 군소정당인 통합사회당의 당수였던 그는 1974년 사회당에 합류했다. 둘 다 아탈리의 어드바이스를 받아들인 것이다. 파비위스와 로카르는 훗날 미테랑 밑에서 총리를 지냈다. 아탈리는 또 국립행정학교를 갓 졸업한 세골렌 루아얄을 발탁했다.

139

그녀는 20여 년 뒤인 2007년에 사회당의 대선후보가 됐다. 사회당의 거물로 성장할 사람들을 아탈리가 추천한 것이다. 미테랑은 아탈리가 추천한 그의 죽마고우를 자신의 비서실장으로 임명하기도 했다.

1982년, 아탈리는 어떤 변호사가 자신에게 면담을 요청하자 이를 받아들였다. 그 변호사는 정치적으로 반대 입장에 있는 인물이었다. 그는 훗날 미테랑의 해외 순방을 수행했다. 그 때 그를 접한 미테랑이 예언했다.

"당신은 놀라운 토론꾼이오. 아주 멀리 나아갈 수 있을 것이오."

그 사람이 현 프랑스 대통령 사르코지다. 그가 루아얄을 누르고 대통령이 된 것이다. 아탈리나 미테랑이나 사람을 보는 안목, 즉 지감(知鑑)이 대단했던 모양이다.

대통령을 만든 키맨

1978년 3월 총선에서 사회당이 졌다. 미테랑의 정치생명에 조종이 울리는 것처럼 보였다. '늙은 당수'를 겨냥한 비난이 터져 나왔다. 선거 직후 미셸 로카르가 포문을 열었다. 연속 여덟 번째 패배라고 지적했다. 미테랑에게 패배에 대해 책임지라는 통첩이었다. 예순 두 살인 그의 나이와 시대에 뒤떨어진 무능을 부각해 그를 정치적으로 퇴장시키려는 언론 기사와 칼럼이 줄을 이었다. 9월, 로카르가 다시 일갈했다.

"분명 누군가의 정치 스타일, 누군가의 낡은 방식이 심판 받은 것입니다. 더욱 진실을 말하고, 더욱 진실에 가깝게 말해야 합니다."

비판의 노도 앞에 버텨내기란 누구라도 버거운 일이다. 부동심도 흔들리기 마련이다. 초라하고 구차하게 보일까 두려워진다. 미테랑도 기운이 빠졌다. 아탈리는 용기를 주기 위해 노력했다. 분연히 떨쳐 일어나는 것도 용기지만 굴욕을 견뎌내는 것도 용기다. 다시 일어나 싸움에 나서라고 조언했다.

1979년 4월, 전당대회가 열렸다. 미테랑은 어렵게 당수직을 유지했다. 그러나 반(反) 미테랑 분위기는 수그러들지 않았다. 모든 매체가 그에게 달려들어 은퇴를 종용했다. 이른바 떼거리 언론(pack journalism)이다. 전선 위의 참새 하나가 날면 일제히 날아가듯이, 하나가 쓰면 모두 떼거리로 달려든다.

1981년 대선은 다가오는데 미테랑의 위치는 흔들렸다. 로카르의 도전은 계속됐다. 아탈리는 미테랑에게 로카르를 만나보라고 조언했다. 로카르에게도 미테랑을 만나라고 어드바이스했다. 만남이 이뤄졌다. 미테랑의 회고다.

"우선 평소처럼 나는 그(로카로)가 무슨 말을 하는지 아무 것도 이해할 수 없었죠. 그리고 그의 이야기를 듣는 게 너무 지겨워서 종잇장을 구겨 장난을 치기 시작했어요. 그것을 뭉쳐 공처럼 만들어 자로 쳐올리며 놀았는데, 잘못하는 바람에 그 종이공이 내 책상과 그가 앉아 있는 사이 바닥에 떨어졌지. 그런데 어떻게 됐는지 아시오? 그가 그걸 주우려고 두 손을 바닥에 대고 엎드리더라고…."

노회한 미테랑의 기죽이기, 깔아뭉개기였다. 로카르는 기 싸움에서 졌다. 기는 정신의 표출이다. 최고의 경지에 오르는 것은 재능이 아니라 정신이 아니던가. 기세 싸움에서 밀리면 회복하기 쉽지 않다. "상처받은 마음은 치유하기 어렵다." 괴테의 말이다. 외상이 아니라 내상이기 때문이다.

로카르는 대선 출마를 선언했지만, 이 날의 내상을 극복하지 못했다. 로카르는 미테랑을 만나지 않았어야 했다. 반면, 미테랑은 그를 만나야 했다. 로카르는 미테랑과 마주 앉아 담판할 게 아니었다. 미테랑을 무시한 채 대중을 설득하는 데 집중해야 했다. 노인은 절박하다. 다른 기회가 없기 때문이다. "나이 많은 여자들이 제일 성교를 잘한다. 그들은 그것이 마지막 성교일지도 모른다고 생각하기 때문이다." J. 플레밍의 말이다. 같은 이치다.

1981년 선거는 미테랑에게 마지막 기회였다. 그러니 얼마나 독하게 마음먹었으랴. 미테랑의 전신에서 강한 포스가 분출했을 것이다. 아탈리가 이런 사태를 미리 헤아렸는지는 모르겠다. 어쨌든 그가 조언한 만남 덕분에 미테랑은 최후의 기회를 얻을 수 있었다. 그런데 경선 가도에 난데없는 소동이 벌어졌다. 희극배우 출신 인사가 대선에 뛰어든 것이다.

"그 코미디언이 대선 출마를 선언했을 때 많은 사람은 그가 미테랑을 끝장낼 수도 있겠다고 생각했다."

아탈리의 말이다.

후보가 둘 일 때와 셋 일 때는 많이 다르다. 미테랑이 자칫 3등 후보로 밀려날 수도 있었다. 일부 사람들이 이 배우에게 몰려가자 가능성이 현실이 되는 듯 했다. 미테랑은 참담했다. 서운하고 화가 치밀었다. 그러나 그 배우를 드러내놓고 직접 탓하지는 않았다. 아탈리의 조언 때문이다.

아탈리는 그 배우와 알고 지내던 사이였다. 그 배우는 아탈리에게 미테랑을 지지한다고 고백했다. 자신의 선거운동에 대해 아무 것도 숨기지 않고 알려줬다. 공략할 주제를 함께 정하기도 했다. 2명이 한 사람을 협공하는 꼴이었다. 로카르가 밀리는 건 당연했다. 결국 로카르는 중도하차했다. 미테랑을 대통령 후보로 만드는 데에 있어 아탈리는 키맨이었다.

"바로 내 옆 사무실을 쓰시오."

미테랑이 아탈리를 특별보좌관에 임명하면서 한 말이다. 권력은 거리다. 그가 이어 말했다.

"당신은 나에게만 소속된 거요. 모든 장관과 보좌관들과 접촉하시오. 국제정치든 국내정치든 당신은 나에게 관한 것도 포함해서 모든 것을 심의할 수 있소."

백지위임장을 준 것이다. 이런 말도 했다.

"당신은 모든 회의에 참석할 것이오. 모든 서류는 당신을 거칠 것이오. 엘리제궁의 모든 사람은 비서실장의 통제에 따르지만, 당신은 예외요. 당신은 오직 나의 명령에 따르고, 모든 것을 통제할 수 있소."

무제한의 접근권을 허한 것이다. 둘이 나눈 신뢰의 폭과 깊이, 무게를 알 수 있게 하는 대목이다. 이런 특권은 어느 권력자도 감히 허용키 힘든 것이다. 미테랑의 큰 배포가 참으로 대단할 따름이다. 이러고도 권력남용 구설이 나오지 않게 야젓하게 행동한 아탈리도 참 대단하다.

미테랑이 집권했을 무렵, 프랑스는 불평등이 심각했다. 사회당이 사상 처음으로 집권할 수 있었던 이유이기도 했다. 노동자의 절반 가량이 휴가를 떠나지 못했다. 노동자를 부모로 둔 자녀들의 대학 진학률은 겨우 4%에 불과했다. 반면 기업 중역들의 자식들은 4분의 3이나 대학에 진학했다. 4분의 1에 해당하는 젊은이가 전문기술교육을 받지 못하고 제도권 교육을 마감해야 했다. 대부분의 노동자들은 퇴직한지 채 5년도 안 돼 죽었다. 심각했다.

미테랑은 이런 사회를 바꾸고자 했다. 기간산업과 은행이 국유화됐다. 5개 제조회사, 36개 은행, 2개 금융회사가 공공부문에 편입됐다. 이어 60세 정년제, 임금 삭감 없는 주 39시간 노동제, 노동조건 개선, 제5주 유급 휴가제 등을 실시했다. 이때부터 여름휴가를 뜻하는 바캉스란 말이 유행하기 시작했다. 미테랑이 이끈 정책 전환으로 프랑스인의 삶이 바뀌었다. 그 기저에 아탈리의 정책 어드바이스가 있었다.

미테랑은 아탈리를 왜 절대 신뢰했을까. 간단하다. 아탈리에겐 사심이 없었다. 정치할 뜻, 자리에 대한 미련, 권력욕도 없었다. 그래서 그는 맑은 마음과 공평한 시선으로 조언했다.

서 있는 지점, 즉 입지(立地)에 따라 해석이 달라진다. 보는 관점, 즉 시좌(視座)에 따라 평가가 달라진다. 미테랑처럼 조언에 귀 기울이겠다면 아탈리처럼 사심 없는 사람을 구해야 한다. 그러나 명심하라. 대가가 있다. 그에게는 많은 것을 허용해야 한다. 허물없이 알려줘야 한다. 속을 줘야 한다. 배 주고 속 빌어먹는 자세여야 한다. 그럴 자신이 있을 때 그런 사람을 두는 것이다. 신뢰는 쌍방향이다. 아서라, 그럴 마음 없다면 아예 포기하는 게 낫다.

03 유기
명을 건국한 주원장의 장자방

주원장은 명나라 태조다. 가장 밑바닥에서 시작해 황제까지 된 사람이다. 그는 끔찍하게 못생긴 얼굴을 갖고 태어났다. 빈농의 자식으로 태어나 17세에 고아가 됐다. 얼마나 배가 고팠던지 절에 들어가 탁발승이 됐다. 동냥으로 먹고 사는 중이 탁발승이다. 그러다 도적떼 홍건적에 들어가게 됐다. 거기서 두각을 나타냈다. 시나브로 세력을 키워나가 드디어 명을 건국했다. 1368년이다.

주원장의 창업을 도운 공신들은 많다. 서달, 송렴, 이선장, 호유용, 남옥, 유기 등 수두룩하다. 그 중 군계일학은 유기다. "주원장이 장사성을 취하고 중원으로 북벌해 마침내 제업을 이룬 것은 대체로 유기의 계략에 따른 것이다." 《명사》의 기록이다.

유기는 역할에 비해 그 이름이 낯설지만 중국에서는 전승되는 이야기가 적지 않을 정도로 유명하다. 그는 절강성의 지주 집안에서 태어났다. 원나라 지순연간에 진사에 급제했다. 이 때 23세였다고 한다. 지순연간은 1330~1332년이니 1310년 즈음에 태어났다. 원나라 말기의 난세였다. 홍건적이 날뛰었다. 유기는 홍건의 일파인 소금장수 방국진을 진압하기 위한 원수부도사가 됐다. 그는 무력평정을 주장했다. 그런데 뇌물을 먹은 중앙정부가 벼슬을 주며 방국진을 구슬리는 방법을 선택했다. 뒤바뀌는 주객전도(主客顚倒), 돌고 도는 판타레이(panta rhei)! 졸지에 유기가 견책을 받았다. 그는 쓸쓸히 낙향했다. 그가 남긴 시다.

평시에 도적이 구름처럼 일어나는데
두터운 봉록이 서민에게 부끄럽지 않은지
술자리가 높은 조정의 대책이던가
초가에 묻혀 사는 사람의 경륜을 쓰지 못하네

울분이 묻어 나온다. 자신의 재주를 쓰지 못하는 것에 대한 한탄이자 자부(自負)다. 자신이 나서면 소하나 장량처럼 난을 평정할 수 있다는 자신감이다. 운명은 이런 프라이드가 있는 사람에게 일을 맡긴다. 그러나 그때까지 아무도 그에게 난세를 헤쳐 나갈 지혜를 묻지 않았다. 좌절이나 고난은 삶의 미학이다. 때를 못 만났을 때 절차탁마해야 기회가 오면 능소능대할 수 있다. 유기는 조용히 내공을 닦고, 이지를 벼리고, 기량을 다듬었다.

도적떼가 중국의 절반을 누비니, 언제나 눈앞에 가득한 창칼을 거두어들일까. 관청은 각기 제 살길만 찾고, 장수는 나라 위해 무엇을 했던고. 호랑이와 늑대가 잠식해 들어오는데도 편안하기만 하고, 논밭의 농부들은 가렴주구에 괴로워하네. 강자를 누르고 약자를 북돋우려면 하늘의 토벌이 필요한데, 아무도 지모를 빌리지 않으려 함이 괴이할 뿐일세.

천하대계를 머릿속에 그렸던 명쾌한 참모

주원장과 유기는 거칠게 만났다. 자칫 빗나간 인연, 적이 될 수도 있었다. 홍건의 일파인 주원장이 절동 지역을 공략했다. 1359년이다. 군사력을 갖춘 호족이었던 유기는 산으로 숨어들었다. 홍건을 인정할 수는 없었다. 그러나 역부족, 한동안 버티다가 원에 대한 미련을 버리고 투항했다. 1360년 즈음이다. 유기의 나이 이미 49세였다. 주원장은 33세였다. 유기를 비롯해 이 지방의 유지들이 돌아섬으로써 민심은 안정됐다.

"싸움을 하고 성을 점령하는 데는 병(兵)을 써야 하고, 민심을 안정시키는 데에는 인(仁)을 써야 한다."

주원장의 말이다. 정곡을 찌른다. 역시 리더 자리는 거저줍는 게 아닌 것이다. 유기가 주원장에게 출사할 때의 정세는 급박했다. 천하의 주인을 다투던 홍건의 여러 세력들이 모두 그 일대에서 대치하고 있었기 때문이다. 진우량은 강주에 있었다. 장사성은 소주에 있었다. 절강에는 방국진이 있었다. 이 중에서 진우량의 군대가 제일 강했다. 아직 주원장은 우리 속의 닭처럼 손만 뻗으면 잡힐 것같이 약해 보였다. 겁 많은 사람들은 몰래 귀중품을 챙겨 놓고, 성이 함락되면 달아날 곳을 저울질하기 바빴다.

진퇴양난, 주원장은 활로를 놓고 고심에 고심을 거듭했다. 잘못된 결정보다 더 나쁜 것은 엉거주춤 결정을 안 하고 뭉개는 것이다. 비겁하고 주저하는 자에게는 모든 것이 불가능하게 보이기 때문에 실제로 불가능해진다. 주원장은 좌우당간 결단해야 했다. 그가 결심을 앞두고 유기에게 어드바이스를 구했다. 이미 천하대계를 내심 정리해 놓고 있던 유기라 명쾌하게 대답했다.

"장사성은 큰 뜻이 없고 오직 자기의 영역만을 지키려고 할 것입니다. 무슨 일을 벌이지 못할 터이니 잠시 내버려두어도 됩니다. 위험한 주적은 진우량인데, 그는 정병과 대선을 보유하고 있는 데다 우리의 상류에 버티고 있으며 야심도 큽니다. 이러한 정세를 맞아 군사적으로 반드시 주도권을 잡아서, 주적을 겨냥하고 힘을 집중시켜 진우량을 먼저 없애야 합니다. 상류가 무사하게 되면, 장사성은 고립되니 단번에 평정할 수 있습니다. 그 다음에 북으로 중원을 취하면 왕업을 이룰 수 있을 것입니다."

일을 도모함에 있어 정답은 없다. 정답을 찾느라 애쓰는 것은 시간낭비다. 어떤 방안을 선택하고 최선을 다할 뿐이다. 내게 뭘 물어볼지, 물어보면 어떻게 대답할지를 늘 생각하고 준비하고 있어야 유능한 참모다. 좋은 전략가는 흐름도 꿰뚫어야 하지만 사람에 대해서도 정통해야 한다. 유기는 방탕한 생활을 즐기는 장사성의 한계를 정확하게 인식하고 있었다. 주원장은 유기의 어드바이스에 따랐다. 그의 대권가도에 가장 중요한 결정이었다.

주원장은 진우량에게 집중해 그를 크게 물리쳐 멀리 몰아냈다. 포로가 2만여 명에 달할 정도로 대승이었다. 게다가 아직 세가 부족했던 주원장으로선 천금을 주고도 얻을 수 없는 사기를 얻은 게 더 큰 수확이었다. 나폴레옹은 전쟁의 승패에서 군대의 사기가 4분의 3을 차지한다고 했다. 유기는 주원장의 어드바이스 파트너가 됐다.

이즈음 진우량의 승상 호미가 그의 아들을 보내왔다. 항복은 하겠으나 조건을 하나 들어달라고 부탁했다. 자신의 부대를 해산시키지 말아달라는 것이었다. 주원장은 짜증이 났다. 이런 우라질! 이 때 유기가 뒤에서 의자를 발로 툭툭 찼다. 받아들이라는 신호였다. 호미의 부대는 개인 사병(私兵)으로 진우량을 위해 싸울 생각이 없다는 사정을 유기가 이미 파악하고 있었던 것이다.

이처럼 대소 동향이나 전후 정세에 치밀해야 하는 것도 전략가의 조건이다. 적을 분산시키는 것이 병법의 기본이다. 주원장이 호미의 요구를 수락했다. 이로써 주변 일대를 모조 세력권에 넣었다. 1361년의 일이다. 주원장은 골목대장에서 벗어나 자웅을 겨룰 실력자로 부상했다. 주원장은 황제가 된 후 진우량을 먼저 공략한 것이 옳은 선택이었다고 회고했다.

"만약 장사성을 먼저 공격하였더라면 진우량은 반드시 온 국력을 다 기울여 쳐들어와서, 나는 양쪽 전선에서 작전을 하지 않으면 아니 되어 등과 배에서 적을 맞게 되었을 것이니 누가 이겼을지 말하기가 어렵다."

유기의 도저한 어드바이스 덕분에 자신이 천하를 탐낼 수 있는 효웅으로 성장할 수 있었던 사실을 주원장이 인정한 것이다.

신이 허락한 난세의 파트너

홍건의 한림아는 1355년부터 소명왕을 자처했다. 그와 군권을 장악한 유복통이 원나라의 토벌군에 밀려 안풍에 고립됐다. 1363년 장사성의 군대가 안풍을 포위했다. 응천에 머물고 있던 주원장이 구원에 나서려 했다. 유기가 손사래를 쳤다.

불가! 대군을 가벼이 출동해서는 안 된다. 만일 진우량이 허를 찔러 공격해 온다면 나아가고 물러설 길이 없다. 또한 만일 소명왕을 구해낸다고 한들 어디에 둘 것이며, 계속 황제로 둘 것인지도 결정해야 한다. 죽여 버릴 것이라면 뭐 하러 구하는가. 그냥 황제로 둘 참이면 스스로 고생을 자처하는 셈이니 공연히 윗사람을 불러다 자신을 묶어 자유와 주도권을 잃는 자승자박이 된다. 아무 실익이 없는 이 짓을 왜 하는가.

허망한 명분론의 무익함을 질타하는 현실적 안목이다. 그러나 성금도 없이 주원장은 고집대로 출병했다. 3월이었다. 무릇 시키는 대로만 하면 로봇이다. 리더가 아니다. 약간의 독단은 리더만의 특권이다. 그도 홍건 출신이라 나몰라 하기가 어려웠던 점도 작용한 결정이었다. 황제를 구해 내 극진히 받듦으로써 인심을 얻으려는 노림수도 있었다. 주원장은 실속도 빠트리지 않고 챙겼다. 궁중의 좌우 내시들을 모두 자기 사람으로 교체했다. 높이 받드는 모양새이나 실은 황제를 가두어 버린 것이다.

얼마 뒤 유기의 우려는 현실화됐다. 주원장이 비운 틈을 타 진우량이 대군을 이끌고 홍도로 쳐들어왔다. 때는 4월이었고, 세는 60만이었다. 기신기신, 비틀비틀하면서도 홍도는 85일 동안 용케 버텨냈다. 드디어 주원장이 20만의 군대를 휘저어 구원하러 왔다. 진우량이 일보 후퇴했다. 이어 두 세력은 파양호에서 천하쟁패의 승부를 겨뤘다. 숫자는 진우량 군대가 많았다. 사기는 주원장 군이 높았다.

진우량은 성질이 거칠고 의심이 많아 그의 군대는 상하 소통이 제대로 되지 않았다. 주원장은 허심탄회한 성정에다 경험이 풍부해 그의 군대는 단결을 이루고 있었다. 진우량 군은 후방이 차단돼 군량이 떨어지고 병사들이 골골했다.

주원장의 군대는 후방으로부터 끊임없이 보급이 이뤄져 군사들이 배불리 먹어 잘 싸웠다. 마침내 36일 간의 싸움 끝에 주원장이 승리했다. 진우량 자신도 이 전투에서 전사했다. 1363년의 일이다. 파양호 전투의 승리를 계기로 주원장은 대세를 장악해 나가기 시작했다.

안풍 사건과 관련해 주원장은 나중에 자신의 실책을 시인했다.

"나는 정말 안풍에 가지 말았어야 했다. 만약 진우량이 내가 멀리 나가 응천이 비어 있을 때 물길을 따라 내려와 바로 응천으로 쳐들어왔다면, 나는 나가서 이룬 것도 없고 물러나서 지킬 것도 없게 됐을 것이다. 다행히 그는 응천을 공격하지 않고 거꾸로 가서 홍도를 포위하였다. 홍도가 3개월 동안 굳게 지켜 주어 나에게 병력을 집중시킬 수 있는 충분한 시간을 마련해 주었다. 진우량이 이와 같은 하책을 가지고 나왔으니 망하지 않을 수 있었겠는가. 승전을 하기는 하였지만 이번 싸움은 정말로 위험천만이었다."

유기의 어드바이스가 정확했음을 인정한 것이다.

죽음을 부른 강직함

주원장은 유기를 부를 때 이름을 부르지 않았다. 이름을 부르지 않는 예우가 이른바 불명(不名)의 우대다. 주원장은 유기를 '나의 자방'으로 불렀다. 날건달 유방을 황제로 밀어올린 장량처럼 유기가 거지 출신인 자신을 황제로 만들어달라는 뜻이 담긴 호칭이다. 유기는 주원장의 바람을 들어줬다. 못난이 비렁뱅이를 황제로 등극시켰다. 유기는 주원장에게 신이 허락한 어드바이스 파트너였던 것이다.

유기는 주원장을 보좌해 장사성, 방국진까지 제압하고 마침내 명나라를 개국했다. 명(明)이란 국호도 직접 지었다. 무릇 인성이 운명을 만든다고 했다. 유기는 스스로 악을 미워함이 지나치다고 고백할 정도로 강직했다. 성격에 맞게 기강을 바로 잡는 데 앞장섰다. 당시는 주원장과 같은 고향 출신인 회서인들이 득세했다. 그 일당의 우두머리 중 하나인 이선장의 총신이 어느 날 죄를 짓자 유기는 단호하게 처결했다. 이선장이 선처를 부탁했으나 물리쳐버렸다. 이선장과 서름해졌지만, 그렇다고 그것 때문에 그를 과소평가하지도 않았다. 그는 언제나 공평무사했다. 주원장이 승상 이선장을 내치려 하자 유기가 말리고 나섰다.

"기둥을 바꾸려면 반드시 큰 재목을 먼저 구해야만 합니다. 큰 나무가 없다고 하여 작은 나무를 쓰면 집이 무너집니다. 이선장은 훈공이 많고 제장을 화합시킬 수 있는 귀중한 인재입니다."

공사 구분, 말은 쉽지만 실행은 어려운 덕목이다. 군 편제 시스템인 군위제도 그의 건의였다. 실로 많은 일을 했으나 권세를 탐하지는 않았다.

유기의 봉록은 240석에 불과했다. 이선장은 4,000석이었다.

주원장은 성마르고 괴팍했다. 장경오훼(長頸烏喙)라 그의 곁에서 권력을 탐하다간 화를 당하기 쉬웠다. 게다가 회서인이 장악하고 있는 권력구도였다. 이런 판에 아웃사이더가 권력이나 재산에 집착하는 것은 일신 상 유리하지 않다. 이런 판단 때문에 그는 승상 자리도 한사코 사양하는 등 과욕을 늘 자제했다. 유기처럼 자기 그릇의 모양과 크기에 대해 알고, 욕심을 누를 수 있는 사람이 가장 아름다운 인간이다.

장이 있으면 단이 있다. 고가 있으면 저가 있다. 모든 것은 상극의 결합이다. 유기의 곧은 성격은 그를 빛나게도 했지만, 그를 위태롭게 하는 요인이기도 했다. 주원장이 호유용을 승상에 기용하면 어떻겠냐고 유기에게 의견을 물었다. 유기는 마차에 비유해 끌채를 밀어 넘어뜨릴 우려가 있는 사람이라고 대답했다. 호유용은 이를 갈았다.

몇 년 뒤 그 호유용이 승상에 발탁됐다. 호유용은 황제의 면전에서 유기를 공격하고 그의 세록을 없애버렸다. 유기는 죄를 청할 수밖에 없었다. 속이 상해 화병이 생겼다. 호유용이 의사를 보내 진찰하고 약을 먹게했다. 이 약을 먹은 뒤 병이 더욱 심해져 죽고 말았다. 독살이었다.

이런 장면에선 인간에 대한 회의를 느끼게 되고, 운명의 여신에게 분노를 표하게 된다. 왜 착한 사람이 억울하게 죽어야 하는가. 파당을 이뤄 득세하던 그 호유용도 5년을 못 넘기고 주원장에게 죽임을 당했다. 불역쾌재(不亦快哉)라, 기분 좋은 천벌이다.

"아침잠이 살풋 깨었는데 집식구의 탄식하는 소리가 들리는 듯하더니, 아무개가 간밤에 죽었다고 말한다. 급히 불러서 물어보니, 바로 온 성안에서 이해타산이 빠른 사람이었다. 또한 통쾌하지 아니한가."

《쾌설(快說)》에 나오는 이야기다.

호유용의 죽음은 어떤 고변으로 시작됐다. 호유용이 유기를 독살했다는 것이다. 죽은 유기가 산 호유용에게 멋지게 복수한 셈이었다. 사필귀정이라 다행이지만, 그렇다고 해서 예의 그 회의와 분노가 다 풀리는 것은 아니다.

이탁오는 유기가 장량을 능가한다고 평가했다. 개국 후에 숨지 않고 정치에 참여한 것이 사내다운 처사라는 것이다. 양문의는 장량에게 없는 시문이 유기에게 있었다고 하면서 그를 장량보다 높게 쳤다. 그는 최고의 찬사를 들어도 조금도 부족함이 없을 만큼 최고의 어드바이스 파트너였다.

조언을 주고받음은 개인의 역량과는 아무 상관이 없다. 못나서 받고, 잘나서 주는 것이 아니다. 단지 사람은 자기를 위해서가 아니라 남을 위해 현명해지기 쉽기 때문이다. 사람은 자기 일보다 남의 일을 더 잘 보고 더 잘 살피기 때문이다. 바둑이나 장기에서도 훈수꾼이 더 잘 보는 법이다. 지피(知彼)보다 지기(知己)가 더 어렵고, 각자의 가장 큰 적은 자기 자신이다. 똑똑한 사람은 자기보다 재주가 많은 사람을 잘 활용하는 사람이다. 카네기는 자신의 묘비에 이렇게 새겨 달라고 했다.

"여기 나보다 유능한 사람들이 나를 위해 일하도록 만들 줄 알았던 사람이 누워있다."

그 누구도 나보다 낫다고 생각하자. 나 이외의 모든 사람이 스승이다.

04 가후
삼국지의 실질적 주인공

물었다. "너는 삼국지에서 누가 좋아?" 대답했다. "제갈공명." 소설 삼국지의 주인공, 더 정확히는 삼국지의 독자에게 주인공은 으레 제갈공명이다. 그런데 다른 의견도 있다. "실력으로는 가후가 단연 최고야." 다시 냉소가 일어났다. "가후라고 하면 철새 모사꾼이잖아. 왜 그 놈이 주인공이야. 하여튼 보던 대로 보는 답습도 문제지만, 이런 비딱한 얄개들의 유난도 싫어." 곧바로 힐난이 터져나왔다. "아냐, 너야말로 남들 보는 대로만 보는 따라쟁이야." 갑론을박, 갑이 논하니 을이 박한다.

이러면 어떨까. 사랑받이란 말이 있다. 사랑을 특별히 받는 사람이다. 제갈공명은 사랑받이로, 주인공은 가후로 하면 어떨까. 가후가 주인공이라는 사람들은 주장한다. 그가 홀대 받은 이유는 이민족 출신이기 때문이다.

가후 VS 제갈량

가후가 소설에서 재주나 활약상에 비해 폄훼돼 있는 건 사실이다. 제갈량은 사실 변방 오지에 촉나라를 세워 이기지도 못할 싸움을 벌여 통일만 지체시켰을 뿐이다. 그 대가는 백성이 치렀다. 안될 일에 국궁진췌하는 것은 미덕이 아니라 죄악이다. 솔직히 그가 주도해 이긴 싸움도 별로 없다. 그런 그가 삼국지의 영원한 주인공으로 대접받아 왔다. 비량적 오성에서 보면 엄청 불공평한 처우다.

사과나무는 사과 맛으로 평가해야 한다. 얼마나 가지가 풍성하고, 뿌리가 튼튼하냐는 건 볼품일 뿐이다. 이런 겉치장을 버리고 보면, 가후가 단연 으뜸이다. 어드바이스가 틀려 본 적이 없다. 완벽한 어드바이스 파트너다. 매사에 빈틈이 없는 참모다. 어리석음이 없이 똑똑하기만 하면 그냥 참모밖에 하지 못한다는 역설의 실례다. 무릇 교자졸지노(巧者拙之奴), 재주 많은 사람은 재주 없는 사람의 종인 법이다. 삶의 반가운 이치다.

하여간 사람의 삶이란 성패나 공과를 떠나 드라마가 있어야 한다. 능력을 떠나 향기가 있어야 한다. 정이 있어야 하고, 의리가 있어야 한다. 눈물도 있어야 한다. 약간의 모자람, 때론 억울함이 있어야 아름다워지는 게 삶이다. 그런 점에서 가후는 아쉬운 점이 많다. 공명이 훨씬 낫다.

하지만 난세엔 처세가 다를 수 있다는 시각도 충분히 일리 있다. 어지러운 시대에 의리, 절개를 찾는 게 좀 우습기는 하다. 의리나 명분도 지금 보는 자의 편의에 따른 소급해석일 뿐이다. 삼국지, 아니 난세에 의리를 끝까지 지킨 인물이 몇이나 있나. 그렇다면 가후에게 좀 마음을 열어줘도

괜찮겠다.

가후를 좀 예뻐해 줄 사례는 더러 있다. 조조가 후사를 누구에게 물려 줄 지에 대해 고민할 때다. 조조가 물었으나 가후가 대답을 않는다.

"내가 그대에게 말을 걸었는데, 대꾸가 없는 것은 무슨 까닭인가?"

가후가 말했다.

"마침 뭔가를 생각하느라 즉시 대답하지 못했습니다. 죄송합니다."

조조가 다시 물었다.

"무슨 생각을 하고 있었는가?"

가후가 대답했다.

"저는 원소와 유표 부자를 생각하고 있었습니다."

원소와 유표는 장자에게 상속하지 않아 망했다. 동생 조식을 더 사랑하던 조조에게 장자상속을 넌지시 권유한 것이다. 이런 게 풍간(諷諫)이다. 소아하다고까지 할 수는 없지만 그래도 나름 격이 있어 보인다.

그가 장수(張繡) 밑에 있을 때다. 조조의 회유를 거절했다. 그가 조조에게 몸을 맡긴 것은 그 후 예민한 정세판단에 따른 자발적 선택이었다. 또 조조 밑에서 잘나가고 있을 때에도 그는 사사로운 교분을 맺지 않았다. 자식을 시집보내고 장가보낼 때 권문세족과 혼인을 맺지 않았다. 권력에 눈이 멀지는 않았던 것이다. 언죽번죽, 권력에 허발 들리고, 따리 붙는 갈개발은 아니었다. 분수를 지켰다. 인격적으로 이 정도 몸주체도 대단한 것이다. 이 정도면 그래도 자존은 지키고 살았다 싶다.

난세를 꿰뚫은 불세출의 전략가

가후는 147년에 태어났다. 삼국지의 주요 인물 중에는 나이가 많은 편이다. 조조나 유비보다 많다. 제갈공명보다는 서른네 살이나 위다. 그는 무위군에서 태어났다. 서량 지역으로 실크로드로 나가는 길목이다. 전에는 강족·흉노족의 지역이었다. 북방 유목민이 살던 지역이다. 이 지역은 낙양사람들에게 천대를 받던 대표적인 지역 중 하나다. 태생은 변방이지만 출신은 한족이라 효렴에 의해 벼슬에 등용됐다. 이 때 이미 염충이란 사람이 그의 능력을 알아봤다.

"자네는 장량이나 진평과 같은 재능을 가졌네."

가후는 동탁이 정권을 잡은 시점부터 본격적으로 등장한다. 그 때가 189년이다. 동탁이 무너졌다. 가후는 자기처럼 먼 변방 출신인 이각·곽사를 다독거려 정권을 장악하게 만들었다. 이각·곽사가 다투는 바람에 정권이 무너지자 장수를 거쳐 조조에게 투항했다. 이때가 199년이다.

가후가 동탁―이각·곽사정권에 참여한 것은 그의 나이와도 다소 연관이 있는 듯하다. 동탁이 정권을 잡았을 때가 42살이다. 정세의 큰 가닥이 잡힐 때까지 느긋하게 세월을 기다리기엔 늦은 나이였다. 동탁정권이나 이각·곽사정권의 성격도 보기 나름이다. 가장 치명적인 환상이 고정관념 아닌가. 개혁정권이라 볼 수도 있다. 그들은 썩어 문드러진 왕조를 일신하려 했을 뿐 유방이나 손권처럼 칭제하지 않았다. 가후를 평석할 때 참작할 정상(情狀)들이다.

사실 우리가 말하는 삼국지는 가후의 일대기라고 해도 과언이 아니라는 것이 김운회의 평가다. 가후가 삼국지의 주인공에 걸맞는 역할을 하게 되는 것은 관도대전과 적벽대전이다.

소설 삼국지는 사실 반 정도의 분량이 삼국정립 이전 시기에 대한 것이다. 삼국이 정립되고 나서, 그것도 변방에 위치한 오나라, 촉나라와 삼국이 대치하는 시기는 삼국지의 중·후반부다. 말이 삼국지지, 내용적으로 보면 삼국 정립 이전에 판도는 이미 결정됐다.

조조가 중국의 주인이 된 전투가 관도대전이다. 서기 200년에 벌어졌다. 오나라, 촉나라가 생기기 20년 전이다. 조조와 원소가 관도에서 맞붙었다. 조조와 원소는 중원을 양분하고 있었다. 원소가 10만 대군을 일으켰다. 조조는 2만으로 대응했다. 절대열세. 초반 판세에선 기습전에 나선 조조군의 우세였다. 허나 성패를 결정할 정도는 아니었다. 이후 전투는 지구전으로 전개됐다. 이렇게 되자 관건은 군량미 보급이었다.

애당초 원소가 일으킨 전쟁이다. 충분히 전쟁을 준비하고 나온 원소에 비해 조조군은 준비가 부족했다. 군량이 달렸다. 조조가 일단 철군하려 했다. 아연실색한 가후가 당조짐을 했다. 지금이야말로 원소를 꺾고 중원을 제패할 적기라는 것이다.

"공께서는 현명함에서도, 용맹에서도, 사람을 다루는 데서도, 싸움에 임해서 시기를 결정하는 데서도 원소보다 낫습니다. 이 네 가지에서 그보다 나은데도 반년이 지나도록 평정하지 못한 것은 단지 공이 완벽을 기하기 때문입니다. 이제는 그 기회를 결정하시어 가부를 정해야 할 것입니다."

조조는 지금 결판내야 한다는 가후의 어드바이스에 따랐다. 다시는 다른 말 못 하도록 말막음하는 것이 휘갑치는 것이다. 가후의 휘갑침 덕분에 조조도 다시는 약한 마음을 내비치지 않았다. 결국 원소 진영은 자중지란이 일어났다. 적은 모름지기 내부에 있다. 급기야 그들은 대패했다. 숫자만 많다고 이기는 게 싸움이 아니다. 작은 기미라도 잘 살펴서 형세가 어디로 움직일 것인지를 파악하는 것이 중요하다.

가후는 원소의 의심 많은 성벽과 자만에 주목했다. 자만은 소인에게 베푼 하느님의 선물이다. 참모들 간 알력이 빚게 될 결과, 즉 원소 진영이 내부갈등으로 인해 제대로 힘을 발휘하지 못할 것이란 점도 간파했다. 배중사영(杯中蛇影), 이리저리 의심하며 조심해서는 승리가 없다. 지나친 의심은 자학적 광증이다. 마음의 병이니 마음을 다스려야 낫는다. 그랬기에 아부성 발언으로 조조에게 용기를 준 것이다. 또 가후는 이번 싸움에서 밀리면 기세가 꺾일 것을 염려했다. 타이밍이 모든 것이다. 가후의 어드바이스는 이 모든 것을 고려한 말이었다. 그래서 이겼다.

가후의 사태파악 능력, 전략적 마인드를 알 수 있는 또 하나의 사례가 적벽대전이다. 208년의 일이다. 가후는 나중에 적벽대전으로 이어지게 되는 이 원정에 반대했다.

"명공(조조)께서는 옛날에 원소를 처부쉈고, 이제는 한남을 수복하였으니, 위세와 명성은 멀리까지 떨쳤고, 군세는 이미 강성해졌습니다. 만일 옛날 초나라(손권 지역)의 풍부함을 틈타 관리와 선비들에게 상을 내리고, 백성들을 위로하고 편안한 땅에서 즐겁게 일하게 한다면, 군대를 수고롭게 하지 않더라도 강동(손권)은 머리를 조아리며 승복할 것입니다."

이미 중국의 핵심, 중원을 차지하고 있는 마당이다. 뭐 하러 변방에 빌빌하는 손권이나 유비에게 신경 쓰나. 민생을 안정시키고, 선정을 베풀면 그들은 그대로 고사할 것이다. 옳은 판단이었다. 그러나 조조는 가후의 조언을 듣지 않았다. 자만했던 것이다. 자신의 판단을 믿었던 것이다. 결코 남에게 속는 것이 아니라 자기 자신에게 속는 것이다.

조조는 결국 적벽대전에서 대패했다. 그 결과 중국의 완전한 통일이 70년이나 늦어졌다. 부전자전, 훗날 조조의 뒤를 이은 조비도 가후의 어드바이스를 무시하고 오나라를 토벌하러 갔다가 패하게 된다. 어쨌든 적벽대전 이후에도 가후의 활약은 계속됐다. 조조의 가장 큰 우환거리였던 마초와 한수 연합을 이간질로 격파했다(211년). 반간계로 방덕을 조조의 휘하로 끌어들였다(215년). 모두 가후의 어드바이스가 결정적이었다.

전쟁을 승리로 이끈 진짜 영웅

정사 삼국지의 진수가 가후에 대해 말했다.

"잘못된 계책을 세우는 경우가 거의 없고, 권모에 빈틈이 없으며, 변화에 따르는 융통성이 있었다."

장량과 진평에 버금간다고 평했다. 장량은 건달 유방을 황제로 만들어준 고금 제일의 전략가다. 진평은 항우와 그의 참모 범증을 떼어놓고, 한

나라 성립 후에는 여태후의 난을 진압한 재상이다. 가히 역사에 이름이 드높은 걸물들이다. 진수가 가후를 이들의 반열에 놓은 것이다. 이탁오는 가후를 이렇게 평했다.

"이 사람은 꾀만 있는 것이 아니라, 대식(大識) 또한 있었다."

대식은 선견지명 혹은 판단력이다. 그는 일흔일곱 천수를 누렸다. 섬긴 주인이 여럿이었으나 스스로 먼저 배신하지 않았다. 시대가 난세였으며, 그 또한 품행이 방정했던 점을 감안하면 가후를 의리 없다 단정하고 살치는 건 가혹하다. 가상히 여겨도 될 듯싶다.

폐일언하고, 능력은 제갈량보다 낮지 않은가. 가후가 대세를 결정지었다. 제갈량이 그 대세에 도전했으나 실패했다. 가후는 승리를 낳았고, 제갈량은 소설을 낳았다.

근거 없이 추측하여 결정하는 억결(臆決), 신중을 기하지 아니하고 서둘러 판단하는 속단(速斷), 전체 의미를 파악하지 아니하고 글자가 표현하는 뜻만을 이해하며 읽는 색독(色讀)은 모두 잘난 사람의 고질병이다. 어드바이스가 유일한 처방이다.

일이 잘 풀려 신명날 때일수록 자신을 더 자주 매질해야 한다. 슬금슬금 눈치 보다 어느새 내 모든 것을 장악해 버리는 괴물이 자만에 의한 방심이요, 오만에 따른 건성이다. 어드바이스 파트너를 통해 경각해야 한다.

어드바이스 포인트 · A·d·v·i·c·e·P·o·i·n·t

- 사람을 얻는 지름길은 먼저 신뢰를 주는 것이다. 그런데 신뢰는 마음의 작용이지 합리적 선택이 아니다. 느낌이 좋으면 일단 신뢰하라.

- 일은 사람이 하는 것이다. 규모 따위의 껍데기보다는 관련된 사람의 스타일이나 인성, 감성에 더 많은 주의를 기울여라.

- 하나를 얻는 것은 다른 것을 하나 이상 버리는 것이다. 한 면이 좋으면 다른 한 면은 나쁘다. 절대적으로 옳은 선택은 없다.

- 나의 천적은 바로 나다. 어른의 야망이 더 지독한 법이다.

- 정답은 없다. 시험 문제처럼 정답이 있는 세상일이란 거의 없다. 선택에 주저하지 말고, 선택하면 지체하지 마라.

5

어드바이스 파트너
최고의 능력자를 활용하라

아무리 잘나도 혼자서는 부족하다. 다 채울 수 없다. 아무리 강해도 혼자라면 흔들린다. 다 메울 수 없다. 그대 곁에 누군가 있으면 좋겠다. 손잡아 따뜻한 온기, 눈 맞춰 살가운 시선 느끼면 좋겠다. 아내든, 남편이든, 친구든, 동료든, 딱히 뭐라 하기 힘든 그나 그녀든 함께 풀어가는 어드바이스 파트너가 있으면 좋으련만. 둘이 있어야 완전해 지는 게 사람이다. 이제라도 그런 사람 찾아보자.

외롭다. 외로운 게 사람이다. 울며 태어나 힘들 게 살다가 어느덧 늙어 죽는 게 일생이다. 뭐 별 것도 없는데, 왜 이리 힘든지…. 많고 많은 게 사람이고, 손 뻗치면 있는 게 지인이다. 그런데 왜 이리 외로운지…. 정호승의 시, '수선화에게' 다.

울지 마라
외로우니까 사람이다
살아간다는 것은 외로움을 견디는 일이다
공연히 오지 않는 전화를 기다리지 마라
눈이 오면 눈길을 걸어가고
비가 오면 빗길을 걸어가라
갈대숲에서 가슴 검은 도요새도 너를 보고 있다
가끔은 하느님도 외로워서 눈물을 흘리신다
새들이 나뭇가지에 앉아 있는 것도 외로움 때문이고
네가 물가에 앉아 있는 것도 외로움 때문이다
산 그림자도 외로워서 하루에 한 번씩 마을로 내려온다
종소리도 외로워서 울려 퍼진다

혼자 가는 고독한 일생, 울고 있을 게 아니다. 휘휘하다고 웅크릴 게 아니다. 소울메이트(soul mate), 영혼의 동반자를 찾아야 한다. 그 반쪽과 함께 온전한 하나를 이뤄야 한다. 그래도 매양 외롭기는 하겠지만, 조금은 덜 외로우리라. 가슴 시린 아픔이야 또 겪겠지만, 그래도 조금은 덜 아프리라.

백아는 거문고의 달인이다. 종자기는 그 가락을 듣는 데 출중하다. 백아가 높은 산에 오르는 장면을 마음속에 그리면서 거문고를 뜯으면 종자기가 말한다.

"멋지군. 우뚝 솟은 태산이 눈앞에 보이는 것 같아."

백아가 강의 흐름을 생각하며 거문고를 타면 종자기가 또 말한다.

"멋지다. 도도히 흐르는 큰 강이 눈앞에 있는 것 같네."

백아가 말했다.

"아, 자네는 얼마나 멋진 귀를 가지고 있는 것인가. 자네가 한 말은 정히 내가 생각하고 있는 그대로야. 자네 앞에서는 무엇을 타도 잘 알아맞히네 그려."

지음(知音)이다. 마음이 통하는 심우였다. 어스름 저녁노을을 쳐다보면 술 한 잔 권하고, 샛노란 개나리를 보노라면 노래 한 자락 불러준다. 이런 사이가 지음이다.

나라 살리고 훌쩍 떠난 거인

경험이 이지에 앞선다. 70년대에 대학을 다닌 사람들은 박정희를 더 싫어한다. 80년대에 대학을 다닌 이들은 전두환을 더 싫어한다. 도긴 개긴이라고 할지 모르나 직접 체험한 사람에게는 뭘 모르는 소리다. 대저 체험은 내게 가장 무서운 감성이고 또 이성이다. 살면서 가장 먼저 의지하는 어드바이스다.

나와 가족의 경계를 넘어 세상에 막 눈을 돌릴 무렵에 맞닥뜨린 전두환은 몽둥이였고 구둣발이었다. 눈물이었고 질곡이었다. 악몽이었다. 그런 자의 곁에 학같이 고결한 인물이 있었다고 한다. 어불성설. 할(喝), 그런 사람이 왜 그의 곁에 있나. 그는 대통령 경제수석비서관을 지냈다. '경제는 당신이 대통령이야.' 전두환이 그에게 한 말이란다.

어떤 사람은 '관료 지성의 거봉'이라고 했고, 또 어떤 이는 '경제 전략가'라고 했다. 전두환이 잘못한 것 중에 제일 잘못한 것이 그를 일찍 죽게 만든 것이라는 한탄도 있다. 그가 바로 김재익이다. 도대체 왜 그를 두고 이런 말들이 나온 걸까.

"경제수석으로 각하를 모시는 데는 한 가지 조건이 있습니다. 제가 드리는 조언대로 정책을 추진하시려면 엄청난 저항에 부딪칠 텐데, 그래도 끝까지 제 말을 들어 주실 수 있겠습니까?"

"여러 말 할 것 없어. 경제는 당신이 대통령이야."

5공화국의 경제 대통령

자칭 사나이 전두환이다. 사나이는 대범을 즐긴다. 그 전두환이 경제 문제에 대해선 김재익에게 통째로 맡기겠다고 장담했다. 전두환은 무식했다. 또 무도했다. 그는 제 나라 국민에게 총질했다. 박정희도 안했던 만행이다. 그런 전두환이 김재익이란 어드바이스 파트너를 만난 건 기막힌 행운이었다.

파트너 김재익은 영리했다. 전두환의 호기와 무식을 이용해 단번에 경제정책의 주도권을 빼앗아버렸다. 선비의 언전이변이 군바리의 호기만발을 농락한 것이다. 자못 통쾌하다. 경제정책이 권력자의 농단에 의해 무너지지 않도록 미리 다짐받은 건 김재익의 혜안이다. 가상하고 고마운 일이다. 그래서일까. 주한 미대사를 지낸 워커는 그를 '기민한 정치인'

(shrewd politician)이라고 평했다.

1980년, 쿠데타를 일으킨 전두환이 국보위를 출범시켰다. 나라를 맘대로 쥐고 흔든 무소불위의 권력기관이었다. 당시 김재익은 경제기획원 기획국장이었다. 그즈음 그는 상당히 지쳐 있었다. 관료생활을 청산하려 했다. 스탠퍼드 대학에서 경제학 박사를 취득하고 귀국해 5년 가까이 기획국장으로 재임하고 있던 터였다.

기획원 내에서 그는 고립무원이었다고 한다. 출중한 실력과 고매한 인품을 가졌으나, 사람멀미 하는 샌님이었던 모양이다. 대개 천재성이 있는 사람이 갖는 결핍이 두루 사귀기를 꺼려하는 것이다. 대신 깊게 오래 사귀는 걸 선호한다.

해외의 시각은 국내와 달랐다. 외국에선 그를 한국경제를 이끌어갈 인물, 초특급 브레인으로 알고 있었다. 브라운 미 국방부 장관이 방한했을 때다. 그는 박정희 대통령을 면담하기 전에 김재익 국장을 먼저 만나 한국경제에 대한 브리핑을 들었다. 기획원을 떠나 한국개발연구원(KDI)으로 가기로 하고 사표를 제출한 날 아침, 그는 국보위 행을 통보받는다. 뜨악했다. 다음 날부터 그와 전두환 간의 어드바이스 파트너십이 시작됐다.

이런 일이 있었다. 어떤 친구가 김재익의 부인에게 말했다.

"김재익은 김일성 밑에서도 일할 사람이다."

이념 앞에 싸가지다. 옳고 그름을 떠나 이런 행위는 정말 싸가지 없는 짓거리다. 부인은 분하고 억울했다. '우린들 하고 싶어 하나.' 집으로 돌아와 펑펑 울었다.

"왜 그래?"

부인이 들은 말을 남편에게 전해줬다. 끙, 남편은 한동안 침묵했다. 그리고 말했다.

"만약에 내가 김일성을 설득시켜 그 사람의 생각을 바꿔 놓을 수 있다는 확신이 있으면 해야지."

확호불발(確乎不拔)! 김재익이 5공에 참여한 이유를 짐작케 해주는 대목이다. 노자의 대백약욕(大白若辱)이란 구절이 떠오른다. '크게 명백하고 결백한 것은 욕된 것처럼 보인다.' 그가 참여한 이유를 가늠케 하는 또 하나의 에피소드가 있다. 이번엔 김재익의 아들이 등장한다.

"당시 학교 분위기는 데모만 하던 때라 학교에서 돌아 온 아들은 아버지가 독재정치에 협력하는 일을 하고 있다고 항의하는 자세였습니다. 이 때 아버지는 경제의 개방화와 국제화는 결국 독재체제를 어렵게 한다고 일러 주었습니다. 시장경제가 자리를 잡으면 정치의 민주화도 자연히 따라 온다는 것이 설득 내용이었습니다. 이어서 나라가 우선 잘 살아야 하는 데 이러한 일은 독재체제에서도 누군가는 해야 한다는 것이었습니다."

부인의 회고다. 시장경제를 안착시켜 독재정치를 물리친다…. 소신이었을까? 변명이었을 수도 있다. 그와 오랜 세월을 함께 한 김기환은 소신이라고 보는 쪽이다.

"김재익은 국보위에 들어가면서 그들이 다른 나라의 군사정권처럼 폐쇄적이고 대내 지향적인 경제체제를 채택할까봐 크게 걱정했다. 밖으로 트여 있는 경제체제가 유지되는 한 권위주의는 오래 가지 않아 무너진다는 신념을 갖고 있었다."

이런 말을 곧이곧대로 들으면, 김재익은 대를 위해 희생을 자처했고, 자신의 명예를 희생한 셈이다. 독재정권으로 하여금 제 무덤을 파도록 기획하고 설득한 경세가다. 실제로 군사정권은 그 후로 얼마 버티지 못했다. 이런 보짱의 김재익이라면 편들고 싶어진다.

못난 보스를 살린 위대했던 참모

김재익이 이룬 업적은 대단하다. 일일이 거론할 수 없을 정도다. 김재익은 경제기획원 시절부터 경제 안정화론자였다. 안정화론은 개발독재와 같은 관 주도 경제에서 시장경제로 전환하자는 것이다. 성장에서 물가 안정으로, 수입대체에서 수입개방과 자유화로 정책기조를 바꾸자는 것이다. 1977년부터 한국경제는 문제를 드러내기 시작했다. 인플레이션, 노동문제, 부패 등이었다.

1978년 12월 김재익도 적극 찬성한 부가세 도입으로 인해 여당이 득표율에서 야당인 신민당에게 졌다. 32.8% 대 31.7%. 박정희 대통령은 개각을 단행했다. 남덕우 부총리가 물러났다. 신현확이 그 뒤를 이었다. 신현확은 안정화 정책을 추진했다. 당시 안정화 정책의 필요성에 대해선 대체로 공감하고 있었다. 그러나 미적미적, 박대통령의 불명확한 태도와 일부 관료들의 반대에 부딪쳐 제대로 추진되지 못했다.

고도성장, 수출, 관치 등의 정책기조에서 안정화로의 터닝은 김재익이 해냈다. 5공의 청와대 경제수석비서관이 되면서 관철시켰다. 김재익은 미국에서 신고전파 경제학을 공부한 사람이다. 이 이론에 따르면, 인플레는 금융과 재정을 긴축하고, 수입을 자유화해야 잡힌다. 임금 상승은 생산성 증가의 범위 내로 억제해야 한다. 시장이 환율과 금리를 결정해야 한다. 그리고 능률 향상을 위해서는 개방과 경쟁이 필수적이다. 정부의 간섭은 가급적 적어야 한다.

김재익은 '경제는 성장' 이라는 고정관념을 타파했다. 그는 대통령을 설득해 물가안정을 관철시켰다. 제로베이스 예산 편성, 예산 동결, 미곡 수매가 동결, 통화 긴축, 수입의 점진적 자유화 등을 밀어붙였다. 당시 학자라면 다 입에 담는 노선이 안정화론이었다고 할지라도 대통령을 설득해 정부의 정책기조로 만든 건 그의 공이다. 그의 설득력 있는 어드바이스 덕이다.

시간은 변경하는 것이 전문인 의상 디자이너라고 했던가. 1982년이 지나면서 경제는 깊은 불황의 터널에서 서서히 벗어나고 있었다. 이와 더불어 그간 견지해온 안정화 정책에 대한 반론도 터져 나오기 시작했다. 학계도 투덜댔고, 재계도 볼멘소리를 했다. 이제 경기부양을 할 때가 됐다는 얘기였다.

사무실 주변에서 가까이 지내던 동료들이 인사조차 하지 않을 만큼 김재익에게도 압력이 심했다. 과거 약하나마 안정화 시책이 추진되던 중인 1979년 6월에도 이런 분위기 때문에 경제 쿠데타가 발생한 적이 있었다. 부총리가 외국에 출장간 사이에 사단이 벌어졌다. 청와대 경제특보와 상공부가 중심이 돼서 무역업계의 요구를 받아들이도록 대통령을 설득했다. 박정희가 마음을 바꿈으로써 당시 안정화는 백지화됐다.

김재익은 그런 전철을 다시 밟고 싶지 않았다. 계속 안정화를 고집했다. 대통령을 설득해 그런 기조에서 벗어나지 않도록 단속했다. 대통령은 파트너 김재익을 계속 신뢰해주었다. 이 안정화 덕분에 1986년부터 1988년까지 3년 동안의 경이적인 경제 실적이 가능했다.

1980년에는 39%에 달하던 생산자 물가지수가 1983년에는 한 자리수로 떨어졌다. 국제수지도 1980년에는 53억 달러 적자에서 1986년에는 47억 달러 흑자로 돌아섰다. GDP 성장률도 1980년의 -2.1%에서 벗어나 1983년에는 10.7%를 기록했다. 이른바 세 마리 토끼를 다 잡은 것이다. 전두환-김재익 커플은 못난 보스라도 어드바이스 파트너를 제대로 두면 큰 성과를 얻는다는 사실을 생생하게 말해주고 있다.

갑작스런 죽음

사람의 일생 참 허망하다. 김재익은 45세의 나이로 이국땅에서 졸지에 목숨을 잃었다. 1983년 10월 미얀마의 아웅산에서 북한의 테러로 사망했다. 장삼도 죽고 이사도 죽는다. 누구나 죽는 것이지만, 그는 너무 일찍 갔다. 모진 놈 옆에 있다 걸입은 탓이었다.

홀쩍 가버린 그야 이미 떠난 걸음이라 치더라도 남은 사람의 슬픔은 오죽하리오. 자식이 죽으면 가슴에 묻는다는데, 남편은 어디에 묻을까. 영혼에 묻는다. 추사 김정희가 먼저 간 부인을 애도한다. 제주도에 귀양 가 있어 마지막 가는 걸음 곁에 있어주지도 못했다. 얼마나 한이 됐을까.

월하노인을 통해 명부에 하소연해서
내세에는 부부의 입장을 바꿔달라고 하리라
나는 죽고 당신은 천 리 밖에 살아남아
당신으로 하여금 이 슬픔을 맛보게 하리라

김재익은 오스트리아의 경제학자 미제스를 좋아했다. 그의 책을 주위
에 나눠주기도 했다. 또 하이에크도 좋아했다. 하이에크는 미제스의 제자
다. 하이에크는 신자유주의의 이론적 교주다. 하이에크에겐 엉뚱한 구석
도 있었다. 칠레의 피노체트 독재정권을 높게 평가했다. 미국·영국과 긴
장관계에 있던 이란과 아르헨티나를 폭격해야 한다는 주장을 펴기도 했
다. 심지어 독일, 영국, 프랑스가 미국의 주(state)로 편입해야 한다는 망발
도 했다. 물론 김재익이 하이에크를 좋아한 것이 그가 독재를 찬양했기
때문은 아니다. 그러나 어쨌든 신자유주의의 폐해를 목도한 탓이라 그런
지 뒷맛은 씁쓸하다.

가르친사위, 창조성이 없어 무엇이든 남이 가르치는 대로만 하는 사람
을 낮잡아 이르는 말이다. 다행히 김재익은 가르친사위가 아니었다. 하이
에크의 신자유주의는 통상 극심한 소득 불평등을 낳는다. 그러나 김재익
은 불평등을 완화했다. 1980년 이전에는 하위층 40%가 차지한 소득이
16.1%밖에 안 됐는데, 1980~1984년 사이에는 18.9%로 향상됐다. 반면 상
위층 20%가 차지한 소득은 45.4%에서 42.3%로 줄어들었다. 그가 복지천
국 스웨덴 모델에 대해서도 긍정적인 언급을 하는 걸 보면, 지금의 천박
한 신자유주의자 족속은 아니었다. 다행이다.

1980년 처음 전두환을 만나고, 홀로 먼 길 떠난 1983년 10월 9일까지 3년 동안 김재익은 참 많은 일을 해냈다. 세상을 많이 바꿔놓았다. 경제실명제 도입에 실패하는 등 좌절도 있었다. 당시 실세들에게 삿대질 당하는 굴욕도 있었다. 그러나 그는 안정화 정책을 통해 경제를 위기에서 살려냈다. 이 땅의 경제관료 중에서는 단연 발군이다.

그가 추진한 개방화, 자율화의 경제정책은 시민항쟁과 더불어 완강히 저항하던 군사독재를 역사의 뒤편으로 퇴장시킨 동력이 됐다. 중국의 풍도가 그랬듯이, 조선왕조의 황희가 그랬듯이 그는 참여를 통해 나라를 살리는 쪽을 선택했다. 이런 희생, 과연 폄하할 수 있을까.

어드바이스 마인드는 좋은 조언을 해주고, 잘 듣는 것이다. 아무리 뛰어난 귀를 갖고 있어도 누가 좋은 조언을 해주지 않으면 허당이다. 아무리 훌륭한 어드바이스를 하려 해도 들어주는 사람이 없으면 맹탕이다. 양자가 맞아떨어져야 한다. 줄탁동시(啐啄同時)와 같다. 병아리가 안에서 껍질을 쪼는 게 줄, 어미 닭이 밖에서 쪼는 게 탁이다. 줄과 탁이 잘 맞아야 껍질이 깨지는 것이다. 어드바이스도 마찬가지다. 어드바이스 센스를 가진 사람끼리 만나야 서로에게 도움이 된다.

02 안자
백성을 행복에 젖게 한 사마천의 우상

사마천은 궁형을 당한 사람이다. 궁형은 생식기를 없애는 벌이다. 한 인간으로서의 자존을 무너뜨리는 것이다. 그가 그걸 이겨내고 쓴 것이 《사기》다. 이겨냈다는 건 미움과 분노, 위선과 위악, 편벽과 관견을 모두 털어냈다는 말이다. 명경지수. 그는 일체의 편견이나 잡념을 씻어내고 오직 사실에 근거해 역사를 기록했다. 그런 그가 유독 한 인물에 대해서만큼은 극도의 존경심을 표했다.

"오늘날 살아있다면, 나는 그를 위해서 채찍을 드는 마부가 돼도 좋을 만큼 흠모한다."

사마천에게 이 정도 극찬을 받은 이가 안영(晏子)이다.

안영 즉, 안자는 중국 춘추시대 제나라를 최강국으로 만든 사람이다. 흔히 명재상 관중(管子)에 비견된다. 관포지교의 그 관중이다. 안영은 제나라의 영공·장공·경공 등 3대에 걸쳐 재상을 지냈다. 사마천은 두 사람을 하나의 열전에서 다루면서 안자를 더 높이 평정했다. 공자도 안자를 위에 놓았다. 공자는 관중에 대해선 그릇이 작다고 비판했다. 검소하지도 않았고, 건방지게 임금에게만 허용된 예를 관중이 모방했다고 질책했다. 안자에 대해선 사람과 잘 사귀고, 오래될수록 오히려 공경한다고 칭찬했다. 삼국지의 제갈공명도 안영을 극찬했다. 무엇이 이들로 하여금 이토록 안영을 흐놀게 만들었을까.

목에 칼이 들어와도 할 말은 한다

재상으로서 왕에게 적절한 조언을 제공함으로써 나라를 제대로 다스리도록 했다. 못난 왕을 잘 그느른 것이 안자의 공이다. 특히 정문일침, 아닌 건 아니라고 분명하게 선을 긋는 어드바이스가 그의 특장이다.

어느 날, 매사 범범한 경공이 술로 얼큰해지자 기분이 좋아졌다.

"오늘은 예를 차리지 말고 제대로 한 번 마셔보자."

위아래 구분 없이 함께 놀아보자는 것이다. 여기저기 박수가 터졌다. 술자리는 기쁜 웃음으로 가득했다. 그런데 안자는 멀뚱멀뚱 동조하지 않았다. 모두들 조마조마 가슴 졸였다. 어이구, 저 지랄 같은 화상, 또 저래. 그 안자가 매실매실 정색을 하고 한 마디 던졌다.

"왕의 말씀은 잘못됐습니다."

싸, 분위기가 다운됐다. 처음 말을 꺼낸 경공도 무색해졌다. 언짢았다. 뭐야 저 놈! 그런 가시눈을 느끼면서도 안영은 말을 이어갔다.

"원래 임금에 대한 예의가 없으면 신하가 좋아하는 법입니다. 그렇게만 되면 힘을 많이 모은 자는 힘으로 그 윗사람을 이길 수 있고, 용기가 지나친 자는 그 임금을 죽일 수가 있기 때문입니다. 그렇게 하지 못하도록 하는 것이 예입니다. 예의를 버리면 금수와 다를 바가 없지요."

바보 같은 임금아, 예가 없으면 당신 자리, 네 목숨이 위태로워져. 뭐 이런 메시지다. 여기서 끝이 아니다.

"금수는 힘으로 제압하여 강한 자가 약한 자를 범합니다. 그 때문에 날마다 지도자가 바뀌지요. 지금 임금께서 예를 없애버린다면, 곧 우리 모두 금수처럼 되고 말 것입니다. 인간사회가 이처럼 되면 여러 신하들이 힘으로 정치를 하겠지요. 또 힘센 자가 약한 자를 눌러 날마다 임금이 바뀌겠지요. 그렇다면 임금께서는 장차 어디에 서 있을 수 있겠습니까? 무릇 사람이 금수보다 귀하다고 하는 까닭은 바로 예라는 것으로 구분되기 때문입니다."

그러나 우이독경에다 마이동풍이라. 왕은 듣지 않았다. 잘났어, 정말!

취흥은 이미 깨졌다. 심사가 틀어진 임금이 자리를 털고 일어섰다. 지존이 일어섰으니 신하들이 자리에서 일어나 예를 갖췄다. 그러나 안영은 멀뚱멀뚱, 본 체 만 체 옆만 쳐다볼 뿐. 경공은 가슴 속에 불끈 노여움이 일었으나 꾹 눌렀다.

"저 새끼 뭐야."

걸어가면서 경공은 소리를 질렀다. 측근들이 따라가면서 어떻게 달래면 좋을 지 쩔쩔매고 있었다. 그러던 차에 경공이 갑자기 휙 돌아서면서 빽 소리쳤다.

"돌아가자."

안영이 어떤 꼴을 하고 있는지 보고 싶었던 게다. 임금이 들어서도 역시 다른 신하들과 달리 안영은 일어서지도 않고 입에서 술잔을 떼지 않았다. 어, 저 새끼가 정말…. 부글부글. 경공은 억지로 화를 억누르면서, 안영에게 다가갔다. 술잔을 내밀었다.

"한 잔 하지."

서로 술잔을 들고 팔을 교차시켰다. 일종의 러브샷이다. 이럴 땐 왕이 먼저 마시는 것이 예의다. 그런데 웬걸 안영이 냉큼 먼저 마셔버렸다. 이런 니미럴. 결국 왕의 분노가 폭발했다. 사실 많이 참았다. 안영을 노려보면서 냅다 고함을 쳤다.

"아까 말한 거하고 다르지 않은가. 무례는 안 된다며…. 그런데 내가 나가고 들어와도 그대는 일어서지도 않았어. 술잔도 먼저 마셔버렸어. 이게 예의야?"

화들짝, 갑자기 안자가 자리를 고쳐 앉더니 재배하고 머리를 조아렸다.

"제가 어찌 감히 임금께 드린 말씀을 잊겠습니까. 그 때문에 무례라고 하는 것이 어떤 것인지 실례로 보여드렸던 겁니다. 만일 예가 필요 없다고 바라신다면 매양 이런 꼴이 벌어질 겝니다."

누구나 장점은 있기 마련. 잘못을 깨달으면 수긍하는 게 이 멍청한 왕의 장점이었다.

"내가 잘못했소. 자리에 앉으시게. 내 경의 말을 따르리다."

왕이 술잔을 세 번 돌린 후, 주연이 끝났다. 흔하오! 멋진 안자다.

안자춘추에 나오는 이 일화로도 안영의 어드바이스가 얼마나 구체적인지 알 수 있다. 그는 직언을 하는 것에 그치지 않았다. 그 의미를 생생하게 이해할 수 있도록 조목조목 설명했다. 때론 행동으로 실감나게 이해시켰다. 목숨을 걸지 않으면 감히 엄두도 못 낼 방법이다.

수준 이하의 주태배기 경공이지만, 안자의 말은 잘 따랐다. 그나마 그게 그의 생명줄이었다. 모자랐지만 사람은 좋았던 것 같다. 앙살궂게 고집피우지 않았다. 안자를 파트너로 삼고 잘 따른 어드바이스 센스가 그의 성공요체였다.

주군을 위해 공자의 앞길도 가로막다

공자도 안자를 높게 평가했다. 사실 안자는 공자의 출세길을 가로 막았던 장본인이었다. 일종의 원수인 셈이다. 노나라 출신의 공자가 35세 때 경공을 만났다. 공자의 허우대는 멀쩡했다. 30대 중반이면 자신의 생각이 옳다는 자신감도 충만할 때다. 몸맨두리도 좋겠다, 구라도 세겠다, 공자의 논리 정연한 이론을 접한 경공은 한껏 매료됐다. 용모와 풍채로써 사람을 판단하는 풍감도 적지 않게 작용했을 것이다. 경공이 정치에 대해 물었다.

"군주가 군주답고, 신하가 신하답고, 아비가 아비답고, 자식이 자식다운 것이 곧 정치의 핵심입니다."

공자의 유창한 언변이다.

"그대 말이 옳도다(善哉)."

공자의 말이 굳이 경공의 귀에 쏙 들어간 이유가 있었다. 제나라는 대대로 도덕보다는 부국강병에 매달려온 나라다. 나한테 없는 것일수록 끌리기 마련이다. 제나라가 도덕이나 문화에 취약했기에, 공자의 어드바이스는 더욱 신선하고 달콤했다. 며칠 뒤 경공이 공자를 다시 불렀다. 다시 정치에 대해 물었다.

"정치의 근본은 재물을 절약하는 데 있습니다."

청산유수에 언중유골이라, 뛰어난 말에 가시까지 있으면 효과는 더 큰 법이다. 공자의 말은 상업과 소비에 길들여진 제나라 문화를 꼬집는 것이었다. 경공은 공자에게 반했다. 공자를 등용하려 했다. 그러자 안자가 금방 거니채고 제지하고 나섰다. 그렇게는 안 됩니다!

사마천이 안자의 근검절약에 대해 기록해 놓을 정도로 안자의 개인 생활은 검소했다. 그런 그였지만, 그의 국정운영 방침은 법가를 지향했다. 나라를 부강하게 해야 한다는 철학이다. 이런 기조에다 느닷없이 문화니 도덕을 앞세우게 되면 그건 분명 해악이었다.

"대저 유자들은 말재간이 뛰어나고 변통에 능해 법으로 규제하기 힘듭니다. 거만하기 이를 데 없고, 제멋대로라서 아랫사람으로 부릴 수 없습니다. 상례(喪禮)를 중시합니다. 애도를 표한답시고 파산 지경에 이르기까지 장례를 후하게 치릅니다. 이럴진대 어떻게 이들의 주장을 풍속으로 삼을 수 있겠습니까. 여기저기 유세나 다니면서 공자로 얻어먹으려 합니다. 벼슬이나 후한 녹을 간절히 원합니다. 도저히 나라의 정치를 맡길 수 없습니다. 공자는 의례절차를 까다롭고 번잡하게 하여 세세한 행동규범을 강요합니다. 그러나 평생을 다 해도 그 예를 다 터득할 수 없습니다. 임금께서 그를 채용해 이 땅의 문화를 바꾸려는 것은 결코 백성을 다스리는 좋은 방법이 아닙니다."

유쾌 통쾌 상쾌! 으하하, 공자가 공짜밥 얻어먹는 거지란다. 어느 누가 이처럼 공자의 구라를 통렬하게 깔아뭉갰던가. 이러니 사마천이 그의 마부를 자처했으리라.

안자의 키는 135cm가 채 안 됐다고 한다. 짜리몽당이다. 책술 두껍다고 좋은 책이랴. 몸집은 보잘 것 없었으나 정신은 태산보다 거대했다. 공자는 216cm에 달하는 거구다. 둘이 나란히 서면 영락없는 거꾸리와 장다리, 난장이와 키다리다. 춘향전의 그 당동지가 안자, 지루지가 공자다. 어쨌든 키가 조그마한 안자가 일언지하에 풍채 좋은 당대의 왕구라 공자의 출세길을 봉쇄해버린 것이다. 운명은 개연성을 비웃는다. 역시 공자가 갈 길은 교육가, 이론가의 길이었던 것 같다. 안자 때문에 공자는 동양 최대의 사상가가 됐다. 행복한 역설이다.

안자는 다른 한편 책략가였다. 삼국지에 나온다.

"제갈량은 몸소 밭을 갈고, 즐겨 양보음을 읊었다."

공명은 옛날 제나라의 땅인 낭야에서 태어났다. 양보음은 그 고장에서 죽은 사람을 애도하는 노래였다. 이 양보음의 사연에 안자가 등장한다. 제나라 경공 때 세 호걸 공손접, 전개강, 고야자의 무덤을 보고 인생을 슬퍼하는 내용이다. 이 세 사람은 힘이 장사였다. 쥐락펴락, 도당을 결성해

나라를 마음대로 움직였다. 그들을 내치라고 건의하니, 경공은 후환이 두려웠다. 안자가 어드바이스 했다. 세 사람에게 복숭아 두 개만을 보냈다.

"각자 공을 헤아려보고, 공을 세우지 않은 자는 먹지 마라."

공손접이 복숭아를 집었다. 전개강도 집었다. 뒤처진 고야자는 자신의 공이 제일 크다며 두 사람에게 복숭아를 내놓으라며 칼을 들이댔다. 두 사람은 그의 말에 수긍했다. 복숭아를 내놓고선 스스로 목숨을 끊어버렸다. 부끄러웠던 것이다. 남은 고야자도 혼자 살아있는 건 어질지 못하다면서 자결했다. 손 하나 까딱하지 않고 일언 단문으로 화근을 없애버린 것이다. 이것이 복숭아 두 개로 세 장사를 죽였다는 이도삼살(二桃殺三)이다. 안자는 책략까지 구사할 줄 아는 경세가였던 것이다. 그랬기에 신산귀계의 제갈공명까지 안자를 깊이 숭모했으리라.

어드바이스의 생명은 적실성(relevancy)이다. 당위성이 아니다. 옳은 얘기는 누구나 한다. 고담준론은 화려하나 실속이 없다. 지금 여기에서 쓸모가 있어야 훌륭한 어드바이스다. 옳은 것보다는 맞는 것이어야 한다. 배고픈 사람에게는 밥을 줘야 한다.

적시에 필요한 조언을 하는 모습의 전형이 안자다. 조언은 손에 잡히게 해줘야 한다. 물론 풍간도 필요하다. 화두를 던져 스스로 깨우치도록 하는 것이 때론 더 효과적이다. 그러나 구체적인 조언이 필요할 때 선문답은 절망적 현학이다.

03 에곤 바
독일 통일을 설계한 숨은 거인

역사의 기막힌 모순이 있다.

침략당한 '평화의 나라'는 아직 분단인데, 전쟁을 일으킨 전범국가는 버젓이 통일을 이룩했다. 독일은 기적처럼 통일을 이뤄냈다. 남상(濫觴), 잔 하나 띄울 만큼 가늘게 흐르는 시냇물이다. 사물의 처음이나 기원을 말한다. 독일 통일의 남상이 빌리 브란트 전(前) 총리의 어드바이스 파트너 에곤 바(Egon Bahr)의 구상, 동방정책이다.

바의 동방정책은 분단 독일의 명운을 바꾸었다. 세계정세의 흐름을 대결에서 공존으로 틀었다. 마침내 독일 통일과 사회주의의 몰락을 가져왔다. 동독과 동구, 그리고 소련을 비롯한 사회주의 진영은 바의 머리에서 시작된 작은 틈으로 인해 결국 무너지고 말았다. 끊임 없는 교류가 만들어낸 변화였다. 빗방울은 힘이 아니라 자주 떨어짐으로써 돌에 구멍을 낸다.

앞을 자르고 말하면, 그는 동방정책(Ostpolitik)의 설계자였다. 뒤를 끊고 말하면, 동방정책의 실행자였다. 한 정책의 디자이너로, 액터(actor)로 역사의 물꼬를 바꾸는 결과를 얻었다면 역사상 보기 드문 성공이다.

정책 브레인이자 실행하는 디자이너

바는 1922년생이다. 이때는 독일 바이마르 공화국 시절이었다. 청소년 시절에 나치 정권이 들어섰다. 고등학교를 졸업하고 나치 군대의 강제 노역에 징집 당했다가, 곧 독일군에 편입됐다. 1942년부터 1944년까지 독일 군에서 근무했다. 그러다가 뉘른베르크 법으로 인해 인종차별이 행해졌을 때, 바는 할머니가 유태인이라는 이유로 군에서 풀려났다.

전쟁 후 바는 언론계에 투신했다. 언론에 대해 훈련받은 적은 없었지만 그에게는 타고난 재능이 있었다. 미 점령군이 발행하던 부정기 독일어 신문 〈노이에자이퉁〉에서 기자 생활을 시작했다. 〈노이에자이퉁〉이 폐간되자 바는 서(西)베를린으로 옮겨갔다. 거기서 처음에 〈타게슈피겔〉이란 신문에서 일하다가 서베를린 라디오 방송국 〈RIAS(서군점령지구방송)〉의 본 특파원을 지냈다. 여기서 그는 1960년까지 논설주간으로 일했다. 이때 브란트를 만났다.

1913년생 브란트는 바보다 9살 연상이다. 브란트는 사민당(SPD) 소속 시의회 의원을 지내고, 1957년에 서베를린 시장에 선출됐다. 지도자의 성패는 어떤 사람을 곁에 두느냐에 달려 있다. 1960년, 브란트는 평소 눈여겨 본 바에게 같이 일하자고 제안했다. 서베를린 시청 대변인 및 정보담당이었다. 평소 브란트를 존경하던 바가 쾌히 수락했다. 아름다운 결실을 잉태하는 결합이 이뤄진 것이다.

"내가 생각하는 것을 항상 솔직하게 당신에게 말하겠습니다. 비록 그 말이 당신의 마음에 들지 않더라도 말입니다."

둘이 일하기 시작한 첫날 바가 말했다.

"아주 어려운 상황에 처하게 되면, 우리 둘이서만 이야기합시다."

브란트가 웃으면서 대답했다. 국화꽃 한 송이를 피우는 데도 일찍부터 소쩍새가 울고, 먹구름 속에서 천둥이 치고, 밤에 무서리가 내려야 한다. 나라의 명운과 관련된 정책을 새롭게 추진하는 것이었으니 얼마나 어려움이 많았으랴.

이 날의 대화처럼 둘은 서로를 신뢰하고 쓰나미처럼 밀려드는 비난을 감수하면서 덧거친 과정을 묵묵히 이겨냈다. 개인적으로 바는 브란트의 가까운 친구가 됐다. 또 정책적으로는 브란트가 자신의 생각을 검증하고, 새로운 아이디어와 어드바이스를 얻는 파트너가 됐다. 1963년 7월, 바는 투칭에서 '접근을 통한 변화', 즉 동방정책을 처음으로 공식화했다.

"내가 처음 그 구호를 내놓은 것은 1963년이었습니다. 서베를린 시장으로 있던 브란트의 요청으로 그와 함께 일하고 있을 때였지요. 당시 우리가 안고 있던 가장 어려운 정치적 문제는 베를린 장벽이었습니다. 베를린 장벽은 동서 냉전의 산물인 동시에 상징이었습니다. 그로 인한 고통은 고스란히 베를린 시민들의 몫이었지만, 당시의 상황에서는 아무도 그들을 도울 수 없었습니다. 냉전의 장벽에 틈을 내는 일에 연방 정부는 물론 주변국들도 아무 도움을 줄 수 없다면, 스스로 이 문제에 다가갈 수밖에 없다는 것이 우리가 도달한 결론이었습니다."

바의 회고다. 1966년 대연정이 성사됐다. 브란트가 외무장관이 됐다. 바는 외무부의 정책기획실장에 임명됐다. 이론을 실천에 옮길 수단, 즉 권력에 한 발 다가서는 기회로 삼았다. 당시 독일은 고립무원이었다. 서독은 통일문제에 있어 할 수 있는 게 아무 것도 없었다. 독일의 분단도 그랬지만 통일에 대한 결정권도 전적으로 미국·프랑스·소련·영국 등 4대 강국의 손에 달려 있는 구도였다. 속수무책! 바는 구상을 더 세심하게 다듬었다. 외무부에 들어간 후 2년 반 동안 정책 입안에 심혈을 기울였다.

동방정책의 모토인 '접근을 통한 변화'가 뜻하는 것은 한마디로 독일 스스로 변화를 만들어 가자는 것이었다. 유럽의 한가운데라는 독일의 지정학적 위치를 이용하여 동서의 가교역할을 함으로써 냉전 체제하의 종속적인 상황에서 벗어나자는 것이었다. 승천을 앞둔 용이 물을 끌어 모으듯 브란트와 바는 동방정책을 면밀하게 다듬어나갔다. 일어날 수 있는 모든 문제를 지머리 검토하고 대응책을 강구했다. 이를 정리한 문건만도 2,000쪽에 달했다.

1969년 5월, 비 공산권 국가로서는 최초로 캄보디아가 동독과 외교관계를 수립했다. 서독은 1955년부터 동독정부를 승인한 나라와 외교관계를 맺지 않는다는 할슈타인 원칙을 외교노선으로 삼고 있었다. 이 원칙에 따라 서독 정부는 캄보디아와의 외교관계를 단절했다. 할슈타인 원칙을 서서히 폐기해 나가려던 브란트가 이에 항의해 사퇴하고자 했다. 그러나 바의 어드바이스에 따라 눌러앉았다. 잘 참았다.

1969년 10월, 기다리던 승천의 기회가 왔다. 브란트가 총리에 선출됐다. 국제적으로 화해 움직임이 일어나고 있던 터라 동방정책을 밀어붙이기에 타이밍이 적절했다. 브란트는 취임사에서 동방정책을 추진할 것임을 만천하에 공표했다. 바는 신설된 총리실 사무차관이 됐다. 역할은 동방정책을 추진하는 것이었다. 브란트가 56세, 바가 47세였다.

브란트는 취임하자마자 행동에 나섰다. 바를 미국에 보냈다. 동방정책을 닉슨정부에 '통보'하기 위해서였다. 미국이 기대하던 '협의'가 아니었다.

"키신저, 나는 자네에게 조언을 구하기 위해서가 아니라 통보하러 온 걸세. 우리는 이 일을 해내고야 말 걸세."

와우, 멋진 바!

뜨거운 우정으로 역사를 바꾸다

1970년 1월, 바는 소련 특유의 털모자를 쓰고 모스크바로 날아갔다. 동방정책 실현의 대장정에 첫발을 내디딘 것이었다. 미국의 눈초리가 싸늘했지만 브란트와 바는 괘념치 않았다.

"나는 패전국 독일이 아니라 해방된 독일의 총리다."

브란트의 말이다.

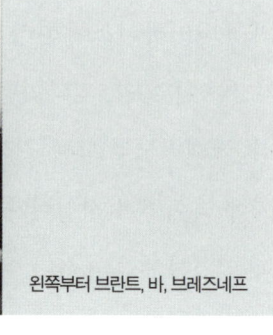

왼쪽부터 브란트, 바, 브레즈네프

　끈질긴 협상의 명수 바는 소련의 외상 그로미코와 50회가 넘는 협상을 거듭했다. 모스크바에서 여러 주일 체제한 끝에 협의를 마무리 지었다. 그 해 5월 22일이었다. 그는 조약 초안을 가지고 독일로 돌아왔다. 1급 비밀로 분류된 초안이 2주 후인 6월 초에 우익 언론에 공개됐다. '바 문서'로 명명됐다.

　문서는 독일이 2차 대전 때 빼앗긴 영토에 대해 더 이상 권리를 주장하지 않는다는 것과 유럽에서의 전후 질서를 인정하겠다는 내용을 담고 있었다. 독일 국민이 보기엔 자존심에 먹칠을 하고, 국가이익을 팔아먹은 매국행위와 다름없었다. 꿀렁꿀렁, 반발이 심해졌다. 첫 번째 시련이었다. 주절주절 설명하는 것보다 입술 깨물며 뚝심 있게 밀어 붙이는 게 필요한 시점이었다.

　헤세가 말한 '알을 깨는 순간'에 좌를 고(顧)하고 우를 면(眄)하는 것은 어리석다. 브란트는 밀어붙였다. 그 해 8월, 브란트는 모스크바를 방문해 모스크바 조약에 서명했다. 바가 마음대로 하도록 내버려뒀다는 비판이

나올 정도로 브란트는 바의 어드바이스에 따랐다.

내친걸음, 12월 브란트는 폴란드를 방문했다. 나치의 첫 번째 침략국이자 국경분쟁의 대상이던 폴란드와 조약을 맺기 위해서였다. 그는 바르샤바 유태인 강제 수용지역 봉기 희생자 기념비를 방문해 무릎을 꿇었다. 예정에 없던 행동이었다. 삶의 가장 결정적인 행동은 이처럼 심사숙고하지 않은 행동인 경우가 많다. 브란트는 조약을 통해 오더―나이쎄 국경을 인정했다.

이제 바는 관심을 동독으로 돌렸다. 키를 쥐고 있는 소련을 움직인 이상 동독과 협정·조약을 맺는 것은 당연한 다음 수순이었다. 이미 1970년 3월에 브란트가 동독을 방문했고, 5월에는 동독의 서독 답방이 있었기에 분위기는 무르익고 있었다.

바는 1970년 10월부터 동독과 협상하는 서독의 협상대표였다. 1971년 9월 동·서 베를린과 동·서독 사이의 우편과 전화 통신을 개선하는 합의가 이뤄졌다. 1971년 12월 서베를린 주민들이 동베를린이나 동독에서 한 해에 연 30일까지 지낼 수 있게 허용하는 합의가 이뤄졌다. 그 결과 서베를린을 통해 동독과 동베를린을 찾은 관광객과 방문자의 수가 첫 한 해 동안 200만 명을 넘어섰다.

그러나 서독 내의 정치상황은 달랐다. 여론의 82%가 동방정책에 지지를 보냈으나, 야당은 거세게 반발했다. 1972년 2월 동방조약(모스크바 조약과 바르샤바 조약)의 비준을 둘러싸고 국회에서 논란이 증폭되기 시작했다. 훗날 동방정책을 수용하게 된 야당이지만 이때는 맹렬하게 반대했다. 이렇듯, 똑같은 이론을 먼저 받아들인 자와 내일 받아들일 자 사이의 논쟁보다 더 격렬한 것은 없다. 독일통일은 그들이 여당일 때 이뤄졌다. 세상 일에는 고진(苦盡)과 감래(甘來)의 주인이 다른 경우가 왜 이리 많은지….

3월부터 브란트에 대한 불신임 안이 논의되기 시작했다. 분위기가 심 상찮게 돌아갔다. 연립여당에 참여하고 있던 자민당(FDP)에서 탈당자가 생겨났다. 사민당에서도 탈당 사태가 벌어졌다. 브란트 지지 시위가 일어 나고, 언론이 그를 지지했다. 노조는 불신임 안이 통과되면 총파업하겠다 고 으름장을 놨다. 그러나 전망은 절망적이었다. 반대파들은 과반수를 확 보하고 있었다. 4월 27일 표결이 이뤄졌다.

그런데 어찌 된 일인가. 불신임안이 2표 차이로 부결된 것이다. 반대파 에 대한 일부 매수행위가 여당에 의해 자행됐다. 이것이 정치다. 부작위 의 작위가 있듯이, 침묵의 함성이 있듯이, 비합리의 합리도 있다. 비합리 의 합리, 이것이 정치가 법치와 다른 점이다. 이 다른 점 때문에 정치가 다른 부문을 이끌어가는 것이다.

1972년, 바는 특임장관이 됐다. 마침내 동독과 협정을 맺었다. 5월에 통행협약이, 12월에 기본조약이 맺어졌다. 그 중간인 6월에는 미국·영 국·프랑스·소련 네 나라가 동·서 베를린의 교류에 관하여 협정을 맺었 다. 베를린협정이다. 4대 강국 간 합의를 이끌어내기 위해 브란트와 바는 1971년 9월에 소련을 비공식 방문해 브레즈네프와 회담하기도 했다.

1971년, 브란트는 노벨평화상을 수상했다. 세계가 그의 평화 노력을 인 정한 것이다. 사실 기본조약은 총선을 11일 앞둔 11월 8일 가조인됐다. 명백한 선거용 이벤트였다. 스탠드 플레이(stand play)! 총선은 여당의 승 리로 끝났다. 투표율은 사상 최고였다. 동방정책을 둘러싸고 야당이 보여준 정략적 태도에 대한 유권자의 반발이 컸다. 또 선거 연령을 18세로 낮춘 것도 호재로 작용했다. 18~20세 250만 유권자 중 거의 4분의 3이 여당을 지지했다.

이 때 바도 국회의원에 당선됐다. 그러나 재앙은 언제나 영광 뒤에 찾아오는 법이다. 1973년 5월, 내무부에서 총리실의 수행비서관 귄터 기욤이 독일 비밀경찰의 스파이라는 보고를 총리에게 했다. 초록이 지쳐 단풍이 들듯, 숱한 고비를 넘다보니 무덤덤해진 것이려나. 브란트는 무시해 버렸다. 거의 일 년 뒤인 1974년 4월 기욤이 체포됐다. 일파만파가 일어났고, 1974년 5월 브란트는 사임했다. 버티려면 버틸 수 있었으나 그는 깨끗하게 물러나는 사임을 선택했다.

"서로 쳐다보지 않은 채 브란트와 사민당 사무총장 베너는 자리에 앉았다. 그들 사이에는 셀로판지로 깨끗하게 포장된 장미 송이가 새빨간 장벽처럼 서 있었다. 베너는 계속해 '우리는 이 사건에 대해 슬픔을 느낍니다. 그리고 이 결정을 존중하고, 브란트의 인간됨을 사랑하고, 그의 정책을 지지합니다.' 라고 말했다. 마지막 두 단어에 에곤 바는 자제력을 잃고 두 손으로 얼굴을 가린 채 어린아이처럼 울었다."

브란트 사임 후 바는 슈미트 총리 밑에서 경제협력장관을 맡았다가 1976년 관뒀다. 1983년까지 당의 사무총장으로 일했다. 브란트가 다시 사민당 당수직을 맡았기 때문이다. 1990년을 끝으로 국회의원직에서 물러났다. 그의 파트너 브란트는 1992년 10월 먼저 세상을 떴다. 그는 회고록에서 자신의 어드바이스 파트너에 대해 이렇게 적고 있다 .

"에곤 바는 베를린 시절(시장)부터 본 시절(총리)에 이르기까지 같이 일한 유능한 보좌관의 한 사람이다. ⋯ 그는 외무부 장관 업무 및 총리 업무를 도와주었고, 연방 장관을 역임했으며, 사민당 지도부의 일원이 되었다. 1970년 6월의 모스크바 조약 및 그것에 따른 동독과의 협정들은 대부분 그에 의해 협상된 것이었다. 유럽 전체의 공동작업과 유럽 전체의 안전이 문제되는 경우 그의 사려 깊은 기여는 거의 정확했다. 1960년 이래 1980년 이후까지 내가 이루었고 시도했던 많은 것들은 에곤 바와의 공동 작업이 없이는 불가능했을 것이다. 정치적 부담에도 불구하고 우정이 그렇게 오랫동안 계속된 것은 드문 일이었다."

백락은 자기가 싫어하는 사람에게는 명마를 감별하는 방법을 가르쳤다. 자기가 좋아하는 사람에게는 평범한 말을 감별하는 방법을 가르쳤다. 왜냐하면 뛰어난 말은 그리 흔한 것이 아니어서 어쩌다 겨우 한두 마리가 있을 뿐이다. 그러므로 말을 감별하여 생계를 유지하기가 어렵다. 그러나 평범한 말은 그 수가 많아 매일 매매가 이루어지므로 말을 감별하는 것으로도 생계가 유지되기 때문이다.

백락의 선택처럼, 내가 어떤 어드바이스를 줄지는 전적으로 내 선택이다. 어떤 어드바이스를 얻을지도 오직 내 선택이다. 문제는 나의 어드바이스 센스다.

04 위징
중국 최고의 태평성대를 열다

좋은 인연, 중국 당나라의 위징과 태종의 그것은 선연이었다. 태종에게는 뛰어난 참모가 많았다. 그 중에서도 방현령, 두여회, 위징이 단연 돋보인다. 방현령과 두여회는 태종 이세민이 왕자로 있던 시절부터 함께한 최측근이었다. 방현령은 지모와 기획에서, 두여회는 과감한 결단과 실행력에서 뛰어났기에 '방모두단(房謀杜斷)' 이란 말이 유행할 정도였다. 이 두 사람 '방두' 는 정권의 조직, 법률, 제도, 의례 등을 제정하고 시행하는 작업을 주도했다.

위징은 태종의 측근이 아니었다. 왕자의 난 때 태자 이건성을 보좌했다. 이건성은 태종의 형이다. 적군 참모였던 것이다. 그런 그를 태종이 발탁했다. 한 측근이 위징에 대해 이의를 제기했다. 태종이 말했다.

"위징이 예전에 나와 원수진 것은 사실이다. 그러나 그가 정성을 다해 형을 섬긴 것은 오히려 가상한 일이다. 더구나 지금은 힘을 다해 충심으로 간하여 짐이 잘못을 저지르지 않도록 하고 있으니, 그를 더욱이 중히 여기는 것이다."

태종도 사람인지라 처음부터 위징을 믿은 건 아니다. 태종이 처음 위징을 만났을 때, 태종이 물었다. 위징이 마흔일곱 살 때였다.

"왜 형제들의 다툼에 끼어들었는가?"

위징의 한 마디에 목숨이 왔다 갔다 할 수 있는 상황이었다. 어떻게 대답해야 하나?

살을 에는 조언, 받아 삼키는 도량

말은 기교의 무기다. 잘 쓰면 삶의 농사를 짓는 쟁기가 된다. 잘못 쓰면 일신을 해치는 흉기가 된다. 마음이 우선이지 말이 먼저일 수는 없다. 사실 왜 형제간의 싸움에 끼어들었냐는 질문은 우문이다. 그런 싸움에서 자유로운 참모가 어디 있나. 그걸 시시콜콜 변명하는 건 구저분한 비겁이다. 위징은 태자가 상전이라 그를 위하는 건 당연하다고 말했다. 여기서 그치면 맛이 없다. 그는 되질렀다.

"황태자 건성께서 제 말을 들으셨다면 오늘 같은 화는 없었을 겁니다."

이 얼마나 당당한 태도인가. 말재주가 아니라 자부심이고 품격이다. 내 말 안 들어 진 것이니, 이겼다고 너무 위세 부리지 말라는 것이다. 역시 말로 드러나는 것이 인격인가 보다.

태종은 또 어떤가. 여짓거리지 않고 할 말하는 위징을 보고 그의 깊은 내공을 단박에 파악했다. 즉시 서기관으로 발탁했고, 곧이어 간의대부로 삼았다. 애당초 태종이 원한 것은 문책이 아니라 드레질이었다. 모름지기 이 정도 그릇이어야 삭풍처럼 매서운 어드바이스를 들을 자격이 있다 하겠다. 그 후 둘은 17년 동안 앞에서 끌고 뒤에서 밀며 함께 어우러졌다. 태종이 말했다.

"위징은 짐의 안전에서 감히 직간을 서슴지 않고, 짐의 과실을 단 한 번도 용서하지 않았다."

위징이 말했다.

"폐하께서 저의 간언을 받아들이셨기 때문에 저도 감히 직언을 계속할 수 있었습니다. 폐하께서 저의 의견을 받아주시지 않았다면 제가 어찌 감히 용안을 범할 수 있었겠습니까."

드넓은 가슴의 태종과 살을 에는 조언의 위징은 환상의 어드바이스 파트너였다. 그 파트너십이 중국사 최상의 태평성대를 만들어냈다.

정관 원년, 나라의 병력을 점검했다. 담당자는 점검 끝에 병력이 모자란다고 판단했다. 18세 이상의 중남들을 일제히 징병해야 한다고 건의했다. 중남은 열여섯 살이 넘은 아이를 말한다. 스무 살이 넘으면 정이라 불린다. 병역의무는 이들의 것이었다. 병력이 모자란다 하니 황제인들 어쩌랴. 태종은 승인했다. 그러나 위징은 승인하지 않았다. 칙령을 세 번이나 내렸는데 위징은 한사코 이를 통과시키지 않았다. 담당자도 지지 않고 계속 고집을 피웠다. 태종도 계속되는 하극상에 화가 났다. 또 칙령을 내렸다. 하지만 위징은 끝내 서명을 거부했다. 결국 태종이 위징을 불러 물었다. 왜 고집을 피우나? 위징이 정색을 하고 말했다.

"못의 물을 고갈시켜 고기를 잡으면 이듬해에는 물고기를 잡을 수 없습니다. 젊은이들을 모두 징병하면 부역과 세금은 과연 누가 부담할 수 있습니까? 훗날 다시 징병해야 한다면 어찌하겠습니까? 백성들의 힘을 한꺼번에 쓰려 해서는 안 됩니다. 무릇 정치라 함은 더 먼 곳을 바라봐야 하며 절대 눈앞의 이익만을 따져서는 안 됩니다."

그 참모에 그 보스다. 태종은 금방 알아들었다. 공자 왈, 사람은 충고를 받아들여야 거룩해진다고 했다. 1인자의 명령을 노(No)하는 강단, 2인자의 거부도 허(許)하는 배포, 모두 족탈불급이다.

중국 역사상 가장 빛나는 팀워크

정관 10년, 황제의 넷째 아들이 신하들의 태도를 문제 삼고 나섰다. 싸가지 문제를 들고 나온 것이다. 대신들이 자신을 무시한다고 황제에게 고자질했다. 총애하는 아들의 얘기니, 황제도 성이 날 수밖에 없었다.

"수나라 문제 시절, 친왕(황제의 아들이나 형제)의 위세가 얼마나 대단했느냐. 신하들 치고 친왕들에게 모욕을 당하지 않은 자가 없었다. 그런데 지금의 그대들은 어찌 그리도 태자에게 불경하단 말인가?"

황제의 분노 앞에 최측근 방현령조차 머리를 조아렸다. 하지만 위징은 담담하게 말했다.

"아무도 태자를 무시하지 않았습니다. 유가의 이론에 따르면, 친왕과 대신들은 지위가 동등합니다. 대신들은 나랏일을 하는 사람들이니 황제가 예로써 이들을 대하는 것은 당연한 일입니다. 설령 대신들이 잘못한 것이 있다 하더라도 친왕이 이들을 모욕하거나 벌할 수는 없습니다. 따라서 수나라의 예는 잘못돼도 한참 잘못된 것이지요. 만약 지금이 도가 통하지 않는 혼란의 시기라면 친왕은 말할 것도 없고, 모두가 제멋대로 행동할 것입니다. 하지만 지금은 개명의 시대입이다. 어질고 현명한 군주께서 저희를 이끌고 계신데 어찌 그런 일이 일어날 수 있단 말입니까?"

태종은 수긍했다. 3품 이상의 대신들은 친왕을 만나도 예를 갖출 필요가 없다고 분명하게 정리해 주었다.

이처럼 위징의 어드바이스는 언제나 적절했다. 논리도 논리지만 왕을 적당히 추켜올리는 추임새를 잘 활용했다. 왕이 받아들이고 싶도록 하는 논법이었다. 그는 까칠했지만, 능수하고 능란했다.

위징은 못생겼다고 한다. 그러나 담력이나 지식, 판단력은 남달랐다. 황제의 심기를 불편하게 할지라도 정작 자신은 얼굴색 하나 바뀌지 않았다. 또 솔직하고 화통했다.

"인생이란 기개로 살아가는 것, 공명을 논하여 무엇 하리오."

위징이 지은 시구다. 위징은 설명하는 브리핑이 예술이었다. 발군의 설득력을 발휘했다. 위징이 했던 조언이 태종에게 얼마나 중요했는지에 대한 실례가 있다. 정관 19년, 위징이 죽은 지 2년이 지난 뒤의 일이다. 태종은 요동정벌에 나섰다가 실패하고 돌아왔다. 이세민은 자조했다.

"위징이 살아 있었더라면 분명 짐의 요동정벌을 막았을 텐데. 그랬다면 오늘같이 비참한 패배도 없었을 것을…"

위징의 조언은 태종이 자신의 득실을 살필 수 있는 거울이었다. 중국 역사상 최고의 성군이라는 태종의 업적도 위징의 충고, 그의 어드바이스가 있었기에 가능한 것이었다. 위징의 어드바이스가 그처럼 좋은 결과를 낳을 수 있었던 것도 태종이 그 조언을 수용할만한 그릇이었기 때문이다. 그들은 최고의 어드바이스 센스를 갖춘 멋진 팀이었다. 태종의 정리다.

"정관 이후, 국가에 충성을 다하면서 수많은 지모와 정략을 내어 규간함으로써 천하를 안정시키고 백성들을 복되게 했으며 짐으로 하여금 오늘날의 대업을 이루어 천하의 칭송과 명망을 얻게 한 사람은 오직 위징 하나뿐이다."

여기 까칠한 사람이 있다. 종작없는 걸 생리적으로 꺼려한다. 본데 없는 걸 참지 못한다. 주책없는 걸 보기 싫어한다. 보통 이런 사람이 의외로 담백하다. 파벌에 얽히거나, 이익 때문에 망가지지 않는다. 이런 사람을 용인할 배포만 있다면, 이런 어드바이스 파트너를 두는 건 큰 축복이다.

위징처럼 까칠한 조언을 할 때에는 그걸 잘 포장해서 전달하는 요령도 중요하다. 어드바이스는 받아들여질 때 비로소 어드바이스가 된다. 그렇지 않으면 소음이다. 부아만 돋운다. 부아는 폐장이니 결국 이런 조언은 몸만 해칠 뿐이다. 적당히 당(糖)을 넣고, 보기 좋게 해서 구미가 당기게 만들어야 한다. 적당한 추임새가 있는 게 좋다. 너스레도 필요하다.

어드바이스 포인트 A·d·v·i·c·e·P·o·i·n·t

- 내게 없는 점을 가진 사람을 사랑하라. 나와 다른 점이 많을수록 더 우대하라. 유유상종이 인지상정이나, 발전은 다름에서 비롯한다.

- 다른 사람들의 수군거림에 신경 쓰지 마라. 인심은 바뀌고, 세태는 돌기 마련이다. 내가 옳은 일을 한다는 확신이 있다면 당당하게 임하라.

- 어드바이스의 생명은 당위가 아니라 적실이다. 마땅히 그러한 것이 당위고, 실제에 들어맞는 것이 적실이다.

- 구체적으로 조언하라. 알아들을 수 있어야 조언이고, 알아듣지 못하면 췌언이다.

- 볼트와 너트의 아귀가 서로 맞아야 하듯이, 조언 하는 사람과 조언 받는 사람도 서로 맞아야 한다.

6

어드바이스 파트너

인생의 동반자에게
묻고 구하라

원래 남편이 아내를 부를 때 여보라고 하고, 아내가 남편을 부를 때 당신이라고
했다고 한다. 여보(如寶)는 보배 같이 소중하고 귀중한 사람을 뜻하고, 당신(當身)은 따로 떨어
져 있지만 내 몸과 같은 사람이란 뜻이다. 그 여보, 당신이 인생의 반려자다. 서로 상대방의 조
언에 귀를 기울여야 한다. 따르고 안 따르고는 그 다음 문제다. 이것은 문명이 진보해 얻은 최
근의 상식이 아니다. 시대를 막론하고 인간이라면 가져야 할 부부생활의 기본적 의무다. 여보
때문에 행복하고, 당신 때문에 불행하다.

어느 날 당신과 내가
날과 씨로 만나서
하나의 꿈을 엮을 수만 있다면
우리들의 꿈이 만나
한 폭의 비단이 된다면
나는 기다리리, 추운 길목에서
오랜 침묵과 외로움 끝에
한 슬픔이 다른 슬픔에게 손을 주고
한 그리움이 다른 그리움의
그윽한 눈을 들여다볼 때
어느 겨울인들
우리들의 사랑을 춥게 하리
외롭고 긴 기다림 끝에
어느 날 당신과 내가 만나
하나의 꿈을 엮을 수만 있다면

정희성의 시, '한 그리움이 다른 그리움에게' 다. 한 남자와 한 여자가 만나
씨줄이 되고 날줄이 돼 한 폭의 비단을 엮고, 하나의 꿈을 엮을 수 있다면 그것

이 행복이다. 삶이 불안해서 사회를 만들고, 죽음이 두려워서 종교를 만들었다고 했던가. 외로움에 부대껴서 만든 게 결혼이다. 실패에 기죽지 말라고 만든 게 부부다. 그 부부가 힘을 합치면 쇠도 자르고 함께 말하면 향기가 나지만, 서로 저주하면 간난과 신고의 원인이 된다.

훈이 아빠는 지금 사십대다. 그는 지금 제법 뿌듯하고 안온하다. 10년 전에 내린 결정 때문이다. 서른 즈음의 훈이 아빠에겐 근심이 있었다. 집주인이 전세를 한꺼번에 수천 만 원이나 올려 달라고 한 것이다. 기로에 내몰렸다. 올려주고 계속 사느냐, 이참에 집을 사버리느냐. 같이 사는 여자는 사버리잔다. 사는 거 좋지. 그런데 돈은….

친구에게 물었다. 물론 그 놈인들 뾰족한 수가 있거나 환한 통찰이 있을 리만무하다. 그래도 뭐든 한 쪽을 편들어 주면 힘이 될 것 같았다. 녀석은 사지 말란다. 집에 그렇게 많은 돈을 투자하는 건 바보짓이란다. 맞는 말이다. 부동산을 담당하는 기자에게 물었다. 알아서 하란다. 내참, 이걸 조언이라고…. 자, 이제 누구의 어드바이스에 따라야 하나.

사자니 제법 많은 돈을 빌리는 게 영 찜찜하다. 전세 살자니 매번 이사 다니는 게 귀찮다. 집값 상승, 그것도 맘에 걸린다. 어떻게 하나…. 그래, 아내 판단에 따르자. 죽어도 같이 죽고, 살아도 같이 살 내 인생의 동반자 아닌가. 그렇게 맘을 정했다. 샀다. 아내가 무척 고마웠다. 이사 다닐 걱정을 안 하게 해줘서가 아니다. 아내라는 어드바이스 파트너가 내 곁에 있다는 존재감을 준 것이 고마웠다.

경험에서 얻은 지식을 미립이라 한다. 훈이 아빠의 미립 중 하나는 같이 사는 여자 말씀은 무조건 듣자는 것이다. 이런 이야기를 했더니 이구동성으로 맞장구친다. 마누라 말 듣는 게 현명하단다. 아내는 위대하다. 남자는 어리석고 하찮은 존재다. 서머셋 몸의 말이다.

차범근의 히든카드

차범근, 축구하면 떠오르는 이름이다. 그런데 차범근 하면 떠올려야 하는 이름이 있다는데…, 누굴까?

차범근은 무지무지하게 성공한 선수였다. 동방의 작은 나라, 축구 후진국에서 태어나 70~80년대 최고의 리그 분데스리가에서 뛰었다. 1979년부터 차붐으로 활약했다. 1999년에 비록 깨졌지만 한동안 외국인으로는 최다인 98골 기록을 가지고 있기도 했다.

"나는 차붐 선수를 존경한다. 어릴 때부터 차붐을 보고 자라왔다. 나도 그 선수처럼 되고 싶다."

영국의 원더보이 오웬의 말이다.

"여기가 차붐의 나라입니까. 너무 와보고 싶었습니다. 그는 나의 우상입니다."

한·일월드컵에서 한국의 결승진출을 좌절시킨 독일 발락의 말이다.

"차범근이 세계 최고의 공격수인 건 분명하다. 나의 자만을 깨우쳐 줬다."

독일의 축구영웅 마테우스가 차범근과 시합 후 뱉은 말이다.

"난 차붐을 낳은 어머니에게 경의를 표한다. 그리고 그가 독일에 있었다면 어김없이 독일 대표팀에 넣었을 것이다."

축구전설 베켄바우어의 말이다.

"내가 그런 공격수랑 붙지 않은 게 정말 다행이다."

지금도 AC밀란에서 뛰고 있는 빗장수비의 달인 말디니의 말이다.

"차붐은 진정으로 축구를 할 줄 알고, 즐길 줄 안다."

축구황제 펠레의 말이다.

이 정도면 더 이상의 찬사가 있을 것 같지 않다: 진정 그는 최고였다.

'차범근 성공 드라마'의 감독

이성은 지능의 승리고, 신앙은 마음의 승리다. 신앙은 불가능한 것의 실현을 비논리적으로 믿는 것이다. 그래서 신앙은 삶의 힘이다. 차범근은 독실한 기독교인이다. 경기장에서 그가 기도하는 모습은 흔하게 볼 수 있다. 현역시절, 자신에게 악의적인 반칙을 했던 선수와 한 솥밥을 먹게 되자 차범근이 먼저 악수를 청했다고 한다. 신앙의 힘으로 용서했다고 한다.

사실 성경이든 불경이든 코란이든 사서오경이든 모든 경전은 어드바이스의 보고다. 참으로 어려운 것은 신앙을 위해 죽는 것이 아니라 신앙에 맞게 살아가는 것이다. 차범근은 성경의 조언에 잘 따르고, 신앙에 맞게 열심히 살아왔다. 그래서 성공했다. 그러나 차범근의 성공에는 히든카드가 있다. 바로 부인 오은미다. 그녀가 차범근 성공 드라마의 감독이었다.

오은미와 차범근은 잘못된 만남이었다고 한다. 친구가 나가기로 한 미팅에 오은미가 대신 나가서 둘이 처음 만났다. 사람의 겉만 보고도 됨됨이나 인품을 잘 알아보는 식견이 조감(藻鑑)이다. 부부가 되는 인연이 연분이다. 조감 때문인지, 연분의 불가항력 때문인지 둘은 결혼했다.

차범근이 맨손으로 독일에 진출했을 때, 언어 때문에 적지 않은 고통을 겪었다. 그 때 통역을 자처하고 나선 사람이 부인 오은미다. 그녀는 열심히 노력했다. 덕분에 오은미는 축구에 상당한 실력을 가지게 됐다. 많이 봤으니 안목이 트이고, 곰파니 생각이 정립됐을 것이다.

남편의 플레이를 평가해 주고, 제안하고, 위로하고, 용기를 주고, 정보를 주는 최상의 어드바이스 파트너였다. 헌데 본인은 이걸 드러내지 않으려 한다. 암탉이 울면 집안이 망한다는 문화 탓이다. 천만부당, 고리삭고 타분한 허위의식이다. 아내나 남편이 짝에게 못할 말이 어디 있나. 가릴 필요가 왜 있나. 하물며 능력이 있는 데 왜 그걸 썩히나. 오히려 조언하고 상의하라고 권장할 일이다.

어떤 실패나 성공이든 아내와 남편이 서로에게 영향을 미친 결과다. 사람마다 정도의 차이가 있을 뿐이다. 이걸 왜 숨기나. 오은미는 차범근에게 인생의 동반자이자 최고의 어드바이스 파트너였다.

> 늘 허투루 나지 않은 고향길
> 장에나 갔다 오는지 보퉁이를 든 부부가
> 이차선 도로의 양끝을 팽팽하게 잡고 걷는다
> 이차로 간격의 지나친 내외가
> 도시 사는 내 눈에는 한없이 촌스러웠다
> 속절없는 촌스러움 한참 웃다가
> 인도가 없는 탓인지도 모르지
> 사거나 팔거나 말싸움을 했을지도 몰라
> 나는 또 혼자 생각에 자동차를 세웠다
> 차가 드물어 한가한 시골길을
> 늙어 가는 부부는 여전히 한쪽씩 맡아 걷는다
> 뒤돌아봄도 없는 걸음이 경행(經行) 같아서
> 말싸움 같은 것은 흔적도 없다
> 남편이 한쪽을 맡고 또 한쪽을 아내가 맡아
> 탓도 상처도 밟아 가는 양 날개
> 안팎으로 침묵과 위로가 나란하다
> 이런저런 궁리를 따라 길이 구불거리고
> 묵묵한 동행은 멀리 언덕을 넘는다
> 소실점 가까이 한 점 된 부부
> 언덕도 힘들지 않다

오창렬의 '부부' 다. 묵묵한 동행, 부부의 길이다. 차범근은 1998년 프랑스 월드컵에서 국가대표팀 감독으로 출전했다. 히딩크의 네덜란드 팀에게 5 : 0으로 대패한 뒤 현지에서 경질됐다. 굴욕이었다. 그 뒤 그는 오은미와 함께 월간조선 인터뷰에 응했다.

"한국축구가 승부조작을 한다."

이 폭탄선언으로 그들은 사실상 한국축구계에서 추방당했다. 그 공동인터뷰는 오은미의 실체를 세상에 오롯이 드러내는 당당한 데뷔였다. 내가 그 오은미다! 그녀는 거침없이 자기 목소리를 냈다. 프랑스 월드컵에서 한국이 선제골을 넣고서도 멕시코에게 패배한 것을 두고 말들이 많았다. 그에 대한 오은미의 단호한 반박이다. 축구 식견이 없거나, 축구계 동향에 대해 잘 알지 못하면 결코 하지 못할 내용이다. 그 이야기가 생생하고 구체적이다.

"한 명 퇴장당한 상황에서의 전술대처가 미흡했다고 말하는데 10 대 11로 싸우는 것을 보완하는 전술은 30분 정도가 맥시멈이에요. 60분 정도를 전술로 버티라는 것은 우리 실력과 멕시코 실력을 너무 무시하고 말하는 거죠. 다른 경기에서도 한 쪽이 빨간 딱지 먹으면 금방 두 골씩 먹고 하는 일이 비일비재하잖아요. 그리고 일본 같은 경우 감히 페널티 박스 안에서도 두 손으로 상대방을 붙잡고 늘어질 수 있다는 것은 이미 (손가락으로 머리를 가리키며) 여기서 자유롭다는 것예요. 우리는 빨간 딱지 이후로 애들이 움츠러들었잖아요. 이런 말도 좀 조심스럽지만…, 큰 시합 앞두고 정몽준 회장께서 괜히 나서서 선거전에서 요한슨 편들었다가 지고…. 조용히 편을 드는 것도 아니고…. 제가 세계에서 유일하게 아벨란제 앞에서는 무릎을 굽히고 인사합니다. 그 사람은 세계 축구계에서 어쩔 수 없는 사람이에요. 그리고 뭐라 뭐라고 해도 월드컵을 올림픽을 능가하는 황금알을 낳는 거위로 키운 것은 그 사람이에요. 그런데 FIFA에서 그 사람을 거역한다? 감히 우리가…. 편하지는 않을 거예요. (…) 기본적으로 한국 축구계는 뭐라고 할까, 한국 정치판하고 똑같아요. 우리 사회의 병폐가 그대로 드러나죠. 누가 나한테 술을 많이 사주고 누가 나하고 노래방 자주 가는가를 갖고 사람을 평가할 게 아니라 누가 공부하는가를 알아주는 사회가 돼야 합니다. 축구인이나 기자들도 그렇게 축구 감독을 봐야 해요. 젊은 기자들도 처음에는 다른 감독들하고 출장 갔다 오면 '어유 징하오, 일주일 내내 술이요' 그래요. 그런데도 시간이 지나면 그쪽이 편한 모양이에요. 편한 게 좋고, 잘 해주는 게 좋고…."

희망을 북돋웠던 소울 메이트

오은미는 차범근에게 부인 이상이다. 그들은 한 집단으로부터 추방당하는 굴욕을 당했다. 그들은 중국의 황사바람 아래에 구어박혀 절치부심했다. 키에르케고르가 절망을 죽음에 이르는 병이라고 했던가. 오은미는 남편이 실의에 빠지지 않도록 다독거리고, 앞길을 함께 의논하면서 희망을 북돋웠다. 객관적으로 보고 합리적으로 따져서 조근 조근 조언했다. 그리고 이겨냈다. 권토중래, 오은미는 차범근을 다시 최고로 우뚝 세웠다.

사랑이 많은 기적을 만들어내지 않았다면 사람들은 사랑을 신성하게 여기지 않았을 것이다. 오은미는 차범근 이름으로 발표되는 칼럼도 대신쓴다. 본인의 고백이다. 데알거나 잘 모르면 한 줄도 못 쓰는 게 글이다. 오은미는 축구칼럼을 쓸 만큼 축구에 대해 정통하다. 오은미는 절대적 신뢰를 나누는 진정한 소울 메이트라 하겠다. 그들이 이룬 성공의 앞면이 차범근이고, 뒷면이 오은미다.

선수로서 그만큼 성공한 이도 드물다. 한 나라의 최고로 그치지 않고 최고의 리그에서 일류로 활약했다. 세계적으로도 몇 안 되는 사람만이 누리는 영예다. 성공한 선수가 성공한 지도자가 되는 것도 유례가 드물다. 어느 종목이건 최고의 선수가 최고의 감독이 되는 건 낙타가 바늘구멍에 들어가는 것만큼이나 어렵다. 차범근은 지도자로서도 크게 성공했다. 뿐인가. 축구해설자로서도 일등이 됐다. 2002년 월드컵 때 허명이 아니라 발군의 실력으로 대중의 인기를 되찾았다. 차범근의 곁에 최고의 어드바이스 파트너 오은미가 있었기에 가능한 일이었다. 어드바이스 파트너 오은미, 그녀는 아름답다.

살을 맞대고, 자식 낳아 키우며, 허물을 무시로 보고 사는 게 부부다. 그런 부부가 영혼을 나누는 사이라면 감히 뭘 두려워할까. 여자가 남자보다는 더 전략적이다. 볼테르에 따르면, 남자의 이성을 통틀어도 여자의 감상 하나만 못하다. 일자무식이라도 시정이 풍부한 사람이 있고, 세세하게 몰라도 통찰하는 지혜를 가진 사람도 있다. 술 한 잔 못해도 주흥이 도도한 사람이 있고, 바위 하나 못 그리면서 화의(畵意)가 넘치는 사람도 있다. 이런 사람이 바로 아내다.

알려주지 않고 무시하지 말고, 말해주고 의논하라. 여자는 약하다. 그러나 어머니는 강하다. 빅토르 위고의 명언이다. 하나 첨가할 게 있다. 아내는 현명하다. 그 현명함을 여한 없이 활용하라.

02 낸시 레이건
레이건 대통령의 요술 지팡이

좋을까 나쁠까? 안의 아내가 일에서도 파트너라면 과연 어떨까. 사람마다 다를 것이다. 그러나 어쨌든 인생의 동반자가 일의 동료가 되는 것은 축복이다. 매우 드문 행운이다. 클린턴과 힐러리가 그랬고, 레이건과 낸시의 관계가 그랬다.

낸시 레이건은 아내이자 일 파트너이기도 했다. 그녀의 어드바이스에 따라 레이건은 뒤늦게 대통령직에 올랐다. 아마 낸시가 곁에 없었더라면 우리가 알고 있는 레이건은 없을 것이다. 그냥 2류 배우 정도로 기억되다 곧 잊혔을 것이다. 레이건은 바보 온달, 낸시는 평강공주였다. 낸시는 레이건을 지키는 파수꾼이었고, 레이건의 전매특허인 낙천적이고 쾌활한 웃음의 원천이었다. 아내는 요술지팡이였고, 남편은 마법사였다.

레이건의 완벽한 일심동체

1967년 주지사 시절부터 대통령직에서 물러난 1987년, 그리고 그 후로도 최측근으로 남았던 이가 마이클 디버다. 낸시에 대한 그의 첫인상이다.

"내부적으로 낸시에 대한 평가는 그리 좋지 않았다. 그녀를 담당했던 많은 사람들은 그녀가 요구 사항이 많고 지속적인 관심을 요구하는 완고한 정치인의 아내라고 알려 주었다. 별로 놀라운 짐은 아니지만, 그때 낸시 레이건으로부터 처음 받은 전화는 초창기 내 직장 생활 중 가장 무서운 경험이었다. 전화는 새크라멘토 동쪽에 있는 주지사 관저에서 왔는데, 몇 초 만에 수화기가 내 끈적한 손에서 나온 땀으로 범벅이 될 정도였다.

고맙게도 우리의 대화는 가벼운 농담으로 시작됐다. 그녀의 목소리가 겁먹을 정도는 아니었지만, 그녀는 내가 두 번이나 날씨이야기를 하자 바로 잡담을 끝냈다. 그러고는 사무적인 태도로 바로 돌아가서 자신이 계획하고 있는 LA 여행에 맞추어 주지사의 일정을 조정하라고 요구했다. 나는 그 날은 주 의회가 열리기 때문에 주지사가 주도를 떠나는 것은 잘못된 생각이라고 조언했다. 만약 정말 주지사와 같이 가기를 원한다면 주 의회가 끝날 때쯤으로 그녀의 여행 일정을 조정하는 게 어떻겠느냐고 제안했다.

전화기 저편에서 적막 같은 침묵이 흘렀다. 5초 간의 정적이 반시간처럼 느껴졌다. '아마 당신 말이 옳겠죠.' 우리는 몇 마디를 더 나누고 전화를 끊었다."

낸시는 디버의 조언을 수용했다. 디버는 언론에 자신을 드러내지 않고 조용히 일했다. 그 덕분에 그녀의 시험을 통과했다. 그녀의 눈밖에 나면 누구도 버틸 수 없었다. 디버를 신뢰하게 된 낸시는 그에게 레이건을 잘 다루는 방법까지 친절하게 어드바이스해 주었다. "아니에요. 그 방법은 안 통해요." 그런 다음 낸시는 그 이유를 다정하게 일러주고, 다감하게 설명해줬다.

레이건을 설득하기 위해서는 정치적 이해득실을 잣대로 삼으면 백전백패한다고 했다. 대신에 시민에게 돌아갈 편익이나 손실의 관점에서 이야기하면 대체로 수용한다는 것이다. 이 조언에 잘 따른 디버는 레이건으로부터 거의 절대적인 신뢰를 얻을 수 있었다.

"낸시가 없었다면 레이건은 아직도 빨간색 링컨을 몰고 캘리포니아 해변을 돌아다니며 공화당 여성 클럽 회원들과 얘기를 나누고 있을 것이다."

디버의 말이다.

일심동체란 말은 서유기에서 유래된 것이다. '한 마음 한 뜻' 이라는 뜻이다. 레이건과 낸시는 완벽한 일심동체였다.

"어떤 의미에서 낸시와 나는 한 인간이나 다름없다."

레이건의 고백이다.

하나의 꿈을 함께 완성하다

레이건은 1911년생이다. 낸시는 1921년생이다. 둘 다 배우였다. 둘 다 문제가정 출신이었다. 레이건은 알코올중독자의 아들이었다. 낸시는 친어머니에게 버림받았다. 두 사람은 1949년에 처음 만났다. 당시 레이건은 이혼의 충격에서 채 헤어나지 못한 상태였다.

낸시가 레이건을 만난 것은 매카시즘 때문이었다. 매카시즘의 광풍이 몰아치던 그 때, 낸시와 이름이 같은 이인(異人)이 할리우드 블랙리스트에 포함돼 있었다. 한 번 찍히면 영화판을 떠나야 할 정도로 빨갱이 마녀사냥은 거셌다.

레이건이 영화배우조합의 회장이기에 도움을 받으려 했다. 괜한 오해도 피하고 싶었다. 그게 인연이 됐다. 1952년, 그들은 결혼했다.

"나의 가장 뛰어난 업적은 나와 결혼하도록 아내를 설득한 능력이다."

처칠의 말이다. 레이건이 그랬다.

낸시와 결혼하기 전 레이건은 진보주의자였다. 스스로 대책 없는 골수 진보주의자라고 부를 정도였다. 그는 루즈벨트를 존경하는 뉴딜주의자였다. 그런 그가 1962년 공화당원으로 등록했다. 12년 전 캘리포니아 상원선거에서 자신이 반대했던 닉슨이 이제 주지사에 출마하자 그를 지지했다. 왜 이렇게 변할 것일까. 해답은 역시 낸시다.

낸시는 일찍 정치에 눈 뜬 여인이었다. 낸시의 양부는 유명한 신경외과 의사였다. 그는 보수적이었다. 양부를 열렬히 존경하던 낸시였다. 당연히 레이건에게 보수적 가치관을 조언했다. 영화배우조합의 회장으로서 공산주의 색출에 앞장섰던 활동도 레이건의 전향에 영향을 줬다. 또 1954년부터 시작해서 1962년까지 지속한 GE의 대변인 역할도 영향을 끼쳤다. 아무래도 기업의 편을 드는 입장인지라 공화당의 가치에 친숙해 질 수밖에 없었다.

베갯밑공사라 했다. 낸시의 어드바이스가 가장 크게 작용했다. 낸시는 레이건의 정치인생에 불을 붙여주고, 에너지가 되어주었다.

낸시 레이건(좌)과 로널드 레이건(우)

1964년 레이건은 골드워터를 공화당의 대선후보로 선출하는 전당대회에서 전도유망한 정치인으로 데뷔했다. 대단한 성공이었다. 금슬상화, 정치인을 연기하는 레이건과 그를 연출하는 낸시의 역할분담이 빛을 발하기 시작한 것이다. 역시 낙원에서 끌어낸 사람도 여자지만, 그곳으로 다시 데리고 들어갈 수 있는 사람 또한 여자뿐이다.

레이건과 낸시는 하나의 꿈을 꾸고, 그 꿈을 함께 실현해냈다. 1966년 레이건은 캘리포니아 주지사 선거에서 승리했다. 1967년부터 8년간 주지사로 일했다. 1980년 대통령 선거에 도전했다. 공화당 내 경선에서 그는 초반 부진에 빠졌다. 캠프 내 갈등이 원인이었다.

동부 출신의 존 시어스팀과 레이건의 캘리포니아 사단 간에 갈등이 중

폭됐다. 레이건은 동부 지역에 취약했다. 이런 약점을 커버해줄 사람으로 발탁된 사람이 동부의 미디어, 정치인들과 친했던 시어스였다. 그러나 동부 사람들은 자신들이 의사결정을 독점하고자 했다. 레이건과 낸시가 참여한 회의가 열렸다. 이 자리에서 최측근 마이클 디버가 경질됐다. 그러나 레이건은 계속 비틀거렸다. 많은 불행은 망설임과 말하지 않고 내버려둔 일 때문에 생긴다.

해결사 낸시가 나섰다.

"다시 돌아와 주지 않겠어요? 남편은 당신이 필요해요."

낸시가 마이클 디버에게 한 말이다. 그는 수락했다. 이 때 만약 낸시가 나서서 수습하지 않았더라면 레이건은 심각한 곤경에 처했을 것이다. 사실 낸시는 언제나 인사문제에 대해서만큼은 주저 없이 개입했다. 레이건이 누구에게 책임을 물어 벌을 주거나 해고하는 것을 천성적으로 못했기 때문이다. 낸시의 판단에 따라 레이건의 측근들이 결정됐다. 낸시는 어떤 사람이 레이건에게 맞는지, 누가 충성을 다하고 있는지 구분하는 눈을 갖고 있었다.

"만약 그녀가 그때 관여하지 않았더라면, 레이건 혼자서는 미국 대통령이 되지 못했을 것이기 때문에 역사가 이루어지게 된 것은 그녀의 덕택이다. 레이건은 이 사실을 누구보다 잘 알고 있었다."

디버의 평가다.

벽을 부수지 않고 그대로 인정하는 사랑

사람은 모순의 주인이요, 비각의 존재다. 마음 약한 사람이 말을 거칠게 한다. 허물없이 대하는 사람이 가슴에 벽을 쌓고 산다. 레이건이 그랬다. 레이건의 강점은 일대일 접촉이 아니라 다수를 상대하는 것이었다. 적당한 거리를 두는 관계를 좋아했다. 레이건에게는 낸시조차 어쩔 수 없는 벽이 있기 때문이었다. 낸시는 자신이 다른 사람에 비해 비교적 가까이 가기는 했지만 그래도 그 벽을 느낄 때가 많다고 고백했다.

그 벽을 애써 허물려고 하지 않은 낸시의 지혜는 하나의 귀감이다. 벽을 없애려다 자칫 부부관계마저 일그러지는 우를 범하지 않았기 때문이다. 이렇듯 다름을 인정하는 것이 진정한 사랑이다. 어쨌든 레이건에게는 거리가 필요했다. 조금 떨어져서 보면 확신에 찬 모습이었다. 조금 떨어져서 들으면 목소리가 밝고 희망적이었다.

정치인들은 대개 전체적으로 어두운 조명 아래에서 자신에게 스포트라이트가 맞춰지는 걸 좋아한다. 하지만 레이건은 달랐다. 방 안을 환히 밝혀 청중들과 쉽게 교감할 수 있게 했다. 일방적인 강연보다는 청중들이 참여하는 소통을 중시했다. 그는 청중들과 눈 맞추는 걸 좋아했다. 눈은 혀와 마찬가지로 의사표시를 많이 하는데, 사전 없이도 세상 사람들 모두가 이해할 수 있다는 것이 장점이다.

언젠가 닉슨이 연설 전에는 혼자서 조용한 시간을 갖는 게 좋다고 충고했다. 그러나 레이건은 따르지 않았다. 사람들과 어울리면서 편안해지는 게 레이건 스타일이었다. 스타일이 곧 그 사람이다. 논리나 숫자보다는 정서와 유머를 중시하는 레이건이었다. 만사불여튼튼, 대중 앞에서 연설할 때 조명이 환하게 켜져 있는지 마지막까지 확인하는 사람이 낸시였다.

1984년 레이건이 재선에 도전했을 때다. 첫 TV 토론에서 레이건이 졌다. 본색을 잃어버린 결과였다. 수치, 사실, 논리 등을 강조하는 스타일로 승부했기 때문이었다. 사실 정책을 집행했던 현직자의 경우 너나 할 것 없이 이런 전략에 치중하기 마련이다. 그러나 문제는 레이건이 이런 스타일에 어울리지 않는 사람이라는 점이었다.

수호천사 낸시가 또 나서지 않을 수 없었다. 낸시는 어떻게 해야 레이건이 '연기'를 제대로 하는지 알고 있었다. 그냥 편안하게 내버려 둬라. 그냥 청중들의 얼굴을 바라보면서 그들과 눈을 마주치면서 이야기하도록 자유를 줘라. 두 번째 토론에서 레이건은 멋지게 승리했다.

자기 색깔로 승부하는 게 언제나 옳다. 그래야 지더라도 후회가 없는 법이다. 스타일은 오랜 의식적·무의식적 선택의 산물이다. 어설프게 위장해봐야 대개는 금방 들통 나기 마련이다. 식자우환이라고, 아는 게 병이다. 영특한 간지(奸智)가 저지르기 쉬운 바보짓이다. 이런 점에서 낸시의 어드바이스는 적절한 처방이었다.

민주주의 아래 사람들은 어리석은 자가 영리한 자보다 더 정직하다고 아직도 믿고, 정치가들은 이러한 편견을 이용한다. "정치가들은 선천적으로 어리석은 것보다 한층 더 어리석은 척 한다." 러셀의 말이다. 레이건과 낸시는 어리석은 체 할 줄 아는, 타고난 정치인이었다.

냉전 종식의 숨은 주역

레이건은 당시 소련과 대결정책을 구사했다. 덕분에 국방비가 엄청나게 증가했다. 그 소산이 천문학적인 쌍둥이 적자였다. 그러나 어쨌든 대소 강경정책은 레이건의 지론이었다.

"참모들은 그에게 소련과 공존하는 방법을 모색해야 한다고 말했습니다. 그런데 레이건은 아니라고 했어요."

그는 소련에게 과도한 국방비 지출을 강제하도록 함으로써 제풀에 무너지도록 만들겠다고 생각했다. 이런 차원에서 나온 것이 그 이름도 거창한 스타워즈다. 그런데 어느 날 갑자기 화해 무드가 조성됐다. 무슨 일이 있었던 것일까. 비밀은 낸시의 어드바이스에 있었다.

1985년 소련의 지도자로 미하일 고르바초프가 등장했다. 그는 개혁, 개방을 내걸었다. 레이건도 호감을 느꼈다. 낸시는 한 발 앞서 나갔다. 그녀는 소련을 협상테이블에 앉힐 방법을 생각하고 있었다.

"낸시는 이것이 남편의 운명이라고 생각했어요. 1·2차 대전에서 살아남은 그가 냉전의 교착상태를 깨뜨려야 한다고 말이죠."

마이클 디버의 말이다.

낸시는 레이건과 고르바초프가 만나도록 했다. 1985년 11월 제네바에서 드디어 74세의 레이건과 54세의 고르바초프가 만났다. 20분 예정이던 만남은 1시간 15분 동안 계속됐다. 낸시의 노력으로 분위기가 더할 나위 없이 좋았다. 그들은 모스크바와 워싱턴에서 다시 만날 약속을 했다.

1987년 고르바초프가 워싱턴을 방문했고, 1988년 레이건이 모스크바를 방문했다. 모스크바를 방문했을 때, 레이건 부부는 차에서 내려 거리를 활보했다. 환호, 갈채! 모스크바 주민들이 그들 주위에 몰려들었다. 사실 이 이벤트는 경호실의 반대에도 불구하고 낸시가 고집을 피워 관철한 것이었다. 방송을 통해 전해진 이 그림의 효과는 대단했다. 소련 민중에게 화해의 손을 내미는 자유세계의 대통령이란 이미지를 만들어냈다.

대중이란 논리보다는 자기 눈으로 본 것으로 판단한다. 위대한 미국이란 메시지를 생생하게 보여줬다. 낸시의 어드바이스가 만들어낸 걸작이다.

레이건은 천생연분 낸시 때문에 성공했다. 가정에서도 평안을 되찾았고, 정치적으로 성공했다. 낸시의 어드바이스가 없었다면 주지사 레이건, 대통령 레이건도 없었을 것이다. 아내의 조언 덕에 소련을 개혁·개방으로 인도하고, 결국 붕괴의 벼랑으로 이끌었다. 그랬기에 레이건에게 낸시는 모든 것이었다. 그들은 행복한 커플이었다.

퇴임 후 레이건은 알츠하이머병 진단을 받았다. 낸시는 그를 10년 동안 보살폈다. 레이건은 2004년 낸시를 남겨둔 채 먼저 세상을 떠났다.

아침에 창을 열었다
여보! 비가 와요
무심히 빗줄기를 보며 던지던
가벼운 말들이 그립다
오늘은 하늘이 너무 고와요
혼잣말 같은 혼잣말이 아닌
그저 그렇고
아무렇지도 않고 예쁠 것도 없는

사소한 일상용어들을 인아 볼을 대고 싶다

너무 거칠었던 격분

너무 뜨거웠던 적의

우리들 가슴을 누르던 바위 같은

무겁고 치열한 싸움은

녹아 사라지고

가슴을 울렁거리며

입이 근질근질 하고 싶은 말은

작고 하찮은

날씨이야기 식탁 위의 이야기

국이 싱거워요?

밥 더 줘요?

뭐 그런 이야기

발끝에서 타고 올라와

가슴 안에서 꽝 하고 울려오는

삶 속의 돌다리 같은 소중한 말

안고 비비고 입술 대고 싶은

시시하고 말도 아닌 그 말들에게

나보다 먼저 아침밥 한 숟가락 떠먹이고 싶다

신달자의 시 '여보! 비가 와요' 다. 레이건을 떠난 보낸 낸시 마음이 이랬으리라. 내 님과 두런두런 말수작하며, 새록새록 마음수작하며 살아가면 그게 행복 아닌가. 성공은 덤으로 찾아온다. 사랑하는 사람이 곁에 있어주는 존재감보다 더 큰 어드바이스는 없다. 아내보다 남편보다 더 큰 어드바이스 파트너는 그 어디에도 없다.

　남자나 여자의 최대 행복 또는 최악의 재앙은 그의 아내나 남편이다. 그런데 남편이 아내에게 주는 행복보다는 아내가 남편에게 주는 행복이 더 크고 가치 있다. 남편은 집을 만들고 아내는 가정을 만든다. 어머니는 생물학적 남자를 낳고 아내는 그 남자를 사회적 인간으로 만든다.

　아내는 해결사다. 이악스레 달려들어도 도무지 갈피를 잡을 수 없어 아득할 때엔 아내에게 물어보라. 해답을 어드바이스해 줄 것이다. 아내를 얼마나 활용하느냐에 남자의 성공이 달려 있다.

03 소피아
톨스토이의 아내, 애증의 문학 파트너

돌아서면 남이라지만, 부부간의 그 사랑이야말로 행복을 쏟아내는 화수분이다. 그러나 살을 맞대고 살면서도 미워하고, 앙알앙알 몽니를 부리는 사이가 되기도 한다. 내광쓰광, 어근버근. 이쯤 되면 왜 사나 싶다. 톨스토이와 소피아가 그랬다. 톨스토이를 일컫는 호칭은 대문호다. 대문호(大文豪)의 호(豪)가 호걸이고 우두머리다. 여기에다 클 대(大)를 덧붙였으니 얼마나 훌륭한 작가인가.

그는 아내이자 문학적 파트너였던 소피아 때문에 《전쟁과 평화》《안나 카레니나》와 같은 불멸의 작품을 남겼으나, 그 아내 때문에 객사해야 했다. 왜 그랬을까?

225

나이를 뛰어넘은 뜨거운 사랑

소피아는 톨스토이와 1862년에 결혼했다. 백작이던 톨스토이는 34세였고, 소피아는 불과 18세였다. 전형적인 May-December marriage다. 톨스토이의 장인은 그의 친구였다. 소피아는 피아니스트였다. 예술에 관심이 많았다. 문학적으로도 능력이 있어서 16세에 이미 단편소설을 완성하기도 했다.

결혼 당시 톨스토이는 이미 선성이 드높은 유명작가였다. 그는 세세문학사에서 유일무이하게 23살에 자서전을 썼다. 그 정도로 자의식이 강했다. 결혼 전 톨스토이는 하녀와 함께 수년 간 살고 있었다. 자신의 몸종과 결혼했던 하녀였다. 아들도 하나 두었다. 톨스토이는 3년 동안 소피아를 마음에만 담고 있었다. 마침내 용기를 낸 톨스토이는 소피아를 얻기 위해 열렬하게 구애했다.

"사람들이 결코 진정한 사랑에 빠질 수 없다고 믿었던 내가 사랑에 빠졌다."

청혼한지 일주일 만에 결혼식을 올렸다. 결혼생활은 행복했다. 소피아는 자신이 쓴 단편소설을 남편에게 보여줬다. 톨스토이는 감탄했다.

"얼마나 사실적이고 소박한지!"

쓰고 나누고, 그로부터 오랫동안 둘은 공동 작업하는 하나의 팀이었다. 걸작 《전쟁과 평화》《안나 카레니나》가 이때 나왔다.

"이보다 행복할 수는 없다."

톨스토이의 고백이다.

얼마나 행복했는지, 이 기간 13년 동안에는 일기도 쓰지 않았다. 평생 동안 자신을 일기로 기록한 톨스토이인데…. 소피아는 톨스토이의 예술에 귀중한 존재였다. 소피아는 문학적 재능이 뛰어났다. 진실한 아내였다. 남편의 작품에도 관심이 많았다. 문학가의 아내로선 이상형(ideal type)이었다.

"그녀는 남편과 함께 일하면서 그의 종교적 악마, 즉 때때로 예술에 죽음을 불어넣었던 예의 그 무서운 생각으로부터 그를 지키려고 애썼다. 또한 남편의 창조적 재질을 불러일으켰다. 아니 그 이상의 일을 했다. 다시 말해 그녀는 이 천재에게 그녀가 가진 여자의 정신이라는 새로운 보물을 안겨주었다. 톨스토이의 초기 작품에서는 여자가 거의 등장하지 않거나 2차적 배경에 머물러 있었다.

그런데 《부부의 행복》에 이어지는 작품 속에서는 갖가지 타입의 딸이나 아내가 많이 등장하여 남자들보다 더 강렬한 생명을 갖는다. 이 결혼 덕택으로 톨스토이는 10년 내지 15년이라는 오랜 세월 동안 알지 못했던 평온함과 안녕을 맛보았다. 여기서 그는 사랑의 날개에 싸여 오래 전부터 생각하고 있었던 작품, 19세기의 모든 소설을 지배하는 《전쟁과 평화》와 《안나 카레니나》를 조용히 꿈꾸고 실현할 수 있었다."

로맹 롤랑의 기록이다. 톨스토이는 끈기 있게 고치고 또 고치는 퇴고의 작가였다. 2,000페이지에 달하는 엄청난 분량의 서사시인 《전쟁과 평화》는 일곱 차례나 수정됐다. 톨스토이는 끊임없이 다듬고 고치고 바꿨다. 그는 1만 페이지에 달하는 자신의 작품 가운데 단 한 문장이라도 눈에 거슬리거나 형용사 하나라도 잘못 쓴 게 발견되면 견디지 못했다. 단어의 모음 하나를 고치기 위해 모스크바의 식자공에게 원고의 인쇄를 중지하라는 전보를 칠 정도였다.

소설을 옮겨 적고 준보는 역할은 소피아의 몫이었다. 교정은 단순히 오·탈자를 잡아내는 단순노동이 아니다. 플롯을 읽고 흐름을 잡아주고 문장을 다듬는 또 다른 창작이다. 정교한 지적 노동이다. 따라서 톨스토이의 깐깐함은 소피아를 두 배 세 배 힘들게 했을 것이다. 이런 점을 감안하면, 톨스토이의 초기 걸작들에서 톨스토이의 창조적 역량이 차지하는 비중이 더 크기는 하겠지만 그래도 둘의 공동작품이라고 해도 크게 무리는 아니다.

당신이 있고 행복감에 온 몸이 떨리는게 사랑이런가. 소피아와 톨스토이도 사랑으로 하나되고, 문학으로 교감하는 원앙이었다. 피테르 드노프의 〈사랑〉이다.

> 누군가를 사랑하다는 것은
> 그에 대해 한 톨이라도
> 그릇된 생각을 갖지 않는 것이더군요.
> 가장 아름다운 모습을
> 그대로 소중하게 간직하는 것이더군요.
> 나의 삶이 온통 태양을 머금은 나뭇잎처럼
> 반짝이는 것이더군요.
> 내 머리 위에 맴돌던 나비 한 마리,
> 그 사람 어깨 위에 앉는 것이더군요.
> 그리하여 그 사람 없이는 한 순간도

살 수 없는 것이더군요.

그러나…,
아름다운 만큼이나 허망한게 사랑이라
사랑의 한쪽 끝이 희열과 행복이라면, 다른 끝은
절망과 파멸이라

광기가 두려움을 부르다

어느 불행이든 어느 날 갑자기 들이닥친 불청객인 경우는 거의 없다. 서리를 밟고 단단한 얼음에 이른다고 했다. 꽤 오랫동안 곁에 있어온 동거인일 경우 더더욱 그렇다. 톨스토이 부부의 불행도 행복한 시절에 이미 그 싹을 키워가고 있었다. 결혼하기 직전 톨스토이가 자신의 일기를 소피아에게 건넸다. 그의 일기는 소피아에게 충격이었다.

그는 너무 일찍 부모를 여의었다. 젊은 시절 지칠 줄 모르는 호색한, 방탕아였다. 그러면서도 여자를 혐오했다. 어머니의 임무를 완수하고 행실이 단정하거나 존경받을 나이에 이른 경우에만 해롭지 않은 존재로 여겼다. 여자는 욕망을 불러일으켜 남자를 육체의 죄악으로 이끈다고 했다. 일기엔 잔인함도 있었다.

"나는 죽어가는 짐승의 고통에서 진정한 희열을 느낀다."

그의 과거를 들추어보면서 소피아는 하염없이 눈물을 흘렸다. 그녀는 남편의 광기를 두려워했으며, 되도록 육체적인 접촉을 거부했다.

"육체적인 사랑은 구역질이 난다."

톨스토이도 불만을 갖게 됐다. 아내의 불감증에 대해 화를 냈다.

"그녀를 어루만졌다. 그녀의 온몸은 매끄럽고 감촉이 좋았지만, 도자기처럼 차가웠다."

다른 한편으로 톨스토이는 아내가 '어머니' 역할을 해주길 원했다. 하느님은 모든 곳에 존재할 수 없기 때문에 어머니들을 만들었다고 했던가. 두 살에 그 어머니를 여윈 톨스토이였다. 토닥토닥 자상하게 도닥거려 주고 위안이 되는, 자신을 어린아이처럼 사랑해 주고 즐겁게 여겨 주는 누군가를 원했다.

아내에게 '엄마'를 찾으려는 건 아내에게 고문이다. 소피아가 산아제한을 원했지만 톨스토이는 들어주지 않았다. 원하지 않는 성교를 참고 견디는 경우는 창녀들보다 결혼한 여자들에게 더 많다. 그녀는 평생 13명의 아이를 낳아야 했다. 그녀는 피임과 임신중절을 시도했다. 톨스토이는 격분했다. 심한 혐오감을 드러냈다. 톨스토이는 엄마가 모유를 직접 수유해야 한다고 주장했다. 불감증에 화를 내면서도 엄마 같은 아내이기를 원하는 것은 얼마나 이기적인 독선인가.

불행의 조짐은 슬쩍슬쩍 그 모습을 드러내곤 했다.《전쟁과 평화》의 처음 몇 장에 빼꼼이 얼굴을 내밀었다. 거기엔 자기의 정신적 발전을 가로막는 여성에 대한 남성의 환멸이 뚜렷하게 나타나 있다. 소피아가 톨스토이의 둘레에 쳐놓은 사랑과 예술의 매력적인 원 안으로 예의 그 광기가 다시 스며들기 시작한 것이다.

1865년이 되면서 톨스토이의 고뇌는 깊어져갔다. 다시 철학과 교육에

스멀스멀 마음을 빼앗겼다. 1872년 모든 재산을 처분하고 영국으로 가서 살고 싶다는 이야기를 꺼내기도 했다. 그러나 다행히 마음을 고쳐먹고 《안나 카레니나》의 집필에 착수했다. 이 책을 마무리 했을 때 톨스토이의 방황은 최고조에 달했다. 사람은 무엇으로 사는가. 젊은 시절부터 톨스토이는 삶의 목적에 대해 고뇌해왔다. 그 오래 전 괴롭힘이 또 다시 그를 집어삼킨 것이다. 그는 정신적 위기를 겪기에 이르렀다. 이러한 위기는 1879년 절정에 달했다. 그는 자살까지 생각하게 됐다. 일장춘몽! 모든 게 시들해졌다. 허무에서는 아무 것도 창조될 수 없다. 소설은 더 이상 쓰이지 않았다. 남가일몽! "삶이 멈추었고 끔찍했다." 그의 고백이다. 명성은 바람처럼 허망하게 변했고, 예술은 바보놀음으로 전락했다. 츠바이크의 기술이다.

"하룻밤 사이에 모든 것이 의미와 가치를 잃었다. 열심히 일에 몰입해 있던 사람이 갑자기 일하기 싫어지고, 아내가 낯설어지고, 자식들도 자신과 무관하게 느껴졌다. 그는 한밤중에 어수선한 잠자리에서 일어나 몽유병 환자처럼 불안하게 이리저리 서성였다. 낮에는 일에서 손을 떼고 시선을 한곳에 고정시킨 채 멍하니 책상 앞에 앉아 있었다. 한번은 다급하게 계단을 올라가서는 엽총을 장롱 안에 넣어버렸다. 그 총으로 자기 자신을 겨누게 될까 두려웠던 것이다. 이따금씩 너무나 괴로워서 숨이 막힐 것 같았고, 때로는 어두운 방에서 아이처럼 흐느꼈다. 편지가 와도 뜯어보지 않았고, 친구를 집안에 들이지도 않았다. 그는 자기 아들들을 경계하는 눈빛으로 바라보았다. 아내는 갑자기 침울해진 남편을 보고 절망했다."

소피아와 톨스토이가 사실상 남남이 된 것은 1890년 즈음이다. 1890년 간행된 《크로이체르 소나타》에서 톨스토이는 부부간에도 완전히 성적으로 금욕하겠다고 선언했다. 톨스토이는 종교에 귀의했다. 영주이며 백작인 그가 완전히 농부들처럼 살았다. 쟁기를 들고 손수 일했다. 물지게를 매고 물을 퍼 날랐다. 구두창을 직접 만들어 붙였다. 망연자실, 소피아는 절망하고 분개했다. 소피아에게 톨스토이는 이 세상 사람이 아닌 것처럼 보였다.

"이제 남편은 다른 일에는 전혀 흥미가 없는 거예요. 바보스런 일에 힘을 쏟고 있어요. 나는 더 이상 불만을 숨길 수가 없습니다."

앉은벼락에 퉁퉁증이 생겼다. 울화병을 얻었다. 소피아로서는 톨스토이가 가진 지적인 힘이 장작을 패거나 장화를 깁는 일 따위에 소모되는 게 정말 슬펐다. "문학으로 돌아와 달라." 동료 문인 투르게네프까지 나서서 편지로 호소했다. 그러나 톨스토이는 요지부동이었다.

"나는 가족과 같이 있으면 슬픈 기분이 든다. 그들과 감정을 공유할 수 없기 때문이다. 그들이 기뻐하는 모든 것, 학교의 시험, 세상사의 성공, 물건 사들이는 것, 이 모든 것이 내게는 그들의 불행으로, 재앙으로 여겨진다. 그러나 그런 말을 해서는 안 된다. 물론 그런 말을 할 수도 있고 해보기도 하겠지만, 아무도 내 말을 이해하지 못할 것이다."

"그는 계획적으로 조금씩 나의 숨통을 조이고 터럭만큼도 나를 자신의 삶의 일부로 받아들여 주지 않는다. 나는 너무나 화가 난다. 이따금 미칠 듯한 절망감이 엄습해 온다. 그럴 때면 나는 자살을 하거나, 어딘가로 떠나거나, 누군가를 사랑하고 싶어진다. 이 남자와 더 이상 살지 않아도 되면 좋으련만. 내가 그를 너무 이상적으로 여겼을 뿐, 그는 기껏해야 강한 성적 충동에 지배당한 인간이었다는 사실을 이제는 알게 되었음에도 불구하고, 나는 전 생애를 다해 그를 사랑했다. 이제야 나는 두 눈을 떴고, 이미 파괴되어 있는 내 삶이 보인다."

앞의 것은 톨스토이, 뒤의 것은 소피아의 일기다. 극과 극이다. 남편이 종교에 귀의해 자기만의 성채에 웅크리고 있을 때 아내는 시부저기 미쳐 갔다. 톨스토이는 아내의 조언을 절대로 따르지 않았다. 종교에 빠졌을 때 소피아가 말했다.

"전에 당신이 말했지요. 신앙이 없어 불안하다고. 그런데 신앙을 가진 지금에도 당신은 왜 행복하지 않은 거죠?"

아내 소피아의 조언은 신앙도 생겼으니 행복한 마음으로 작품활동에 전념하라는 것이었다. 소피아는 창작이 톨스토이에게 주어진 숙명이라고 봤다. 그러나 톨스토이는 오히려 더 나갔다. 예술을 경시했다. 매도하고 경멸했다. 베토벤을 '관능적 감각으로 유혹하는 자'로 불렀다. 셰익스피어의 희곡을 '두말할 것도 없이 엉터리'라고 규정했다. 니체의 작품을 '쓸데없이 목청만 높인 조잡한 잡담'으로 깎아내렸다. 기독교 교의를 위반하고 있다며 교회를 비판했다. 국가는 폭력이라며 규탄했다. 사유재산을 부정했다. 그는 사유재산이 모든 악, 모든 고통의 뿌리라고 했다.

"재산은 분뇨와 같다. 그것이 축적되어 있을 때는 악취를 풍기지만, 뿌려졌을 때는 흙을 기름지게 한다."

그는 계속 늘어나는 자기 재산을 포기하려 했다.

"아아. 돈! 돈! 돈! 이 돈 때문에 얼마나 많은 슬픔이 이 세상에 일고 나고 있는가."

파멸을 부른 미치광이의 삶

이쯤에서 소피아도 스스로를 돌봤으면 어땠을까. 자기 소설을 쓰는 것도 한 방법이었을 것이다. 사랑은 일에 굴복하기 때문이다. 사랑에서 벗어나고 싶다면 시간을 바쁘게 보내는 것이 최고다. 신경숙의 권유다. 소설 《깊은 슬픔》의 한 꼭지다.

"너는 너 이외의 다른 것에 닿으려고 하지 말아라. 오로지 너에게로 가는 길에 길을 내렴. 큰 길로 못가면 작은 길로, 그것도 안 되면 그 밑으로라도 가서 너를 믿고 살거라. 누군가를 사랑한다 해도 그가 떠나기를 원하면 손을 놓아주렴. 떠났다가 다시 돌아오는 것, 그것을 받아들여. 돌아오지 않으면 그건 처음부터 너의 것이 아니었다고 잊어버리며 살거라."

그러나 소피아는 그럴 수 없었다. 오로지 톨스토이를 생각하는 것 외에는 다른 것을 할 수가 없었다. 위대한 작가 톨스토이, 그의 숭고한 이상을 사치스런 아내가 이해하지 못한 것인가. 분명 그런 측면도 있다. 그러나 애당초 톨스토이는 혼자인 사람이었다. 또 톨스토이의 사전에는 '적당히'란 게 없었다. 무엇이든 한 번 빠지면 극한까지 밀어붙였다. 그런 그가 아내를 설득하는 데 시간을 할애하고, 아내의 어드바이스를 들어가면서 호흡을 조절하기란 불가능했다. 사실 톨스토이의 여성관, 아내관은 문제가 많았다.

"아내란 골치 아픈 존재지만 아내가 아닌 다른 여자는 더욱 골치 아픈 존재다."

이런 말도 했다.

"평생 동안 한 사람을 사랑할 수 있다고 말하는 것은 초 한 자루가 평생 동안 탈 것이라고 말하는 것과 같다."

《크로이체르 소나타》에서 여성은 '비루먹은 암캐'나 '쥐'로 그려졌다. 게다가 그 소설은 한 남자가 방탕과 문란에 빠진 아내를 살해하는 이야기였다. 그 소설을 옮겨 적는 소피아에게 그것은 아내를 파문하겠다는 톨스토이의 절교장이나 다름없었다.

톨스토이에게 훌륭한 아내란 남편의 두 눈을 통해 모든 것을 볼 때까지 자신의 능력과 생각을 모두 쏟아 부어 맞춰 나가는 것을 뜻했다. 톨스토이는 아예 사람이 사는 데 살을 섞을 여자와 이성적인 관계를 나눌 여자가 따로 필요하다고 생각했다. 이런 점에 더해 톨스토이의 광기, 한 번 빠지면 정신을 못 차리는 그 광기와 인간적 우월주의 등이 소피아를 무참스럽게 했을 것이다.

내 모든 것을 희생하고, 내 평생을 바친 천재가 나를 무시한다. 재산을 헌납하려 한다. 엉뚱한 일에 몰두하고 창작은 뒷전이다. 교회, 국가와 싸운다. 과연 누가 참아낼 수 있을까.

톨스토이는 아내와의 소통을 단절했다. 소피아가 더 이상 자신의 작품을 정서하는 역할도 하지 못하도록 막았다. 그것이 소피아를 심하게 덧들였다. 문학적 파트너십까지 사라지고…, 이제 끝이었다. 우울증은 깊어졌고 증오는 더해졌다. 소피아는 여러 차례 자살을 시도했다.

"다른 사람들은 최소한의 생필품조차 없는 판에 나는 하인들에게 둘러싸여 네 코스로 된 점심식사를 하고, 은그릇에다가 갖가지 호사를 누리고 있다. 나는 이런 식으로 계속 살아갈 수 없고, 또 그렇게 살고 싶지도 않다. 가족들이 나의 이런 미움을 이해해준다면 얼마나 좋을까. 가족들 모두 내가 그들의 희생을 갈망하고 있다는 것을 알고 있다. 신의 뜻에 따라 평등하게 되기를 원하는 인간에게는 치욕스러운 죄악인 사치를 그만두는 희생, 그 한 가지 희생만을 내가 그들에게 바란다는 것을 그들 모두 알고 있다. 그러나 침대와 인생을 함께 나누듯 생각도 함께 나누어야 할 아내는 이런 내 생각을 전혀 받아들이지 않는다. 그녀는 내 목을 홈에 넣고 조르는 맷돌이고, 나를 잘못된 사람으로 끌어내림으로써 내 양심을 짓누르는 부담스런 존재다. 나는 그녀와 나를 묶고 있는 올가미를 오래 전에 끊어버렸어야 했다. 내가 가족들과 무슨 상관이 있는가? 그들은 내 인생에 방해가 되고, 나는 그들의 인생에 방해가 된다. 나는 이 집에서 쓸모없는 존재다. 내 자신에게도, 그들 모두에게 나는 짐일 뿐이다."

소피아는 마음의 평안을 얻고 싶어 하고, 다정한 말, 다감한 눈빛과 사랑의 손길을 갈구했다. 그러나 톨스토이는 자기만의 성에 스스로를 가둬 두고 아무도 접근하지 못하게 했다. 사랑은 인간의 유일한 이성적 행위라고 한 톨스토이, 결혼을 신성하게 만드는 것은 오직 사랑뿐이라고 했던 톨스토이인데….

톨스토이는 여든두 살에 아내로부터 탈출했다. 세 번째 시도 만에 성공한 것이다. 1910년이다. 그 해에 소천(召天)했다.

"오직 혼자서만 신에게 가까이 갈 수 있다."

그의 말이다. 평생을 반려한 한 여인에게 치욕을 남긴 톨스토이, 이 대문호가 감히 용서되지 않는다. 바이런의 독설대로 남자의 삶에 있어서 그리 대단치 않지만, 여자에게는 일생 그 자체인 것이 사랑이라면 그건 불공평하다.

"세상에서 제일 중요한 때는 바로 지금입니다. 사람이 지배하고 사용할 수 있는 시간은 바로 지금 뿐이기 때문입니다. 그리고 제일 중요한 존재는 자신이 지금 대하고 있는 바로 그 사람이지요. 마지막으로 제일 중요한 일은 지금 대하고 있는 바로 그 사람에게 정성을 다하여 사랑을 베푸는 것입니다."

톨스토이의 소설 《세 가지 의문》에 나오는 말이다. 그러나 그의 삶은 소설과 달랐다. 그래서 작가 톨스토이가 위대한 만큼 인간 톨스토이를 미워해야 한다. 또 그만큼 소피아를 연민하고 동정해야 한다.

가정의 행복, 부부간의 사랑은 한 인간이 평생을 걸고 추구할만한 가치다. 그 어떤 철학보다 못하지 않다. 상대를 조언의 파트너로 인정치 않더라도, 무시하고 냉대하는 것은 인격살인이다. 그에게 흠이 있으면 내게도 결함이 있기 마련이다. 그가 미울 때가 있으면 그도 싫어할 때가 있다. 역지사지하면 이해 못할 것이 없다. 내 여자, 내 남자에게 잘해야 한다.

• 여자는 약하다. 어머니는 강하다. 아내는 현명하다.

• 살을 맞대고 산다고 다 부부가 아니다. 영혼을 나누고 마음을 터놓는 사이가 부부다. 대화하라. 그것이 교감과 상통의 유일한 길이다.

• 바로 곁에 두고서도 제대로 활용하지 못하는 최고의 어드바이스 파트너가 부(婦)요, 부(夫)다. 지금 내 남자, 내 여자에게 어드바이스를 청하라.

• 스타일이 곧 그 사람이다. 자기 스타일에 맞추라고 강요하지 마라. 차이를 인정해 주는 것이 사랑이다.

• 불행하고 싶거든 지금 당장 아내를 무시하라. 삶은 멈추고, 생이 비틀거릴 것이다.

7

어드바이스 파트너

비운과 불행이
싹트지 않게 하라

왠지 불안하다. 그런대로 잘하고 있다고 자신하지만 어쩐지 개운치가 않다. 왜 그럴까. 내 생각이나 아이디어를 걸러줄 사람이 없기 때문이다. 이야기하고 나면 생각이 더 정리되고, 아이디어가 더 구체화될 것 같은 사람이 곁에 있으면 좋겠다. 내 주장의 약점을 야멸치게 파고들어 나를 더욱 강하게 해줄 사람 말이다. 그의 지적이 두려워서라도 더 조심하고 노력하게 될 것 같은데….

나의 지식이 독한 회의(懷疑)를
구하지 못하고
내 또한 삶의 애증을 다 집지지 못하여
병든 나무처럼 생명이 부대낄 때
저 머나먼 아라비아의
사막으로 나는 가자
거기는 한 번 뜬 백일(白日)이
불사신같이 작열하고
일체가 모래 속에 사멸한
영겁(永劫)의 허적(虛寂)에
오직 알라의 신만이
밤마다 고민하고 방황하는
열사의 끝
그 열렬한 고독 가운데
옷자락을 나부끼며 호올로 서면
운명처럼 반드시
'나'와 대면케 될지니
하여 '나'란 나의 생명이란

그 원시의 본연한 자태를
다시 배우지 못하거든
차라리 나는 어느 사구에
회한없는 백골을 쪼이리라

　사랑함으로써 진정 행복했다던 이, 그 유치환이 쓴 시다. '생명의 서(書)', 목숨 건 맹세다. 오랜 다짐으로, 거친 때림으로 다가온다. 좋다. 회의가 있고 반대가 있어야 나아진다. 하나의 주장만 있고 반론이 없으면 그건 위험하다. 병든 나무처럼 부대끼게 된다. 나를, 나의 주장을 사막의 작열하는 백일과 허적 아래 그대로 벌거벗겨 놓아야 한다. 검증의 과정이다. 회의가 있어야 진정한 '나' 와 운명처럼 대면할 수 있다. 특히, 다른 생각, 다른 입장을 가진 조언을 들어야 한다. 귀에 거슬리고 마음에 걸려도 들어야 한다. 대거리하기 싫다고 충언을 멀리하면 나만 손해다. 반대되는 것들이 없다면 전진도 없다.

　내 생각에 동의해 주는 조언도 필요하다. 내 주장이 틀리지 않았음을 응원해주기 때문에 힘이 된다. 그러나 내게 동의해주는 조언만 구하는 건 해롭다. 엎드려 절을 해서라도 나와 다른 생각을 들어야 한다.

　내 주위에 예스맨만 있다면 그건 정말 위험천만이다. 누가 됐든 한 사람이 언제나 옳을 순 없다. 가끔 남의 충고를 들을 필요가 없을 만큼 완전한 사람은 그 어디에도 없다. 따라서 제어하고, 견제하고, 반대하는 어드바이스가 있어야 한다. 내가 틀렸다는 말을 누군들 듣고 싶으랴. 그러나 들어야 한다. 귀에 거슬리는 소리일수록 더 많이 생각하고, 더 깊이 비량하라. 또 조언해주는 사람도 듣는 사람에게 듣고 싶은 말만 해선 안 된다. 교언이나 엉너리는 이따금 필요한 처세일 뿐이다. 소신껏 어드바이스 해야 한다.

　직언하고, 바른 길로 안내해도 듣지 않으면 말짱 도루묵이다. 임금이 피난

갔다 배고파서 맛있게 먹었으나 대궐로 돌아가서는 젓가락도 대지 않았다는 게 '도루묵(還目魚)'이다. 이 도루묵처럼 첨엔 열심히 듣다가 나중에는 듣기는 커녕 미워하는 어드바이스 파트너십이 흔치 않다.

아무리 옳은 소리를 해도 도통 들어주지 않아 함께 불행해지는 파트너십도 흔하다. 보스에게 알랑거리며 그의 편견과 착각을 강화시켜 줌으로써 실패로 끝나게 되는 파트너십도 심심찮게 있다. 모두 다 불행을 만들어내는 파트너십이다.

01 **조광조**
중종과 나눈 애증의 변주곡

정암 조광조는 국왕에게 소신대로 내지른 사람이다. 염우에다 염치까지 갖춘 '꼿꼿 정암', 그는 직언의 대명사다. 불꽃처럼 살다가 홀연히 사라진 염아한 선비였다. 한 시대를 경영하는 개혁가 혹은 전략가로서의 면모는 사실 이름에 못 미친다. 그것도 훨씬 못 미친다. 율곡 이이의 평가다.

"조광조는 현철한 자질과 경세제민의 재능을 가졌으나, 학문이 채 대성하기 전에 너무 급하게 요직에 올라 위로는 임금의 마음을 잡지 못하고 아래로는 훈구파의 비방을 막지 못했다. 한번 참소하는 입들이 벌어지자 몸이 죽고 나라가 어지러워져 도리어 뒷사람들로 하여금 이것을 징계 삼아 감히 일을 해보지 못하게 만들었다."

데데한 데 집착하고, 섣부르게 대응하다 결국 그 데미지가 후세에까지 미쳤다는 것이다. 맞는 말이다. 급하게 달리면 넘어진다. 본인도 이런 사실을 알고 있었다.

"개혁을 급속도로 서두르는 것은 병을 고치려고 독약을 마시는 것과 같아서 몸만 심하게 해친다."

이런 그가 왜 그렇게 성급했고, 선후를 두량하지 못했는지. 조광조가 죽은 지 50년이 지나서야 사림파는 비로소 집권할 수 있었다. 그러나 조광조의 직언만큼은 후세에 값진 교훈이 됐다. 조언함에 있어 정직해야 한다는 어드바이스를 남긴 것이다. 그는 죽었지만, 그를 사숙한 선비들이 조선을 지탱했다. 그것만으로도 그는 충분히 위대하다.

타협과 비 타협한 사림의 반골

조광조는 소위 사림파라 불리는 정치세력의 적자다. 사림파는 여말선초 권력투쟁에서 패배한 정몽주-길재를 숭상했다. 세조의 왕위찬탈에 분개해 낙향한 김숙자를 아버지로 둔 김종직에 의해 하나의 세력으로 만들어졌다. 키가 유난히 작았다고 하는 김종직은 주로 지방관을 역임했다. 함양군수, 선산부사를 지냈다. 의도적으로 지방을 선택해 제자들을 많이 길러냈다. 그래서 사림파의 종주가 됐다. 김종직의 제자 김굉필은 40세 나이에 뒤늦게 출사했다. 권력투쟁에 밀려 유배당했다가 사약을 마시고 죽었다. 50세 때다. 그가 유배시절 사승의 연을 맺은 이가 조광조다.

성리학을 신봉하던 선비들이 사화로 인해 대거 화를 입자 사대부들이

성리학을 꺼리던 때, 조광조는 성리학에 빠져들었다. 반골이었다. 그래서 사람들은 그를 화를 안고 있는 인물, 화태(禍胎)라 불렀다. 조광조의 인생을 보니 그는 과연 화태였다. 세상 사람들의 눈이 이처럼 무섭다.

조광조는 중중 때 정치에 발을 들여 놓았다. 중종은 반정으로 왕위에 올랐다. 물려받은 게 아니라 추대·옹립된 것이다. 때문에 공신들의 위세에 눌려 지내야 했다. 역시 공짜는 없다. 다행히 박원종, 성희안, 유순정 등 반정 3대장이 중종 집권 8년 만에 다 불귀의 객이 됐다. 숨통이 조금 트였다.

중종은 반정 공신들에 대항할 수 있는 친위세력을 갈망했다. 사림파가 파고들 빈틈이었다. 마침 쫓겨난 왕비 신씨의 왕비자리 복귀를 둘러싼 갈등이 불거졌다. 반정 직후 중종의 첫 부인 신씨는 공신들에 의해 왕비자리에서 쫓겨났었다. 연산군의 처남이던 신씨 부친이 박원종의 반정제의를 거절하자 반정세력은 그를 살해해 버렸다.

기세등등했던 공신들이 그 딸을 용납할리 만무했다. 이것이 이유였다. 모두 굴종했다. 굴종이 있으면 기개도 있기 마련이다. 앙정불정, 어떤 일을 해내기 위해 이를 악물고 기를 쓰는 모양이다. 사림파인 담양부사와 순창군수가 앙정불정 공동으로 이 신씨를 다시 왕비로 되돌리자고 상소했다. 앙앙불락, 매우 마음에 차지 않아 못마땅한 것이다. 반정공신들은 앙앙불락 벌떼 같이 일어났다. 사헌부와 사간원도 이들 편을 들었다.

상소가 제출된 해는 1515년, 중종 10년 8월 8일이다. 그해 8월 22일에 조광조는 알성문과에 급제했다. 11월 사간원 정언에 임명됐다. 이틀 후 그는 대담하게도 그 논쟁에 불쑥 뛰어들었다. 평소 예바르던 그였기에 의

외였다. 언로를 열어야 할 대간(사헌부·사간원)이 되레 언로를 막고 있다고 직공을 퍼부었다. 왕이 상소를 내라는 명에 따라 제출한 상소다. 그런데 그 내용을 문제 삼아 그 당사자를 처벌해야 한다고 말한다. 이런 자들과 같이 근무할 수 없다. 그는 대간의 전원 파직을 요구했다. 이미 상소한 자들이 귀양 간 것으로 일단락된 사건을 재론한 터라 중종이 어르고 달랬으나 조광조는 부득부득 막무가내였다.

"어찌 구차스럽게 그런 사람들과 함께 대간에 있겠습니까."

옹골찬 배짱이다. 누구나 성격이 그 운명을 만든다고 했다. 가차는 임시로 빌리는 것이다. 그것도 허용치 않는 것이 가차 없다는 말이다. 사정을 봐주지 않는다는 뜻이다. 조광조의 공격이야말로 바로 그 가차가 손톱만큼도 없었다. 허, 이놈 보게. 중종은 지르퉁한 채 혀를 찼다.

"조광조 한 사람의 말 때문에 (모든 관료들이) 서로 대립하니 매우 놀랍다. 어찌하여 조정에 이 같은 변고가 있는가?"

논쟁은 끊이지 않았다. 대소신료들의 의견도 분분했다. 이듬해까지 논란은 이어졌다. 희망 없이는 두려움이, 두려움 없이는 희망이 있을 수 없는 법이다. 조광조도 두려웠을 것이다. 그러나 정의가 득세하는 세상에 대한 희망을 접을 수는 없었다. 변화는 누군가의 두려운 도전에서 비롯되기 마련이다.

마침내 대간은 모두 교체됐다. 조광조는 종6품 홍문관 부수찬, 정6품 수찬을 거쳐 5월에 경연 검토관이 됐다. 경연은 왕에게 유학의 경서(經書)와 사서(史書)를 강론하는 것을 말한다. 같은 해 11월 처음 상소를 냈던 두 사람도 관직에 복귀했다. 조광조의 완승이었다. 한 번 입장을 정하면 거침없이 돌진하는 외곬노선의 승리였다.

그에게 좌고우면은 없었다. 타협은 없었다. 그에게 있어 타협은 인간의 의무와 비겁한 자의 두려움 사이의 수치스런 휴전에 불과했다. 이때부터 조광조의 짧지만 화려했던 4년의 불꽃놀이가 시작됐다.

성급했던 참모, 멍청했던 리더

중종 11년, 조광조는 기신재의 혁파를 주장하고 나섰다. 기신재는 고려 시절부터 시행되어온 궁중의 불교행사다. 기신재는 왕비와 후궁들이 훈구파와 결탁하는 매개였다. 성리학적 관점에서 불교행사가 못마땅하기도 했지만, 조광조는 이런 점도 정치적으로 고려했을 것이다.

어떤 변화든 익숙한 현실을 바꾸는 것이기에 저항이 있기 마련이다. 따라서 다수의 마음을 얻는 게 요체다. 이런 점에서 먹고사는 문제부터 손대는 게 현명하다. 그런데 기신재 혁파는 민생과제가 아니었다. 생뚱맞은 노출이었다. 그것은 정신혁명을 원하는 조광조의 신념이 표출된 것이었다. 육체뿐만 아니라 정신도 꼴불견인 노출이 있다고 했던가. 이때의 조광조가 그랬다. 갑자기 벌어진 뜻밖의 일이 엉뚱하고 터무니 없는 모양을 생게망게라고 하던가. 조광조의 고집이 그랬다. 중종도 기가 찼다.

중종 12년, 조광조는 2월 종5품, 7월 정5품을 거쳐 8월에 종3품이 됐다. 6개월 사이에 세 단계나 뛴 것이다. 이 해에 조광조는 정몽주를 문묘에 배향토록 했다. 이는 조선왕조의 이념적 지향을 분명히 하는 조치였다. 조선 개국 후 정착된 기득권세력과 결사항전 하겠다는 출사표나 다름없었다. 공존불허의 도전장이었다. 뒷배도 없이…, 성급하다는 느낌을 지울 수 없다.

중종 13년 1월, 종3품 홍문관 부제학에 올랐다. 그 해 3월에 조광조는 현량과 실시를 주장하고 나섰다. 시험이 아니라 추천에 의해 사람을 뽑자는 것이다. 초야의 나이 어린 인재들을 하위직에 등용하자는 게 아니었다. 학문적 능력과 덕성 그리고 상당한 자격을 갖춘 사람을 특별히 발탁해 당장 고위직이나 요직에 앉히자는 의미였다. 이는 재야나 하위직에 있는 사림파 선비들에게 특혜를 주자는 것이었다.

사실 과거제는 이미 죽은 제도였다. 훈구파가 자신의 친척이나 지인들을 진출시키는 통로에 불과했다. 이런 형편이라 중종도 조광조의 의견에 동의했다. 자신에게 충성하는 직계세력이 필요한 터였다. 조정 내 반대도 만만치 않았으나, 조광조와 중종은 돌파했다. 중종 14년 4월 조선왕조에서 처음이자 마지막으로 현량과가 실시됐다. 120명이 천거됐고, 그 중에서 28명을 뽑았다. 조광조로선 계보를 확충한 쾌거였다.

같은 해 8월, 조광조는 소격서의 폐지를 주장했다. 소격서는 나라에 천재지변이 있을 때 일월성신에게 제사를 드리는 곳이다. 별로 대단한 기구가 아니었다. 도교적 성격을 띠고 있으니 혁파해야 한다는 게 조광조의 논리였다. '이단에 현혹되지 말고, 궤설에 빠지지 말라.' 성리학 이념에 충실할 것을 요구한 것이다. 이 또한 생뚱맞았다. 아니 이 자식이 또…. 중종은 한사코 반대했다. 중종에게는 성리학이 아니라 왕권 강화가 중요했다. 조광조가 성리학이냐 이단이냐를 강박했고, 중종이 그 강박을 거부했다.

조광조는 집요하게 매달렸다. 조광조의 주도 아래 전 조정이 한 목소리로 혁파를 주장했다. 중종은 마지못해 수용했다. 그러나 이 사건을 계기로 조광조와 중종은 섬서해졌다. 조언을 주고 신뢰로 보답하는 파트너십은 거의 사라졌다.

중종은 조광조의 어드바이스에 흔쾌히 따랐어야 했다. 그의 조언에 따르면서 공신세력을 제대로 견제했더라면, 힘없는 군주로 왕노릇을 마감하지는 않았을 것이다. 정치력이 부족했다. 그에게는 조광조의 조언을 활용해서 왕권을 강화시키면서도 사람파를 적당히 제어하는 권력 마인드가 없었다. 미욱하기 짝이 없었다.

조광조는 조광조대로 왕의 입지를 넓혀주는 쪽으로 움직였어야 했다. '논리로만 가득 찬 정신은 칼날만 있는 칼이다. 그것을 사용하는 손은 피를 흘린다.' 타고르의 이 말은 마치 조광조를 두고 하는 말 같다. 조광조는 '안 된다' 는 중종의 조언을 수용해 한 발 물러서야 했다. 아직은 신뢰를 돈독히 하는 것이 개혁 성패에 더 중요한 시점이었다. 기반이 약한 그들이 기댈 데라곤 왕밖에 없었기 때문이다. 공자도 지나치게 충고하여 원한을 사지 말라고 했다. 그런데도 조광조는 변모없이 압박하기만 했다. 스스로 정한 최종적 입장에서 한 걸음도 물러서지 않았다. '최종적인 것' 은 정치 용어가 아니다. 조광조는 정치하지 않고 심판하려 했다.

조광조와 중종의 심리적 결별은 호시탐탐 기회를 엿보던 공신세력에겐 뜻밖의 어부지리였다. 중종은 멍청했고, 조광조는 성급했다. 어떻게 이처럼 앞갈망이 없을 수 있나.

완급을 조절하지 못했던 비운의 개혁가

연이은 승리로 조광조는 조정의 리더가 됐다. 실(實)에 맞는 명(名)이 주어지는 건 당연했다. 소격서가 폐지되고 2개월 후인 중종 13년 11월, 조광조는 종2품인 사헌부 대사헌이 됐다. 관직에 발을 들여 놓은 지 2년 7개월 만에 이뤄진 초고속 승진이었다. 그 때 나이 36세였다.

백성들 사이에 조광조의 인기는 아주 높았다.

"조광조가 대사헌이 되어 법을 공평하게 행사하니, 사람들이 모두 감복해서 그가 거리에 나갈 때면 매양 사람들이 그가 탄 말 앞에 늘어서서 '우리 상전 오셨다' 라고 하는 정도에 까지 이르렀다."

율곡 이이의 기록이다.

질투는 나의 힘! 임금이 샘을 낼만했다. 사랑이 눈을 멀게 한다지만, 질투야 말로 아주 완벽하게 눈을 멀게 한다. 또 인기의 이유가 민생이 아니라는 점도 마음에 걸린다.

중종 14년 10월, 대사헌 조광조는 위훈 삭제를 요구하고 나섰다. 중종 반정의 공신록을 전면 개정하자는 것이었다. 연산군을 내쫓고 중종을 즉위시킨 대가로 공신으로 책봉된 자들 중에서 아무런 공이 없는 자도 포함돼 있다. 가려내 공신 작위를 박탈하자. 이런 주장이었다. 공신 책봉 과정에서 뇌물이 오가는 등 문제가 많았고, 공신의 수도 너무 많았기에 타당한 주장이었다. 문제는 때 이른 전면전이었다는 점이다. 이것은 공신세력과 둘 중에 하나는 죽고 하나만 사는 생사드잡이를 하자는 것이었다. 그럴 정도의 기반이 있었는지….

중종은 반대했다. 니가 왕이냐. 정암은 사직서로 맞섰다. 그럼, 혼자 해 보시든지. 결국 조광조가 또 이겼다. 왕으로선 굴욕이었다. 둘이 싸울 때 가 아닌데…. 전체 공신 117명 중 76명의 녹훈을 삭제했다.

그로부터 4일 뒤인 11월 15일에 조광조는 체포됐다. 졸지에 가량없이 당했다. 역시 과유불급은 도덕적 당부가 아니라 전략적 명제다. 불꽃놀이 가 그렇듯 그도 순식간에 사그라졌다.

"하늘이 그의 이상을 실행하지 못하게 하면서도 어찌 그와 같은 사람 을 내었을까."

이이의 탄식이다.

"클레오파트라의 코가 조금만 낮았더라면 세계의 역사가 달라졌을 것 이다." 파스칼의 말이다. 꼬장꼬장 바자윈 조광조가 무릎 꿇는 굽힘을 알 았더라면 우리 역사가 달라졌을 것이다. 후인의 아쉬움이다. 미당 서정주 가 쓴 '정암 조광조론'이란 게 있다.

정암 조광조가 갓 젊은 나그넷길에서 어느 집에 한동안 묵으려 했을 때, 그 집 시악씨가 한눈에 반해 홰를 치고 바짝거려오고 있었던 걸로 보면, 조광조는 생 김새도 아주 잘생긴 미남자이기도 했던 모양이다. 그러나 광조는 그 여인의 추 파를 받아들이질 않고, 냉큼 딴집을 찾아 옮겨 가려고만 하고 있었다.

여자가 마지막 작정으로 그 머리에 꽂은 비녀를 빼 광조에게 주었을 때, 광조 는 그걸 위선 받아 가지고 가긴 했지만, 이내 되돌아와서 그 비녀를 그 여자의 집 한쪽 벽 틈에다 꽂아 놓고 물러가 버렸다. 어땠을까?

광조가 그 때 그 여자의 추파를 받아들여 한때 히히덕거리며 즐길 수도 있는 사람이었더라면, 그의 서른여덟 살 때의 그 음독사형 같은 건 면할 수 있지 안 했

을까? 적당히 그때그때를 끌끌끌끌 히히덕거리면서 부모처자 안 울리고 살아남
아 있었을 것이다.

언즉시야(言則是也), 맞는 말이다. 그늘 없이 어찌 양지가 있을쏜가. 허
점 없는 사람이 어떻게 전략을 알고, 경세를 이해하랴. 허점이 있어야 발
전이 있다. 무릇 아름다움에 결함이 없으면 그 자체가 결함이다. 그는 너
무 결백했다. 그래서 실패했다.

모든 진정한 개혁가의 성격은 절반은 망치와 같고 절반은 모루와 같다
는 말이 있다. 때리는 것만이 아니라 때림을 당하는 것도 있어야 한다는
말이다. 급(急)이 있으면 완(緩)도 있고, 진(進)이 있으면 퇴(退)도 있다는
것이다. 그러나 조광조는 100% 망치였다. 그 결과 실패를 넘어 반동마저
초래했다. 그의 조언을 담아내기엔 중종의 그릇이 작았다. '간종지' 중종
을 잘 달래서 개혁을 마무리하기엔 '버럭' 조광조의 마음이 너무 올곧
았다.

그의 실패는 후세에 깊은 골을 남겼다. 개혁은 실패하는 것이고, 실패
한 개혁가에게 속절없이 연민을 느끼는 정서가 생겨난 것이다. 심지어 개
혁은 실패해야 멋있는 게 됐다. 아무 것도 못 바꾸고 끄트머리에서 꿈지
락거리다 만 홍길동이나 임꺽정이 사랑을 받았다. 이런 정서가 얼마나 오
랫동안 우리 민족을 괴롭혔던가.

이건 잘못된 스탠스다. 실패한 큰 뜻보다 성공한 작은 개혁이 더 귀한
것이다. 그래서 조광조보다는 김육이다. 마찬가지로 얼마나 선명하냐보
다 어떻게 해서든 성공시키는 조언이 더 소중하다. 하고 싶은 말 하는 자

족보다 두루두루 살피고, 이것저것 고려하고 참아가면서 풀어가는 경륜이 훨씬 값진 것이다. 그래야만 어드바이스 파트너십이 형성되는 것이다.

0.1%의 속기(俗氣)도 없이 바른 말만 하는 사람은 너무 가까이 하면 안 된다. 어지간한 도량이 아니면 서로에게 화가 된다. 청렴하고 결백한 것은 훌륭한 경지이나, 지나치게 거기에 집착하면 남을 구제하지도 일을 돕지도 못 한다.

무리한 조언은 모두에게 도움이 되지 않는다. 조언에도 푸접이 있어야 한다. 원칙 운운하며 자세를 곧추세우는 사람에게는 아무도 다가가지 않는다. 지나치게 현명하지 않은 사람이 현자다. 일을 되게 하고, 사람은 살리는 서비스가 조언이다. 그렇지 않은 것은 디서비스(disservice)다.

무능한 리어에게 바친 충언의 슬픈 연가

한 인간이 살아가는 모습은 크게 다르지 않다. 대저택을 갖고, 고위직을 누리고, 다재다능을 즐기는 사람도 있기는 하다. 비싼 집, 좋은 차, 예쁜 여자 등 가질 건 다 가진 사람도 있다. 허나 그렇다고 해서 그들이 더 행복한 것은 아니다. 캐비어 먹는 사람의 만족이 순대국 먹는 사람의 그것보다 크다고 할 수 없다.

가진 게 많으면 걱정도 많다. 논다니 끼고 질탕하고 노는 것보다 이웃과 함께 삼겹살에 소주 한 잔 마시는 행복이 낫다. 그들은 함께 어울리며 웃고 떠들고 농하는 즐거움, 소박한 어울림의 맛을 모를 것이다. 왕처럼 누리고 살다보면 가식에 익숙해지고, '처음처럼'을 잊게 된다. 욕심 때문에, 치정 때문에 소중한 것을 외면하게 된다. 벽을 쌓게 된다. 남들이 못

들어오게 쌓았지만 결국 자신도 그 벽 때문에 못 나온다. 결국 불행해진다. 셰익스피어가 그런 교훈을 주기 위해 비극을 썼다.

왕관 쓴 머저리

셰익스피어의 비극 《리어왕》은 읽으면 마음이 보깬다. 부모와 자식이 대립하고, 형제와 자매가 다투는 이야기다. 등장하는 인물들 대부분이 비정상적이다. 왕은 딸들의 아부를 경쟁시킨다. 딸들은 아버지를 내쫓는다. 언니는 동생을 독살한다. 어떤 아들은 아버지를 고발하고, 형을 음해한다. 역시 사람은 대자연의 유일한 실패작인가 싶다.

인간 심리의 대가 셰익스피어는 이 불편함을 통해 인간의 어리석음을 비웃는다. 인간이란 결국 작은 감정 때문에 망가지고 자멸하는 존재라고 냉소한다. 그럼으로써 질박하게 살 것을 권유하고 있는 것이다.

이 마음병신들의 드라마에서 유일하게 멀쩡한 인물이 켄트 백작이다. 그는 리어왕의 충직한 신하다. 리어왕이 딸들에게 내몰리고 결국 광야에서 눈을 감게 되는 비극의 시작도 그가 켄트의 어드바이스를 듣지 않았기 때문이다.

리어는 영국의 늙은 왕이다. 그에게는 세 딸 고네릴과 리건, 코델리아가 있다. 왕은 딸들이 아버지를 얼마나 사랑하는지 물어보고 그 대꾸에 따라 자신의 영지를 배분하겠다고 말한다. 큰 딸 고네릴은 말한다.

"저는 말로 전달할 수 있는 것 이상으로 폐하를 사랑하나이다. … 언어를 빈약하게 만드는, 그리고 말을 불가능하게 만드는 사랑, 온갖 비교를 능가할 만큼 폐하를 사랑합니다."

옥쟁반에 은구슬 굴러가듯 번지르르. 둘째 딸 리건이 말한다.

"고백하건대, 저는 저의 가장 예민한 감각이 가질 수 있는 다른 모든 즐거움에는 오히려 적대감을 느끼고 오직 폐하의 사랑 안에서만 행복을 느낀답니다."

아지랑이 봄을 희롱하듯 함치르르. 두 딸에게 영토가 주어졌다. 이러는 중에 세 번째 딸 코델리아는 내심 절규한다. '나는 뭐라고 말하지? 사랑, 그 말이 전분데.' 착한 그대! 그러나 속도 모르는 왕이 코델리아에게 자신을 얼마나 사랑하는지 묻는다.

"아무 말도 않겠습니다. 폐하."

왕관 쓴 머저리가 다시 묻는다.

"아무 말도 안 하면 아무 것도 주지 않을 테다. 다시 말해 보라."

셋째 딸이 답한다.

"불행하게도, 저는 제 마음을 입에까지 들어 올릴 수 없나이다. 제가 폐하를 사랑하는 것은 자식으로서 의무에 따른 것이죠. 그 이상도 그 이하도 아닙니다."

파리한 접시꽃 마냥 안쓰러운 맘 너울너울. 분노한 왕은 셋째 딸에게 절연을 선포한다.

"너의 진실이 너의 상속분이로다."

덜 떨어진 놈이 말은 잘한다. 아무 것도 주지 않겠다는 것이다. 켄트가 나섰다. 몰래 눈치 주는 것으로는 안 될 지경이라 정면으로 대들었다.

켄트 : 훌륭하신 폐하.

리어 : 입 다물라, 켄트! 용과 용의 분노 사이에 끼어들지 말라. 나는 그녀를 가
장 사랑했다. 내 여생을 그녀의 친절한 보살핌 속에 걸겠다고 생각했었
다. (코델리아에게) 꺼져라. 그리고 내 앞에 나타나지 말거라. 그래야 내
마음이 편하리로다. 네게서 비롯된 아비 마음을 내게 돌려주노니!

켄트 : 고귀한 리어님, 저는 당신을 언제나 저의 왕으로 공경하였나이다. 저의
아버지로 사랑했고, 저의 주인으로 따랐고, 기도를 드릴 때면 저의 위대
한 후원자로 기억하였나이다.

리어 : 활이 굽고 시위가 당겨졌으니, 기어이 화살 맛을 보려느냐.

켄트 : 차라리 명중시키소서. 설령 활촉이 제 심장 구역을 침범할망정, 리어가
미쳤을 때는 켄트도 무례할 것입니다. 무슨 짓을 하려는 겁니까? 노망
든 겝니까? 권력이 아첨에 절을 하는데, 제가 두려움 때문에 말을 못 하
리라 생각하십니까. 왕권이 어리석음에 고개를 숙일 때 명예는 단도
직입적이어야 하는 것이죠. 명령을 돌리소서. 현명한 판단을 되찾으시
어 이 흉측한 경솔을 멈추소서. 제 목숨을 걸고 말씀 올리나이다. 폐하
의 가장 어린 딸이 폐하를 가장 덜 사랑하는 게 아닙니다. 낮은 소리로
진지함을 드러내는 사람들은 그렇게 말합니다.

켄트의 통렬한 어드바이스, 리어를 질타하다

이런 이야기를 들으면 누구나 같은 생각을 한다. 리어, 이 멍청한 놈!
그런데 과연 나는 그처럼 멍청하지 않다고 자신할 수 있나. 솔직해져야
한다. 누구나 칭찬에 약하고 아첨에 무르다. 절대로 예외는 없다. 누가 나

에 대해 좋게 이야기하면 그건 사실이 그렇기 때문이다. 결코 입에 발린 칭찬이나 단 아부가 아니다. 장담컨대, 이런 생각은 순도 100%의 완전 착각이다. 나는 사랑, 너는 불륜과 같은 심보다. 이럴진대 리어를 탓할 자격이 있다고 장담하는 건 오기다. 리어왕은 우리 모두의 모습이고, 지금 내 꼴이다. 때문에 켄트 같은 사람이 곁에 있어야 하는 것이다. 노망들었냐는 일갈, 이 얼마나 통렬한 어드바이스인가.

리어왕은 이미 자기 자신에게 속임을 당해 부득부득 고집을 피웠다. 이 또한 우리 마음속에 도사리고 있는 아집이다. 두려운 것은 사람 속에 든 약삭빠른 원숭이도 무서운 호랑이도 아니고 고집 센 당나귀다. 그것은 나를 망치는 흉측한 경솔이다. 이처럼 셰익스피어의 비극은 마취 없이 수술하는 것처럼 우리를 아프게 헤집는다. 그래서 그의 어드바이스는 참 쓰라리다.

리어 : 켄트, 살고 싶으면 닥처라.

켄트 : 저는 제 목숨을 폐하의 적에게 저당 잡힌 것이라고 생각했습니다. 폐하의 안위가 걸린 문제인데, 그걸 잃는 게 뭣이 두렵겠습니까.

리어 : 내 앞에서 꺼져라.

켄트 : 진실을 똑바로 보십시오, 폐하! 언제나 그랬듯이 저를 과녁삼아 제대로 보셔야 합니다.

리어 : 아폴로에게 맹세하건대,

켄트 : 예. 저야 말로 아폴로 신에게 맹세하건대, 폐하께서는 헛되이 신들에게 맹세하시는 겁니다.

리어 : 오, 신하 주제에, 못된 놈! (칼에 손을 가져간다)

켄트 : (리어에게) 하시오. 당신의 의사를 죽이시오. 그리고 당신의 추악한 질병
　　　에게 진료비를 주시오. 명을 거두시오. 그러지 않으면, 내 목구멍에서 아
　　　우성이 나오는 동안 당신에게 말할 것이오. 당신이 잘못하고 있다고.

리어 : 들어라, 반역자여! … 꺼져라.

켄트 : 편안히 계시오, 왕이여. 왕이 이런 꼴이 되시다니. 이제 이 땅에서 자유
　　　는 사라지고 추방만이 있을 뿐입니다. (코델리아에게) 공주님께 신의 가호
　　　가 함께 하기를! 공주님께서는 온당하게 생각하시고, 아주 옳게 말씀하
　　　셨습니다. (리건과 코네릴에게) 두 분의 거창한 말씀을 행동으로 증명해
　　　주시기를, 사랑의 말에서 좋은 효과가 샘솟기를. 이제 켄트는 여러분 모
　　　두에게 작별을 고합니다. 저는 이제 새로운 고장에서 남은 여생을 꾸려
　　　보려 합니다.

　틀렸다고 생각하면 얼른 바꿔야 한다. 나중에 손해 보는 것보다는 잠시
쪽팔리는 게 현명하다. 잘못을 시인하는 용기가 가장 큰 용기다. 물론 이
것은 매우 힘든 마음가짐이다. 당장 쓰러져도 자존심이라는 게 있는
데…. 그러나 순간의 창피는 약간의 어색함일 뿐 망신이 아니다. 대개 웃
음으로 끝난다. 그 무안함 때문에 우격다짐하면 진정한 굴욕이 닥쳐온
다. 자기 의견을 조금도 바꾸지 않는 것은 정신을 좀 먹는 벌레들을 기르
는 것이다.

　틀렸을 때 수습하는 자신만의 방법을 찾아야 한다. 여러 방법 중 담백
하게 시인하는 게 제일 좋다. 구질구질한 것은 눈살만 찌푸리게 한다. 어
물쩍 넘어가는 것도 좀스러워 보이게 한다. 내가 틀렸어! 허허 웃으면서
이 한마디 던지는 게 가장 멋있다. "과실을 부끄러워하라. 그러나 과실을

회개하는 것은 부끄러워 말라." 루소가 남긴 명언이다.

막내딸은 마침 구혼하러 와있던 버건디 공작을 따라나섰다. 프랑스 왕비가 됐다. 대개 사위스런 예감은 맞아떨어진다. 켄트의 예언대로 먼저 큰딸이 아버지를 배반했다. 그녀는 아비에게 조롱을 퍼붓다가 결국 성 밖으로 내쫓았다. 그나마 상식을 갖춘 고네릴의 남편 올리버가 이 꼴을 보다 못해 한 마디 한다.

"더 좋은 결과를 추구하다 보면, 좋은 상태를 망치는 일이 종종 있지."

말이 씨가 된다고 했다. 결국 그렇게 됐다. 리어왕이 쫓겨나기 전, 켄트가 변장하고 다시 그의 곁으로 되돌아왔다. 하인을 자청했다. 착한 켄트다. 몇 살이냐고 묻는 왕의 질문에 대한 켄트의 대답이 걸작이다.

"노래를 부른 걸로 한 여인을 사랑할 만큼 젊지도 않고, 무조건 여자한테 망령 들 만큼 늙지도 않았습죠. 제 등에 진 세월이 48년입니다."

리어왕이 작은 딸로 거처를 옮기기 위해 켄트를 먼저 보내 편지를 전하게 했다. 딸아, 아빠가 간다. 보고 싶구나. 그러나 그녀도 언니와 다를 바 없었다. 언니가 따로 보낸 편지를 받고 아버지에게 포악질하기로 이미 작정한 터였다.

둘째 딸 리건 부부는 아빠의 전령 켄트에게 족쇄를 채운다. 뒤이어 도착한 리어왕을 싸늘하게 내친다. 리어는 폭풍우 치는 황야로 내몰렸다. 모멸감이 제일 참기 힘든 것이다. 리어가 울부짖는다.

"내뱉어라, 불덩이여. 솟구쳐라, 비여!'

음모와 추악, 배신의 종말

아버지는 내게 누군가. '여보시오, 시주님네, 이내 말씀 들어보소. 이 세상에 나온 사람 뉘덕으로 나왔는가. 석가여래 공덕으로 아버님 전 뼈를 빌고, 어머님 전 살을 빌어, 칠성님전 명을 빌고, 제석님 전 복을 빌어 이 내일신 탄생하니…'. 회심곡의 가사다. 이처럼 효니 보은이니 하는 것도 아직 마음이 어릴 땐 영 식상한 타령이다.

김현승이 아버지가 마시는 술은 아버지의 눈물이라고 했다. 아버지는 가장 외로운 사람이라고 했다. 그러나 철들기 전에 아버지는 귀찮은 꼰대 일 뿐이다. 사랑한다는 말은 으레 하는 투사(套辭)다. 자식이 부모 마음 속 속들이 알게 되는 건 그가 부모 됐을 때다. 이 또한 인간에게 주어진 천형 이리라. 이시영의 시 '그'다.

그에게는 유난히 지켜야 할 깨알 같은 약속들이 너무 많았다
그는 그것을 빠짐없이 성실히 수행했다
그에게는 유난히 치러야 할 작은 일들이 너무 많았다
그는 그것을 위해 최선을 다했다
그에게는 유난히 부양해야 할 가족들과 친지들이 너무 많았다
그는 그들을 위해 기꺼이 즐거운 노새가 되어
먹을 것과 입을 것을 지어 날랐다

그러나 그것은 그의 삶이었는가
젊어 한때 그는 제복 단추를 풀어헤치고

거리의 데모 대열에 뛰어들어 큰 소리로 외치고 싶었지만
어머니와의 약속 때문에 그것을 망설였고
늙어 한때 그는 일 속에서 빠져나와
고향의 숲길을 싫도록 걷고 싶었지만
상사와의 결재 서류 때문에 한번도 이행하지 못했다
그리고 그는 이제 늙은 퇴직자가 되어
공원의 벤치 위에 앉아 탄식한다
"이것이 나의 삶이었는가"

켄트가 사람을 시켜 코델리아에게 사정을 전했다. 프랑스 군대를 움직여 언니들을 응징하라고 했다. 미쳐가던 리어왕을 코델리아 곁에 데려다 줬다. 한편, 리어왕의 오랜 신하인 글로스터도 서자 에드먼드의 농간에 속아 적자 에드가를 내쫓는다.

리어왕이 글로스터에게 도움을 청했다. 둘째 딸 부부는 글로스터에게 제 아비를 돕지 말라고 명령했다. 그러나 글로스터는 리어왕을 돕는다. 패륜아 에드먼드가 이 사실을 그들에게 밀고했다. 화가 난 둘째 딸의 남편이 글로스터의 두 눈을 뽑아버렸다. 그 과정에서 그도 제지하던 글로스터의 하인에게 다쳐서 결국 죽게 됐다. 잘코사니 악인은 지옥으로!

미망인이 됐지만 둘째 딸은 에드먼드에게 매혹 당한다. 배덕의 끝은 어디인지. 큰딸 고네릴도 에드먼드에게 빠져든다. 남편 올리버가 그녀를 악마라고 질타한다.

"사악함이 여자한테 드러날 때는 그것이 악마한테 나올 때보다 더 흉측한 법이다."

켄트의 계획대로 영국군과 프랑스군 사이에 전투가 벌어졌다. 프랑스군은 패배했다. 리어왕과 코델리아도 포로 신세가 됐다. 승자 측 지휘관 올리버가 리어왕과 코델리아를 살려둔 채 감옥에 가두었다. 원흉 에드먼드가 몰래 그들을 살해하도록 교사한다. 이 사실을 알게 된 올리버가 에드먼드를 체포하려 했다. 고네릴은 에드먼드 편을 들었다. 인간성의 추악함, 그 바닥은 어디인지.

에드먼드가 올리버에게 결투를 신청했다. 싸움이 벌어질 순간 에드먼드의 형 에드가가 등장했다. 동생은 형에게 처단 당한다. 그 사이 고네릴은 질투심에 눈이 멀어 동생을 독살하고 자신도 자살한다. 후우, 셰익스피어는 참 모질다.

그는 비극의 펜을 여기서 멈추지 않는다. 감옥에 있던 코델리아는 목이 졸려 죽었다. 리어왕도 상심을 이기지 못해 결국 그 곁에서 숨을 거둔다. 죽어가는 리어왕에게 누군가 외친다.

"눈 좀 떠보세요."

켄트가 말한다.

"폐하의 영혼을 더 이상 괴롭히지 말고, 그냥 가게 하세요. 이 거친 세상의 형틀 위에 더 붙잡아 놓으려는 사람이 있다면 오히려 그 사람을 원망하실 겁니다."

그렇게 왕이 죽고, 켄트는 동행을 준비한다. 나라의 통치를 부탁하는 올리버에게 말한다.

"공작님, 나는 이제 곧 여행을 떠나야 하오. 제 주인이 저를 부르십니다. 싫다고 하면 안 되죠."

그는 죽음까지도 주군과 같이 하려 한 것이다. 생사의 어드바이스 파트너였다.

죽음까지 함께한 충성의 파트너

켄트는 리어왕 스토리의 시작부터 끝까지 함께 했다. 자신의 어드바이스를 거절한 리어왕이었지만 포기하지 않았다. 변장하고 돌아와 마지막까지 섬겼다. 바로 잡으려 노력했다. 모사재인, 성사재천. 모사(謀事)는 참모에게 있고, 성사(成事)는 리더에게 있다. 켄트는 진인사(盡人事)했다. 자문을 주고, 잘못을 바로잡고, 왕 자신보다 왕을 더 잘 파악하고, 늘 곁에서 충성을 바치는 존재가 켄트다.

셰익스피어의 《리어왕》은 세계 극문학이 이룰 수 있는 비극적 감정의 최고봉이라고 한다. 문학사적 평가다. 악인뿐만 아니라 선인도 죽는 결말은 솔직히 당황스럽다. 권선징악은 아니더라도 선악이 동가로 취급되는 것이 마땅치 않기 때문이다. 오죽했으면 이 드라마가 150여 년 동안 원전 그대로 상영되지 못했을까. 그래서 이 드라마를 읽고 나면 먹먹한 감동을 경험하게 된다고 하는 모양이다. 갑자기 귀가 막힌 듯이 소리가 잘 들리지 않거나 체한 것같이 가슴이 답답한 것이 먹먹한 것이다. 비극은 고통당하는 사람의 마음 속이 아니라 바라보는 사람의 눈 속에 있다.

그렇다. 인생이란 까딱하면 비극이다. 그 인생이 비극이 되지 않으려면, 멍한 상태로 끝나지 않으려면 애먼 짓을 하지 말아야 한다. 그러려면 켄트와 같은 정언과 직론의 어드바이스 파트너가 있어야 한다. 셰익스피어가 착한 사람까지 죽여 가며 비극을 쓴 이유가 여기에 있다.

"우리가 세상에 태어날 때 그토록 울부짖는 것은 거대한 바보들의 무대에 서는 것이 너무 서글프기 때문이다."

바보들의 무대에 서 있는 내 곁에 켄트처럼 마음을 고치는 의사가 있었으면 좋겠다. 내가 누군가에게 켄트 같이 믿음직한 사람이 될 수 있다면 기껍겠다.

삶은 비극이고 희극이다. 가까이서 들여다보면 비극이고, 멀리서보면 코미디다. 허나 리어왕은 시종일관 비극이다. 그것도 맘을 편치 않게 하는 비극이다. 그런 비극 속에 켄트 같은 인물을 발견하는 건 행운이다. 셰익스피어가 《리어왕》에 켄트란 캐릭터를 배치한 의도가 바로 이것이아닐까? 비극 속의 희망은 현명한 어드바이스 파트너에게서 찾아야 한다는 메시지다.

맥아더에게만 복종했던 오만한 아첨꾼

맥아더는 영웅인가?

아니다. 멍청한 놈이다. 놈…, 그래 놈이다. 트루먼 대통령도 그를 멍텅구리 개자식이라고 했다. 그가 대한민국을 누란의 위기에서 구해냈다손 치더라도 나쁜 놈이라는 사실엔 변함이 없다. 사실 한국을 구한 것은 미국이지 맥아더가 아니다. 그의 트레이드마크인 인천상륙작전이란 것도 군사학적으로는 무모한 것이었다.

"인천상륙작전은 여러 가지 여건으로 볼 때 무리한 것이었다. 맥아더는 합참의장이던 오마 브래들리의 신중론을 무시하고 작전을 밀어 붙였다. 인천상륙작전을 두고 하도 말이 많이 돌아서, 도쿄에서는 맥아더가 인천에 상륙한다는 것을 모르는 사람이 없을 정도였다. 맥아더는 인천상륙작전의 지휘관으로 알먼드 소장을 임명했다. 상륙작전의 주역인 해군과 해병대는 이런 맥아더의 조치에 경악했다. 맥아더가 자기 충복인 알먼드를 3성 장군으로 승진시키기 위해 상륙작전 지휘관으로 임명했다는 말이 돌아서, 해군과 해병대는 인천 작전을 '알먼드 진급 작전'이라고 부르면서 빈정거렸다."

중앙대 교수 이상돈의 정리다. 그래도 놈이라고 하는 건 심하지 않나. 과연 그럴까. 그 때문에 대한민국의 영토가 좁아졌다. 그런데 왜 놈이라 부르기를 주저해야 하나. 영웅 맥아더는 의도적으로 만들어낸 허상일 뿐이다. 맥아더와 그의 정보참모 윌러비 소장 둘이서 대한민국의 운명을 비틀어 놓았다. 우리에겐 불운을 넘어 참극이었다.

한국을 망친 맥아더와 그의 꼬붕

윌러비는 누구인가. 이 자는 맥아더의 꼬붕이었다. 그는 맥아더의 편견에 맞춰 정보를 조작했다. 으레 전쟁이란 게 그렇듯이 한국전쟁에서도 크고 작은 요인이 있었다. 그 중에서 중국군이 압록강을 넘어 참전한 것은 전쟁의 판도를 바꿔놓을 중요 변수였다. 그런데 미국은 중국군의 개입을 모르고 있었다. 사실 몰랐던 게 아니다. 1950년 9월 말부터 CIA(미 중앙정보국)는 중국군이 만주지역으로 이동하고 있다는 정보를 입수했다. 정보는 과거 국민당군이었다가 이제는 인민해방군에 편입된 병사들로부터 나왔다. 그들이 개인적으로 갖고 있던 무전기로 교신하면서 중국군이 북

맥아더와 그의 참모들_윌러비(좌측에서 세 번째), 맥아더(중앙)

한땅으로 이동하고 있다는 정보를 전해준 것이다.

이 정보는 도쿄에 있는 미군 사령부에 전달됐다. 그러나 윌러비는 이 정보를 묵살했다. 나아가 계속 그런 정보를 올린다면 CIA 작전분실을 폐쇄하고, 일본에서 쫓아내겠다고 협박마저 해댔다. 못된 송아지 엉덩이에 뿔난다더니…. 주한 미대사관에서 영사라는 위장 신분을 갖고 있던 CIA 인사도 같은 내용의 정보를 입수했다. 자신이 중국에서 활동하던 시절 구축한 채널로부터 중국군이 국경지대로 이동하고 있다는 정보를 들었다. 윌러비는 이 정보도 일축했다.

윌러비는 맥아더의 측근 그룹 '바탄 갱(Bataan Gang)'의 일원이었다. 1942년 맥아더는 일본군에게 쫓겼다. 필리핀의 바탄 반도 남단의 코레히도 섬에서 최후의 결전을 벌였지만 함락 당했다. 맥아더는 어뢰정을 타고 민다나오로 탈출했다. 이 때 함께 고생한 참모들을 바탄 갱이라고 불렀다. 생사의 동지인 셈이다. 맥아더는 윌러비를 '나의 사랑스런 파시스트'라고 부르곤 했다. 윌러비가 극우 성향을 보였기 때문이었다.

"모든 것은 이데올로기이며, 사실(事實)만은 존재하지 않는다."

윌러비의 말이다.

그는 민주당이 집권한 워싱턴의 정책을 철저히 불신했다. 어이없게도 영국을 독일에게 넘겨줘야 한다는 말도 서슴지 않았다. 그의 영웅은 오직 둘뿐이었다. 맥아더와 프랑코다. 프랑코, 스페인의 독재자다. 그는 1930년대에 나치의 도움으로 권력을 잡았다. 2차 대전에서는 독일 편에 가담했다. 진정한 파시스트였다. 윌러비는 술자리에서 언거번거하며 프랑코를 찬양했다. '세계에서 두 번째로 위대한 군 지휘관'으로 부르며 건배를 제의하곤 했다. 첫 번째는 당연히 맥아더였다.

윌러비는 1892년 3월 12일에 태어났다고 한다. 본인의 말이다. 그런데 이 말을 곧이곧대로 믿기는 어렵다. 그가 태어난 지역의 등기소에는 그런 기록이 없기 때문이다. 부모의 출신에 대해서도 의문투성이다. 그는 아버지가 귀족 출신이라고 했다. 그러나 그것은 그가 지어낸 얘기였다. 그는 부모도 없이 사실상 고아로 자랐다고 한다.

1910년, 18살 때 미국으로 건너가 군에 입대했다. 3년 후 병장으로 제대했다. 게티스버그 대학, 캔사스 대학원을 다녔다. 졸업 후에는 여성학교에서 교편을 잡기도 했다. 1916년 다시 군에 입대했다. 멕시코 국경에서 근무했다. 그 후 근무지를 프랑스로 옮겼다. 군에 있었지만 전투를 경험하지는 못했다. 실정에 어두운 책상물림 군바리였다. 아니 군인이 아니라 군직업인이었다.

어느 순간부터 윌러비는 군사(軍史) 전문가, 정보통을 자처하기 시작했다. 1930년대 포트 리벤워스에서 강의를 하던 맥아더를 만났다. 1940년 필리핀에 주둔하던 맥아더 진영에 합류했다. 그의 역할은 정보참모였다. 그는 맥아더 신화를 더욱 심화시키는 것으로 자신의 역할을 정했다. 맥아더의 군 경력을 미화시키는 데에 몰두했다. 맥아더교(教)의 열성신도가 된 것이다.

맥아더는 군에서 승승장구했던 탓인지 오만했다. 겸손을 몰랐다. 아이젠하워는 자기 부하들의 피와 친구들의 희생 덕분에 박수갈채를 받는 사람은 누구나 항상 겸손해야 한다고 했다. 대통령이 된 아이젠하워와 그렇지 못한 맥아더의 성패를 가른 차이다.

맥아더는 통일을 좋아했다. 대체로 지휘관들은 다양한 정보를 원한다. 그러나 맥아더는 달랐다. 그는 제한되고 통제된 정보를 선호했다. 불협화음이나 다른 목소리가 나오는 걸 원치 않았다. 정보 보고서도 자신의 뜻에 맞춰 가공하게 했다. 이러면 아첨이 나올 수밖에 없다. 윌러비는 맥아더에게 입안의 혀처럼 굴었다. 아부, 아양, 아첨으로 일관했다. 입만 열면 맥아더가 역사상 최고의 명장이란 기도문만 읊어댔다. 보스의 잘못된 생각을 바꿔주지 않는 어드바이스 파트너는 저승사자다.

거짓과 은폐가 부른 패착

10월 25일, 처음으로 중국군 포로가 잡혔다. 포로를 잡고 보니 북한군과 복장이 달랐다. 심문해 보니 중국군이었다. 믿고 싶지 않은 사실 앞에서 취할 수 있는 선택은 대개 세 가지다. 그대로 받아들여 생각을 바꾸든지, 무시하든지, 아니면 교묘하게 회피하는 것이다.

미군은 회피를 선택했다. 중국군이 한반도에 들어온 게 아니다. 그들은 과거 중국군이었다가 이제는 개인 자격으로 자원해 북한군에 편입된 자다. 이렇게 분석했다. '미국 LA에 멕시코인이 좀 있다고 해서 LA를 멕시코 도시라고 부르지는 않는다.' 사실 전투 현장에 있던 일선 정보맨들은 중국군의 대규모 참전을 확인하는 정보를 수 없이 접할 수 있었다. 그러나 그들의 상급자들은 살천스런 윌러비를 의식했다. '중국군의 개입은 없다'는 윌러비의 지침에 충실히 따랐다. 이 때문에 정보 참모부 내에 갈등이 야기되기도 했다. 그러나 이런 먹통 상황은 도무지 나아지지 않았다. 그러는 동안 중국군은 속속 들어와 운산 근처에서 숨어서 한국군과 UN군을 기다렸다.

실제로 중국이 참전을 결정한 것은 10월 8일이었다. 19일에는 4개 군, 12개 사단이 압록강을 넘었다. 그 결과 운산에 있던 미 8기갑부대, 미 8군은 치명적인 손실을 입어야 했다. 그가 제대로 보고, 제 때 알렸더라면 그처럼 수많은 목숨이 그날 허무하게 쓰러지지는 않았을 것이다. 그 전투에서 죽거나 포로로 잡힌 사람들에게 윌러비는 아군이 아니라 적장이었던 것이다. 윌러비는 도대체 왜 그랬을까?

보고했다. 한국군이 중국군 병사 36명을 사살했다. 월러비가 말했다. 그건 워낙 전투능력이 부실한 한국군이 자랑하려고 하는 말이다. 분석했다. 중국군 5~6개 사단이 이미 한반도에 들어와 있다. 월러비가 말했다. 중국군 여러 사단에 속해 있던 몇몇 소규모 부대가 북한군에 편입된 것일 뿐이다. 쇠귀에 경 읽기, 월러비는 왜 이렇게 골통 짓을 했을까.

월러비의 신앙은 맥아더였다. 그 맥아더가 중국군의 개입을 부인했기 때문이었다. 맥아더는 1950년 10월 15일 트루먼 대통령에게 그렇게 호언장담했다. 따라서 월러비는 모든 정보를 거기에 맞춰서 조작해야 했다.

"맥아더가 원하는 것이면 그것이 무엇이든 월러비는 그에 맞는 정보를 만들어냈다. 월러비는 정보 보고서를 허위로 작성했다. 그는 감옥에 가는 게 마땅했다."

그를 잘 알던 어느 중령의 탄핵이다.

정보참모의 가치와 중요성에 대해서는 아무리 강조해도 지나치지 않다. 훌륭한 정보참모는 모든 것으로부터 독립적으로 생각해야 한다. 모든 걸 의심해야 한다. 의심을 통해 실체에 도달해야 한다. 훌륭한 정보참모는 미래에 닥칠 사건을 가늠하기 위해 아직 드러나지 않은 측면을 꼼꼼히 살펴야 한다. 어둠 속에서 바늘을 찾는 일이다. 설사 혼자뿐일지라도 있는 그대로 보고 판단해야 한다.

정보참모는 윗사람이 듣고 싶지 않은 것에 대해서도 말해야 한다. 적의 입장에서 생각해야 한다. 생각이 다른 사람의 이야기를 경청해야 한다. 다른 측면을 제대로 보기 위해서는 자신의 기존 관념이나 통념에 도전해야만 하기 때문이다. 정보맨에게 확신은 금물이다. 금기사항이다.

모든 가능성을 열어 놓고 생각해야 한다. 정보는 개연성의 전령이기 때문이다. 그래야 작은 기미라도 포착해서 큰 그림을 읽어낼 수 있기 때문이다.

윌러비가 이런 자세로 임하고, 확인되는 정보를 있는 그대로 맥아더에게 전달했다면 사정은 좀 달랐을 것이다. 중국군의 참전이라는 엄연한 현실 앞에 맥아더도 생각을 바꿔야 했을 것이다. 그러나 윌러비는 정반대로 보스에게 굴종했다. 미운 강아지 보리 멍석에 똥 싼다고 했던가. 이 무능한 사람은 자신에게 도전하는 자를 용납하지 않았다. 누군가 만약 그를 배제하고 맥아더에게 직접 정보 보고를 했다면 그건 자살행위였다. 보직에서 해임되는 정도가 아니라 아예 옷을 벗어야 하는 것을 의미했다. 실무자들로선 입을 닫아야 했다.

운산 지역에서 최초의 전투가 있었다. 중국군의 거대한 실체가 확인됐다. 더 이상 숨길 수가 없었다. 그러나 여전히 오리무중, 계속 우왕좌왕했다. 10월 30일, 주한 미 대사관에서는 2개 연대 3천 명 정도로 추산해서 본국에 보고했다. 다음날 2천 명으로 조정했다. 11월 3일, 윌러비가 숫자를 약간 늘렸다. 16,500~34,000으로 추산했다. 11월 6일, 미 8군 정보참모는 27,000명이라고 했다. 그러나 실제로 국경을 넘은 중공군은 이미 250,000명에 육박했고, 게다가 계속 늘어나고 있었다. 11월 17일, 맥아더가 무초 대사에게 30,000명을 넘지 않는다고 전했다. 8군 정보참모는 다음 날 48,000명이라고 했다. 11월 24일 압록강 진격 작전이 실패한 그날이다. 윌러비는 40,000~71,000명으로 계산했다. 그러나 실제로는 그 때이미 300,000명을 넘어서고 있었다. 무능, 거짓, 은폐…. 끝이 없었다.

욕심이 부른 크디 큰 희생

맥아더는 중국군의 개입을 왜 한사코 인정하지 않았을까?

처음에는 갓 태어난 중국 공산정권이 개입하기 어려울 것이란 선입견 때문에 그렇게 판단했을 수도 있다. 그러나 CIA의 정보 등이 올라오는 순간부터는 알고도 모른 척 했다. 한국전쟁 당시 참모총장을 지낸 정일권은 회고록에서 맥아더가 중국군의 개입 사실을 알고 있었다고 밝혔다. 알았지만 중국과 한판 붙기 위해 숨겼다는 것이다. 중국으로 전쟁을 확대시켜 모택동을 몰아내고자 했다는 것이다. 그러기 위해선 명분, 즉 중국군이 한반도로 들어와 미군과 일전을 벌여야만 확전의 명분이 생기게 된다. 그래서 맥아더도 윌러비도 거짓말을 했다.

사람은 자신에게 거짓말을 할 때 가장 큰 소리로 거짓말을 한다. 자기 자신까지도 속이기 위해 그들이 그토록 큰소리를 쳤던 것이다. 자기 생각에 흥분해서 고집을 부릴 때에 그 사람이 얼마나 어리석은지가 드러난다. 맥아더가 단적인 예다.

1950년 9월 15일 인천상륙작전이 성공했고, 10월 1일 38선을 돌파했다. 중국군의 존재를 무시하고 압록강으로 진격했다. 그러나 중국군의 저항에 밀려 다시 서울까지 잃어야 했다. 그리고 결국엔 지금의 휴전선이 만들어졌다. 만약 중국군의 개입을 고려했다면 전선을 압록강까지 밀고 가는 모험을 하지는 않았을 것이다. 어느 지점에서 멈췄을 것이다. 당시 국무장관을 지낸 애치슨의 중요한 발언이 있다.

"통일된 한국이란 헛된 꿈에 불과했다. 트루만 대통령을 설득해서 미군의 작전을 평양-원산 선에서 묶을 수 있었다면 중국군의 개입은 없었을 것이며, 한국의 영토는 전보다 넓어졌을 것이다."

이것은 애치슨만의 기대가 아니었다. 매우 근거가 있는 지적이다. 왜냐하면 모택동의 말이 그걸 확인해 주기 때문이다. 모택동이 인민해방군 총사령관 팽덕회에게 말했다.

"북쪽 산악지대에 방어진지를 구축한다. 적군이 평양-원산 선을 고수하고 더 이상 북진하지 않으면 우리도 평양, 원산을 공격하지 않는다."

맥아더와 윌러비가 제대로만 했다면, 평양-원산 선에서 국경이 만들어졌을 것이다. 전쟁의 참화도 훨씬 줄었을 것이다. 코레히도 섬에서 맥아더가 죽도록 내버려 두지 않은 게 루즈벨트의 최대 실수라는 트루먼의 말에 고개를 끄덕이게 된다. 맥아더가 숨겼든 혹은 몰랐든 간에 그 때문에 대한민국만 불필요한 희생을 치러야 했다.

맥아더에게 한국전쟁은 군사가 아니라 정치, 이기적 행위(ego trip)였다. 염원했던 대통령이 되기 위해 한국전쟁을 장기판의 졸로 이용했던 것이다. 맥아더는 트루만에 의해 해임된 후에도 공화당의 대통령 후보로 추대될 것을 열망했지만 끝내 좌절해야 했다. 오만한 맥아더였지만 그의 곁에 아첨의 윌러비가 아니라 직언하는 참모가 있었더라면 사정은 많이 달랐을 것이다.

아첨은 참으로 무서운 질병이다. 듣기 좋은 감언에 그치지 않는다. 사랑받기 위한 처세에 그치지 않는다. 엄청난 결과를 가져올 수도 있다. 아첨 때문에 오판하고, 아첨 때문에 망한 사례는 역사 속에 헤아릴 수 없이 많다. 아첨하는 사람에게 권력을 맡기는 건 섶을 지고 불로 뛰어드는 격이다. 듣는 사람의 편견과 아집, 고정관념을 강화시켜주는 어드바이스는 언제나 해악이다. 아차하면 당한다.

어드바이스 포인트 A·d·v·i·c·e·P·o·i·n·t

- 설사 그것이 사실이라도 내 귀를 즐겁게 하는 말은 즉시 꾸짖어라. 한 귀로 듣고 한 귀로 흘릴 수 없는 게 아부다. 두 귀로 물밀듯이 들어와 삽시간에 고루 심신에 퍼지는 것이 아첨이다.

- 감히 담아낼 그릇이 아니라면 곧은 사람에게 충고하라고 권하지 마라. 싫은 소리에 얼굴색 달라지는 사람에게 조언하지 마라. 둘 다 불행해진다.

- 과유불급, 최고의 병법이요 최상의 전략이다. 토끼는 달리기 시합에서 결코 거북이를 이길 수 없다.

- 어드바이스 파트너라면 직언했다고 자족하지 마라. 불행까지도 같이 해야 진정한 어드바이스 파트너다.

- 오만과 아양이 사랑에 빠져 최악의 실패를 낳는다. 오만은 사람을 청맹으로 만든다. 아양은 사람을 아양(啞羊)으로 만든다. 제발 프라이드가 강할수록 아양을 멀리하라.

■ 참고 문헌

▪ 1인자를 만든 참모들, 이철희, 위즈덤하우스, 2003.

▪ 80년대 경제개혁과 김재익 수석, 남덕우 외, 삼성경제연구소, 2003.

▪ 감성의 정치학, 드루 웨스턴 지음, 뉴스위크 한국판 옮김, 뉴스위크 한국판, 2007.

▪ 경제는 당신이 대통령이야, 이장규 저, 중앙일보 · 중앙경제신문, 1992.

▪ 고리오 영감, 발자크, 박영근 옮김, 민음사, 2006.

▪ 광기와 천재, 고명섭 지음, 인물과 사상사, 2008.

▪ 국가는 폭력이다, 톨스토이 지음, 조윤정 옮김, 달팽이, 2008.

▪ 궁핍한 날의 벗, 박제가 지음, 안대회 옮김, 태학사, 2000.

▪ 깊은 슬픔, 신경숙, 문학동네, 2006.

▪ 나는 네가 행복했으면 해, 노석미, 해냄, 2004.

▪ 내게는 아직도 배가 열두 척이 있습니다, 김종대 지음, 북포스, 2004.

▪ 당쟁으로 보는 조선역사, 이덕일, 석필, 1997.

- 대통령과 보좌관, 이송호 저, 박영사, 2002.

- 도시를 걷는 낙타 1~2, 허성도 편저, 사람과 책, 1994.

- 도올논어 1~3, 김용옥 지음, 통나무, 2001.

- 도요토미 히데요시 1~5, 사카이야 다이치, 임희선 옮김, 2002.

- 도이치 현대사 1~4, 데니스 L. 바크 · 데이빗 R. 그레스 공저, 서지원 옮김, 2004.

- 독일 총리들, 귀도 크놉 지음, 안병억 옮김, 한울, 200.

- 동양학 어떻게 할 것인가, 김용옥, 통나무, 1986.

- 또 하나의 삼국지, 김용장 지음, 범우사, 1997.

- 뜬세상의 아름다움, 정약용 지음, 박무영 옮김, 태학사, 2001.

- 로널드 레이건, 김형곤, 살림, 2007.

- 리더와 보스, 홍사중, 사계절, 1997.

- 리어왕, 셰익스피어, 김정환 번역, 아침이슬, 2008.

- 리어왕 · 맥베스, 셰익스피어 지음, 이미영 옮김, 을유문화사, 2008.

- 마음을 비우는 지혜, 정민, 솔, 1997.

- 마이크로트렌드, 마크 펜 · 키니 잴리슨 지음, 안진환 · 왕수민 옮김, 해냄, 2008.

- 매니아를 위한 삼국지, 정원기 엮음, 청양, 2000.

- 명장 명참모, 도몬 후유지 지음, 이정환 옮김, 경영정신, 2002.

- 무한인생경영, 퍼거슨 지음, 홍승일 옮김, 2007.

- 문장강화, 이태준 지음, 필맥, 2008.

- 미국을 연주한 드러머, 레이건, 마이클 디버 지음, 정유섭 옮김, 열린책들, 2005.

- 미완의 시대, 에릭 홉스봄, 이희재 옮김, 민음사, 2007.

- 반지의 제왕 1~6, 톨킨 지음, 김번 · 김보원 · 이미애 옮김, 씨앗을 뿌리는 사람, 2008.

- 변화를 통한 접근, 배기정 외 지음, 한울아카데미, 2006.

- 비틀스, 고영탁, 살림, 2006.

- 비틀즈 뒤집기, 찰스 T. 브라운, 박상철 번역, 꾼, 1997.

- 비틀즈, 헌터 데이비스 지음, 이형주 옮김, 베텔스만, 2003.

- 빌리 브란트, 그레고어 쇨겐, 김현성 옮김, 빗살무늬, 2003.

- 빌리 브란트, 빌리 브란트 저, 정경섭 역, 하늘땅, 1990.

- 사기 1~3, 사마천 지음, 김진연 편역, 서해문집, 2002.

- 사기열전 상·하, 사마천 지음, 김원중 옮김, 을유문화사, 2003.

- 사회민주주의의 길, 주섭일 지음, 사회와 연대, 2008.

- 삼국지 1~10, 나관중 지음, 이문열 평역, 민음사, 1999.

- 삼국지 1~10, 나관중 지음, 황석영 옮김, 창비, 2007.

- 삼국지 바로 읽기 1~2, 김운회, 삼인, 2004.

- 삼국지 속의 삼국지 1~2, 최명 지음, 인간사랑, 2003.

- 삼국지강의 1~2, 이중톈, 홍순도 옮김, 김영사, 2007.

- 삼국지사전, 심백준·담량소, 정원기(외) 옮김, 범우사, 2000.

- 삼국지인물론, 松本一男 지음, 이규조 옮김, 세계, 1991.

- 삼국지해제, 장정일·김운회·서동훈 공저, 김영사, 2003.

- 상실의 시대, 무라카미 하루키, 유유정 옮김, 문학사상사, 2006.

- 서양, 위대한 창조자들의 역사, 이바르 리스너 지음, 김동수 옮김, 살림, 2005.

- 설득과 통합의 리더 유성룡, 이덕일 지음, 역사의 아침, 2007.

- 세계 제1의 권력자가 된 보통 사람들, 아리마 테츠오 지음, 홍창미 옮김, 수린재, 2005.

- 세계를 읽는 100권의 책, 이상돈 지음, 기파랑, 2006.

- 세상을 움직인 악, 미란다 트위스 지음, 한정석 옮김, 이가서, 2003.

- 세키가하라전투 1~5, 시바 료타로, 서은혜 옮김, 청어람미디어, 2002.

- 셰익스피어를 모르면 21세기 경영은 없다, 노먼 오거스틴 외, 홍윤주 옮김, 푸른샘, 2000.

- 송시열과 그들의 나라, 이덕일, 김영사, 2000.

- 숨은 권력자, 퍼스트레이디, 케이티 마튼 지음, 이창식 옮김, 이마고, 2002.

- 시대의 선각자 김재익, 이순자 엮음, 운송신문사, 1998.

- 신화가 된 이름 THE Beatles, 한경식 지음, 더불어책, 2004.

- 안나 카레니나, 톨스토이, 신길호 옮김, 혜원출판사, 2008.

- 안자 1~3, 미야기타니 마사미쓰, 신봉승·김하중 역, 한경, 1995.

- 안자춘추, 임동석 옮김, 동문선, 1998.

- 알렉스 퍼거슨, 데이비드 마크 & 톰 티렐, 최보윤 옮김, 미래를 소유한 사람들, 2007.

- 어느 정치적 인간의 초상, 슈테판 츠바이크, 강희영 옮김, 리브로, 1998.

- 어느 할아버지의 평범한 리더십 이야기, 박정기, 을지서적, 1997.
- 엘비스, 피터 해리 브라운 · 팻 J. 브로스키 지음, 성기완 · 최윤석 옮김, 이마고, 2006.
- 여해 이순신, 김종대 지음, 예담, 2008.
- 영원한 록의 신화 Beatles, 살아있는 포크의 전설 Bob Dylan, 한대수 지음, 숨비소리, 2005.
- 오만한 CEO 비틀스, 래리 레인지 지음, 강주헌 옮김, 나무생각, 2003.
- 옥같은 너를 어이 묻으랴, 이승수 편역, 태학사, 2001.
- 우리 역사를 움직인 20인의 재상, 박윤규, 미래M&B, 1999.
- 워싱턴퍼즐, 김윤재 지음, 삼우반, 2003.
- 월간조선 1998년 8월호, 월간조선.
- 위대한 이인자들, 데이빗 히넌 · 워렌 베니스 지음, 최경규 옮김, 좋은책 만들기, 2000.
- 위대한 폭군 진시황 평전, 천징 지음, 김대환 · 신창호 옮김, 미다스북스, 2001.
- 위대한 갯츠비, 스콧 피츠제럴드, 김욱동 옮김, 2006.
- 이상돈 홈페이지(http://www.leesangdon.com/index.php)
- 이순신을 만든 사람들, 고진숙 지음, 한겨레아이들, 2005.
- 이순신의 두 얼굴, 김태훈 지음, 창해, 2005.
- 인간의 대지, 생텍쥐페리 지음, 안응렬 옮김, 신원, 2006.
- 인물 삼국지, 모리야 히로시 지음, 김승일 옮김, 범우사, 1999.
- 인물로 보는 중국역사 1~4, 立間祥介 外 지음, 정성환 편역, 신원문화사, 1994.
- 일본을 완성한 지도자들, 임용순 편저, 나무와 숲, 1998.
- 일본을 이끌어 온 12인물, 사카이야 다이치, 양억관 옮김, 자유포럼, 1997.
- 일본전국을 통일한 3인 영웅전, 이케나미 쇼타로 저, 이성범 역, 제이앤씨, 2001.
- 잃어버린 환상, 발자크, 이철 옮김, 서울대학교 출판부, 2005.
- 자치통감 삼국지, 사마광 지음, 신동준 역주, 살림, 2004.
- 자크 아탈리의 미테랑 평전, 아탈리 지음, 김용채 옮김, 뷰스, 2006.
- 장정일 삼국지 1~10, 장정일, 김영사, 2004.
- 잭 웰치 다루기, 배더우스키 지음, 이은희 옮김, 한스미디어, 2005.
- 정관의 치, 멍셴스 지음, 김인지 옮김, 에버리치홀딩스, 2008.
- 정관정요에서 배우는 난세를 이기는 지혜, 양판, 2002.

- 정사 삼국지, 진수 지음, 김원중 옮김, 민음사, 2007.

- 정일권회고록, 정일권 저, 고려서적, 1996.

- 제3의 길과 신자유주의, 김수행 · 정병기 · 홍태영, 서울대학교출판부, 2006.

- 제국의 건설자 이사, 이연승, 물레, 2008.

- 제왕 중의 제왕 당태종 이세민, 황충호 지음, 아이필드, 2008.

- 제왕과 재상, 리정 지음, 이은희 옮김, 미래의 창, 2007.

- 제정 러시아, M. 카르포비치 저, 이인호 역, 탐구당, 1983.

- 조광조, 정두희 지음, 아카넷, 2000.

- 조선 건국기 재상열전, 김진섭 지음, 지성사, 1998.

- 조선시대 7인의 정치사상, 부남철 지음, 사계절, 1996.

- 조선일보 2008. 3월 29~30일 C1.

- 존 에드거 후버 1~2, 커트 젠트리, 정형근 옮김, 고려원, 1992.

- 주원장 1~6, 서항, 한미화 옮김, 출판시대, 2002.

- 주원장전, 오함 지음, 박원호 옮김, 지식산업사, 2003.

- 중국걸물전, 진순신 지음, 서석연 옮김, 서울출판미디어, 1996.

- 중국명시감사, 이동향 외 엮음, 명문당, 2005.

- 직언, 신봉승, 선, 2004.

- 징비록, 유성룡 지음, 김흥식 옮김, 서해문집, 2003.

- 천재를 키운 여자들, 잉에 슈테판 지음, 박민정 옮김, 이룸, 2007.

- 춘추전국의 패자와 책사들, 박인수 지음, 석필, 2001.

- 츠바이크가 본 카사노바, 스탕달, 톨스토이, 츠바이크 지음, 나누리 옮김, 필맥, 2005.

- 츠바이크의 발자크 평전, 츠바이크, 안인희 옮김, 푸른숲, 1998.

- 케네디평전, 로버트 댈럭, 정조능 옮김, 푸른숲, 2007.

- 케인즈&하이에크 시장경제를 위한 진실게임, 박종현 지음, 김영사, 2008.

- 콜린 파월 리더십, 오런 해러리 지음, 한근태 옮김, 좋은책 만들기, 2002.

- 콜린 파월 자서전, 콜린 파월 · 요셉 E. 퍼시코, 류진 번역, 샘터, 1997.

- 톨스토이 대표 단편선, 톨스토이 지음, 신길호 · 장산 옮김, 혜원, 2006.

- 톨스토이의 생애, 로맹 롤랑 지음, 이정림 옮김, 범우사, 2008.

- 팝음악의 결정적 순간들, 조정아 지음, 돋을새김, 2004.

- 퍼거슨리더십, 심재희 · 한화철 지음, 메카트렌드, 2007.

- 포스트모던 마케팅, 스티븐 브라운 지음, 엄주영 옮김, 비즈니스북스, 2006.

- 풍신수길 상 · 하, 시바 료타로, 권순만 옮김, 2005.

- 한 권으로 읽는 셰익스피어 4대 비극 · 5대 희극, 셰익스피어연구회, 아름다운날, 2008.

- 한국사로 읽는 성공한 개혁 실패한 개혁, 이덕일 지음, 마리서사, 2005.

- 한국인의 자서전, 김열규 지음, 웅진지식하우스, 2006.

- 한국현대사산책 1950년대 편 1권, 강준만 저, 인물과 사상사, 2008.

- 한권으로 읽는 조선왕조실록, 박영규 지음, 들녘, 1996.

- http://en.wikipedia.org/wiki/Main_Page

- Quincy Jones, Lee Hill Kavanaugh, Enslow Publishers, Inc., 1998.

- Reagan on Leadership, James M. Strock, FORUM, 1998.

- The Coldest Winter, David Halberstam, Hyperion, 2007.

- The Colonel, Alanna Nash, Simon & Schuster, 2003.

- The Man Who Made The Beatles, Ray Coleman, McGraw-Hill Publishing Company, 1989.

내 인생을 바꾸는 최고의 참모
어드바이스 파트너

초판 1쇄 발행 2009년 3월 10일
   2쇄 발행 2009년 6월 5일

지은이 이철희
펴낸이 박경수
펴낸곳 페가수스

등록번호 제25100-2008-000006호
등록일자 2008년 3월 5일
주소 서울시 광진구 광장동 102 현대골든텔Ⅱ 1105호
전화 02-456-7933 **팩스** 02-6442-7933
이메일 soobac@gmail.com

ISBN 978-89-960917-5-2 03320